EPÍSTOLA DE JUDAS

Moisés Olímpio-Ferreira (org.)
Delcides Marques
Elcio Valmiro Sales de Mendonça
Jorge Viana de Moraes
Marcelo da Silva Carneiro

EPÍSTOLA DE JUDAS

Perspectivas paleográfica, histórico-literária, linguística, antropológica e filosófica

ALTA BOOKS
GRUPO EDITORIAL

Epístola de Judas

Contra o Vento é uma empresa do Grupo Editorial Alta Books (STARLIN ALTA EDITORA E CONSULTORIA LTDA).

ISBN: 978-65-83604-98-9

Impresso no Brasil — 1ª Edição, 2025 — Edição revisada conforme o Acordo Ortográfico da Língua Portuguesa de 2009.

Dados Internacionais de Catalogação na Publicação (CIP)

OL46e
1. ed. Olímpio-Ferreira, Moisés
Epístola de Judas : perspectivas paleográfica, histórico-literária, linguística, antropológica e filosófica / Moisés Olímpio-Ferreira (organizador). – 1. ed. Rio de Janeiro : Contra o Vento, 2025.
226 p.; 16 x 23 cm

Bibliografia.
ISBN 978-65-83604-98-9

1. Bíblia. Novo Testamento. Judas – Crítica e interpretação. 2. Literatura bíblica – Análise paleográfica. 3. Tradução da Bíblia – Aspectos antropológicos. 4. Filosofia e religião – Cristianismo primitivo. 5. Linguística bíblica. I. Marques, Delcides III. Mendonça, Elcio Valmiro Sales de. IV. Moraes, Jorge Viana de. V. Carneiro, Marcelo da Silva. VI. Título.

CDD 227.94
CDU 27-247.95

Produção Editorial: Grupo Editorial Alta Books
Diretor Editorial: Anderson Vieira
Editor da Obra: Eduardo de Proença
Vendas Governamentais: Cristiane Mutüs
Gerência Comercial: Claudio Lima
Gerência Marketing: Andréa Guatiello
Projeto gráfico e digramação: Alessandra S. O. Proença
Capa: Victoria Cristina Eduardo

ALTA BOOKS
GRUPO EDITORIAL

Rua Viúva Cláudio, 291 — Bairro Industrial do Jacaré
CEP: 20.970-031 — Rio de Janeiro (RJ)
Tels.: (21) 3278-8069 / 3278-8419
www.altabooks.com.br — altabooks@altabooks.com.br
Ouvidoria: ouvidoria@altabooks.com.br

Editora **afiliada à:**

abdr

ASSOCIADO CBL Câmara Brasileira do Livro

SUMÁRIO

APRESENTAÇÃO

A presente obra coletiva pretende contribuir para a diminuição da carência dos estudos relativos à breve – e frequentemente subestimada – *Epístola de Judas*. A importância desta publicação, entretanto, não se limita a oferecer ao leitor alguma orientação interpretativa de fundo puramente teológico, mas se ocupa também do gênero textual da esfera religiosa como fenômeno discursivo socio-historicamente situado, com análises amparadas em ampla investigação científica.

A gênese deste projeto editorial foi a decisão de apresentar aos autores-convidados uma tradução comentada da Epístola, que foi assumida como "tradução de trabalho" em que todos os capítulos estariam fundamentados, sempre com abertura a ratificações e críticas. Desse pontapé inicial, em abordagem colaborativa, desenvolveram-se as pesquisas individuais, sem, todavia, perder de vista a conexão com o conjunto, que reflete tanto a pluralidade das abordagens quanto a unidade proporcionada pelo diálogo entre os autores.

O leitor perceberá que não há a intenção de apresentar um quadro informativo fechado, único, encerrado, nem quanto ao conteúdo, nem quanto às condições concretas de produção da

Epístola, justamente porque a sua própria estrutura não constitui um panorama unívoco. Pelo contrário, reconhecemos a complexidade que lhe é inerente, tendo em vista que as generalizações são muitas, as incertezas e as lacunas são frequentes, as relações entre destinador e destinatários não estão claras etc., o que desafia as interpretações unânimes. Por vezes, optou-se por questionamentos e hipóteses, sem oferecer solução dogmática para a intenção comunicativa.

Essa postura vai ao encontro do respeito à Epístola em toda a sua diversidade, indeterminações, vaguezas e plurivalências de sentido, tal qual foi produzida e, possivelmente, planejada. De fato, o seu conteúdo tão singular, convida-nos a uma leitura que acolha a sua incompletude como parte de sua riqueza. Nesse sentido, nossa proposta caminha na direção de uma abordagem crítica e reflexiva, que valoriza as nuances do texto e que amplia o horizonte interpretativo.

O livro reúne contribuições de pesquisadores de diversas áreas do conhecimento, todos docentes de instituições brasileiras de ensino superior, cujas trajetórias acadêmicas garantem a seriedade e a profundidade das análises. Todos trouxeram perspectivas distintas – teológicas, linguísticas, históricas, filosóficas, literárias, paleográficas – que enriqueceram o diálogo multidisciplinar que norteou o projeto.

Por fim, confiamos ao leitor a responsabilidade de avaliar a relevância das reflexões aqui apresentadas, na esperança de que esta publicação inspire novas investigações que explorem e valorizem o rico potencial interpretativo e discursivo dos textos religiosos.

Moisés Olímpio-Ferreira
Organizador

PREFÁCIO

Uwe Wegner

É com alegria que redijo o prefácio desta coletânea de artigos sobre a Carta/Epístola de Judas. Isso porque a Carta tem sido, até a atualidade, pouco explorada na pesquisa quanto a sua teologia e mensagem. As razões para esse fato são várias. Ela é uma carta bastante curta, compreendendo só 25 versículos. Sua relação com 2 Pedro é até hoje ainda objeto de controvérsias, pois há muitos versículos semelhantes e parcialmente coincidentes em ambas as cartas (cf. Ju. 4-13,16-18 com 2 Pe. 1.1-18; 3.2-3): há quem afirme que Judas fez uso literário de 2 Pedro, mas também há quem o conteste, pretendendo provar o contrário; outros ainda são da opinião de que Judas e 2 Pedro poderiam ter usado uma fonte comum não mais conhecida – e terem sido concebidas como circular para o combate de heresias –, à semelhança de Mateus e Lucas, que se serviram de uma provável fonte de ditos (fonte *Q*) comum, mas cada qual a sua maneira. Outra razão pelo parcial desinteresse na pesquisa é a falta de polêmica teológica que traga argumentos e razões de fé (exemplos: 1 Co. 6.12-20; 11.17-34 etc.) para o combate concreto da heresia visada: a Carta contenta-se mais em arrolar julgamentos punitivos de Deus como ameaça aos oponentes visados do que propriamente explicar por que aquilo que pensam e praticam é errôneo. A própria fé, na qual é preciso se edificar (v. 20) e pela qual a comunidade é exortada a batalhar (v. 3), não vem bem definida ou explicada na carta! Também há incertezas quanto aos endereçados: quem seriam os "amados em Deus Pai" e "guardados em Jesus Cristo" (1.1)? Trata-se de comunidade(s) específica(s), ou o escrito foi pensado originalmente como carta circular para comunidades diversas sob o perigo das heresias? Por fim, entre outras razões que ainda poderiam ser arroladas, há também incertezas quanto ao grau mais exato de influências da literatura judaica não canônica e apocalíptica na Carta: propõem-se, entre outras, influências do Testamento de Naftali no v. 6, do Testamento de Aser no v. 8, da Assunção de Moisés no v. 9, de Enoque 40.8 e 1.9 nos v. 14-15 etc. As dúvidas decorrem do fato de que episódios como os narrados entre os v. 5-7, *e.g.*, são comentados por uma série de escritos judaicos anteriores e posteriores ao início da era cristã, sem que seja possível ter certeza quanto ao conhecimento e uso ou não de tais fontes pelo autor de Judas.

Não obstante todas essas incertezas e dificuldades, os autores da iniciativa de uma coletânea de artigos sobre Judas entenderam que valeria a pena reiniciar uma abordagem dessa Carta tão olvidada, e isso por uma razão óbvia: ela não teria entrado no cânone se não fosse de importância para o testemunho sobre Jesus. E, de fato, não são poucos os teólogos e exegetas que se expressam e expressaram nesse sentido. Teologicamente, em rápidos traços, poderia ser destacado, entre outras coisas, o seguinte:

a. O indicativo da fé encontra-se bem preservado em Judas, pois os crentes podem considerar-se amados "em/por Deus Pai" (v. 1 e 21), guardados em Jesus (v. 1), vivendo sob a graça de Deus (v. 4) e podendo contar no presente e futuro com a misericórdia de Deus para suas vidas (v. 21). Que a salvação procede exclusivamente de Deus é reafirmado mais uma vez no v. 24: é Ele que dá aos crentes o poder para que se guardem de tropeços e que assegura apresentá-los imaculados diante de sua futura glória.

b. O imperativo da fé desdobra-se em três direções dentro da Carta. A primeira delas é *em relação aos oponentes*. Contra eles são arrolados vários juízos já perpetrados por Deus contra adversários diversos em textos do AT e da apocalíptica judaica (v. 5-7, 11, 14-15). Judas quer dizer: assim como outrora Deus castigou rebeldes ou prometeu juízo contra eles, assim também hão de ser punidos os que na atualidade pecam contra Deus. A Carta explica seus pecados: a fé na graça, que deveria provocar o amor, é usada para efeitos de libertinagem /licenciosidade (*asélgeia*) (v. 4). Essa libertinagem, segundo W. Barclay, *Begriffe des Neuen Testaments*, 1966, p. 39s, engloba o âmbito sexual (cf. Rm. 13.13; 2 Co. 12.21), mas não se restringe a ele, abarcando toda sorte de permissividades que indivíduos se arrogam no direito de ter:

> *Asélgeia* reproduz um estado de pecaminosidade, no qual a pessoa não faz mais nenhuma tentativa para encobrir ou disfarçar o pecado: ela é pecado sem vergonha... Para uma pessoa que vive em *asélgeia*, tornou-se sem importância o que os outros falam ou pensam a respeito (Ef. 4.19 [tradução nossa]).

Asélgeia caracteriza-se, por isso mesmo, pelo despudor, descaramento e indecoro. Ela era explorada nos ágapes cristãos, em que parece ter havido total falta de recato (v. 12; cf. 2 Pe. 2.13-14), mas podia manifestar-se também por meio de murmuração, descontentamento, falas arrogantes, bajulação e palavreado lisonjeiro ou mesmo em comportamentos interesseiros (v. 16). Outra crítica feita aos oponentes é em virtude de sua negação da soberania e senhorio (*kyriótes*) de Jesus e de suas blasfêmias contra as "glórias" (*dóxai*), uma provável referência a anjos (v. 8); uma parcial relativização do poder dos anjos já havia sido feita também por Paulo em 1 Co. 6.3; Rm. 8.38s e em Cl. 2.18. Não é impossível que essa negação e blasfêmia tenham advindo de um entendimento de salvação já realizada, que acreditava ter sido a ressurreição já ocorrida (cf. Cl. 2.12s; Ef. 2.4-7) e que, portanto, os cristãos, agora regidos pelo Espírito (v. 19), não estivessem mais sujeitos a principados, potestades, poderes ou domínios (Ef. 1.21), também não ao costumeiro domínio de Cristo como senhor escatológico do juízo e a uma futura segunda vinda sua. Esse entendimento de salvação presente é contraposto em Judas a uma salvação que aguarda a misericórdia plena de Deus só para o futuro (v. 21, 24); Judas assume, pois, uma postura crítica semelhante à referida em 2 Tm. 2.18.

Em segundo lugar, o imperativo da fé é *em relação à(s) comunidade(s) endereçada(s)* da Carta. O que recomenda a Carta para os membros da comunidade endereçada? A rigor são três as recomendações: (1) Edificar-se e batalhar pela fé recebida (v. 3, 20); (2) orar no Espírito Santo (v. 20), e (3) preservar-se no amor de Deus (v. 21). Essa última recomendação referente à guarda do amor de Deus na vida dos crentes já havia sido sinalizada nos v. 1-2. Ela seguramente é acentuada na Carta em contraposição à vivência da libertinagem/*asélgeia* pelos oponentes. Não é por menos que também em Corinto, onde certos cristãos achavam que tudo lhes era permitido, o apóstolo Paulo acentua a necessidade e prática do amor (1 Co. 13), pois – como assevera Paulo – onde tudo é permitido, nem tudo convém (1 Co. 6.12; 10.23).

Em terceiro e último lugar, o imperativo da fé compreende *sugestões para que os cristãos tenham determinados comportamentos em relação àquelas pessoas que na comunidade se encontram no perigo de aderir aos falsos mestres e pregadores infiltrados*. Se optarmos pelo texto dos v. 22-23 de três cláusulas, proposto por Nestle-Aland, as recomendações seriam as seguintes para os cristãos de boa fé: (1) compadecer-se (*eleãte*) daqueles que estão em dúvida; (2) salvar outros, arrancando-os do fogo; nesse caso, com "fogo" talvez Judas esteja querendo se referir "à paixão da lascívia à qual os falsos mestres se entregaram [...]" ou ao "fogo do juízo do qual serão passíveis se não forem levados a uma atitude melhor" (M. /Green, II Pedro e Judas, 1983, p. 180), e (3) compadecer-se (*eleãte*) de outros em temor, detestando até a roupa contaminada pela carne. Duas coisas chamam a atenção: A primeira é a importância conferida à misericórdia/compaixão (éleos/*eleéo*) no trato das pessoas em perigo de aderir à heresia combatida. Não pode haver dúvidas: o tratamento dos hesitantes com compaixão e não com arrogância ou desprezo advém do fato de os cristãos terem sido e esperarem ser tratados exatamente da mesma forma por Deus no futuro (cf. v. 1 e 21); essa mesma sensibilidade transparece, aliás, também no v. 9. A segunda coisa que chama a atenção é o cuidado (*em temor*) e o distanciamento preventivo (afastar-se até mesmo das roupas contaminadas) que a terceira recomendação encerra: se não for assim, ou o cristão não será levado a sério, ou ele mesmo virará refém fácil daquilo que pretende afastar.

c. Este breve apanhado do indicativo e imperativo propostos pela carta vem acompanhado – como já referido – de uma pregação avassaladora do juízo de Deus para aqueles que, dissimulados, haviam se introduzido na(s) comunidade(s) com ética e doutrinas desrespeitosas para com o senhorio amoroso, mas comprometedor do reinado de Jesus (v. 5-7, 14-15). Assim sendo, a Carta mostra – é verdade – uma clara sensibilidade pastoral para com os cristãos sob o perigo da influência dos hereges (v. 22-23), mas nenhuma concessão de graça ou misericórdia ou segunda chance para os falsos oponentes. Essa pregação contundente de juízo é notória e com certeza deveria ser objeto de avaliação e melhor análise para eventuais atualizações da Carta.

A coletânea de artigos arrolados na presente publicação é composta por cinco trabalhos que abordam aspectos diversos da Carta de Judas. Questões teológicas e éticas também entram em discussão nos cinco capítulos, embora de maneira mais pontual, já que cada um deles trata de temáticas restritas e específicas, podendo ser resumidos como segue:

"O contexto histórico e literário de Judas", de MARCELO DA SILVA CARNEIRO. Trabalhando com o princípio da intertextualidade (comparação com textos semelhantes de determinadas épocas), o autor conclui como possível datação para a epístola o período entre 90 e 125 d.C. e, considerando as dificuldades relacionadas com uma eventual autoria de Judas, um dos irmãos de Jesus, qualifica-a como pseudonímica: "[...] alguém ligado ao círculo apostólico a escreveu, assumindo o nome de líder ligado diretamente a Jesus e a Tiago".

Como local de origem, pensa "na Ásia Menor e seus espaços de fronteira entre o mundo ocidental e oriental", ou seja, "foi escrito para uma região mais ampla, com intenção de ser uma carta circular que propagasse o cuidado que as comunidades deveriam ter com os ensinos falsos...". A intenção primária da carta é polêmica, dirigida contra pessoas que se introduziram sub-repticiamente na comunidade, negando o senhorio de Cristo e vivendo uma ética permissiva de libertinagem (v. 3-4), polêmica aliás semelhante às que já podemos encontrar em textos como Colossenses 2.18; 1 Coríntios 14.37 ou na Epístola de 1 João (cf. em especial 2.18-22 e 4.1-6). Ao final do texto, o autor ainda ressalta a grande influência que Judas aparenta ter da literatura apocalíptica contemporânea, apontando para prováveis referências a 1 Enoque 16.1-2 em Judas 6, 1 Enoque 7.1 e 15.4 em Judas 8, e ao Livro dos Jubileus e Testamento de Arão em Judas 9.

"Paleografia de manuscritos gregos dos séculos III-V da Epístola de Judas", de ELCIO VALMIRO SALES DE MENDONÇA. O capítulo apresenta inicialmente um detalhado apanhado dos manuscritos que contemplam a Epístola de Judas. A seguir são informados os critérios que costumam nortear a datação dos manuscritos, como a Codicologia e a Paleografia (estuda o tipo de escrita, disposição de palavras, organização do texto etc.). Nesse espaço, o autor também efetua uma interessante transcrição comparativa de quatro manuscritos gregos de toda a epístola. O artigo encerra apresentando algumas discutidas ocorrências de variantes entre o Papiro Bodmer e os códices Sinaítico, Vaticano e Alexandrino, dando a conhecer por último algumas das características dos *nomina sacra/divina* (nomes sagrados/divinos) que aparecem nos manuscritos gregos maiúsculos até o século VIII.

"Epístola de Judas: Proposta de tradução linear comentada" de MOISÉS OLÍMPIO-FERREIRA. O capítulo apresenta uma proposta de tradução linear do texto grego de todos os 25 versículos da Epístola de Judas, considerando tanto morfologia, sintaxe e semântica do verbo e seus traços, bem como alternativas dos múltiplos sentidos lexicais dos diferentes termos empregados na Epístola. A tradução procurou, dentro do possível, manter as características originais de estilo, gramática e semântica. Ela presta um inestimável subsídio para a análise e interpretação do conteúdo, mostrando como as diferentes opções lexicais podem levar a entendimentos diferenciados, quando não até antagônicos de afirmações e proposições dos diferentes versículos. Em meio a minuciosas e esclarecedoras análises textuais dos diferentes versículos, o autor não deixa de se mostrar consciente das dificuldades de transposição de significados de uma língua para outra, tendo em vista, no caso de Judas, sobretudo "o desconhecimento de inúmeros dados quanto à inter-relação de destinador e destinatários e de seus referentes contextuais".

"Por uma antropologia da tradução", de DELCIDES MARQUES. Neste capítulo o autor aborda diferentes dificuldades, propostas e desafios atrelados aos processos de traduções, para que estas consigam galgar o grau de confiabilidade e fidedignidade. Mesmo ciente de que toda tradução é parcialmente refém dos interesses e/ou condicionamentos do tradutor, o objetivo é proporcionar critérios para uma tradução cultural não-etnocêntrica e não-colonizadora, respeitando o quanto possível a gama de diferentes significados semânticos dos termos e expressões, para o que se espera de um tradutor conhecimento linguístico de ponta e honestidade no processo de tradução. O artigo aborda ainda reflexões sobre o aspecto pragmático da linguagem e a possibilidade sempre dada de que tradução vire traição. A tradução concreta, na qual os citados critérios são exemplificados e apurados, é a da própria Epístola de Judas, efetuada em artigo da autoria de Moisés Olímpio-Ferreira.

"A Epístola de Judas: uma leitura sob a chave do pragmatismo americano e da filosofia analítica ou como o imperativo categórico de Kant não pode ser absoluto", de JORGE VIANA DE MORAES. A principal argumentação deste capítulo baseia-se numa síntese do pensamento de dois dos expoentes do Pragmatismo Americano, Charles Peirce e Georg Herbert Mead, e pode ser resumida da seguinte forma: o *self*, ou seja, a experiência e o comportamento dos indivíduos, dependem substancialmente do grupo social ao qual pertencem. Em outras palavras: "... pensamento, concepção, crença, atitudes e condutas de um sujeito na sua relação com os demais sujeitos de sua comunidade estão na base da construção de seu self". Daí a importância da carta de Judas não ser endereçada individualmente, mas ao conjunto da(s) comunidade(s) – "Amados", "Lembro-vos", "Guardai-vos", "Compadecei-vos" etc. –, já que a adesão de certos indivíduos isolados à nova ética e doutrina apregoadas pelos indivíduos infiltrados sub-repticiamente na(s) comunidade(s) poderia condicionar partes ou mesmo o conjunto delas a novos comportamentos ou crenças e, nesse caso, errôneas. O artigo inicia com uma análise de condições gerais da Epístola (estrutura, destinatários, origem, conteúdo, exemplos de punição), seguida de exposições dos pensamentos de Peirce e Mead, e finaliza com uma contraposição entre o imperativo categórico de Kant e sua alternativa na teoria da justiça de John Rawls.

Resumidas acima as cinco contribuições para esta obra sobre a Carta/Epístola de Judas, deixamos ao final nossos melhores votos de uma feliz e proveitosa leitura dos capítulos aqui apresentados, com a esperança de que essa coletânea possa inspirar também outros autores e autoras para novos e atuais estudos pormenorizados da Epístola no seu autêntico propósito de defesa dos fundamentos da fé diante dos perigos de deturpações dos ensinamentos apostólicos.

1. O CONTEXTO HISTÓRICO E LITERÁRIO DE JUDAS

Marcelo da Silva Carneiro

A Epístola de Judas parece quase um corpo estranho no conjunto de livros do Novo Testamento, tanto pela extensão do texto quanto pelo conteúdo. Richard Bauckham (1983) chega a afirmar que é o livro mais negligenciado no estudo do Novo Testamento, junto com 2 Pedro. Afinal, qual é a sua fonte e o seu contexto? Para quem ele fala, e a partir de qual situação? Ao citar Enoque, ao que ele se refere? Essas são algumas das questões que iremos trabalhar neste capítulo, com o fim de situar o leitor ou leitora no ambiente do texto e permitir uma melhor compreensão a seu respeito.

Para cumprir nossa meta, iremos apresentar os dados testemunhais mais antigos sobre a Epístola de Judas e como ele se relaciona com textos que lhe eram contemporâneos, indicando seu contexto de origem. Em seguida, partiremos para uma proposição sobre aspectos literários que indiquem as motivações e as questões centrais debatidas na epístola, para então analisarmos como Judas se relaciona com materiais judaicos, notadamente aqueles que são designados como apocalípticos.

1.1 As origens da epístola de Judas

A epístola a Judas propõe um forte desafio para situar sua origem: há quem defenda uma datação no primeiro século (como Jeromy H. Neyrey, 2011.), há quem opte pelo início do segundo (assim se posiciona Bart Erhman, 2000). Se considerarmos o princípio da intertextualidade, focado nos ecos textuais produzidos em determinada época, poderemos estabelecer alguns parâmetros. A intertextualidade é

> o uso de um texto em outro texto, seja pela citação – quando o texto usado é citado de forma direta – ou pela alusão – quando o texto usado é apenas mencionado de forma indireta – e em ambos os casos pode ou não haver a indicação da fonte. (Carneiro, 2021, p. 206).

O eco – que também pode ser chamado interdiscursividade[1] – é, no caso, um terceiro nível, em que ideias e fraseados semelhantes podem aparecer em textos contemporâneos, sem que um seja dependente do outro. Judas consegue fazer, mesmo em um texto tão curto, os três níveis de intertextualidade. Nesse momento, irei me deter no nível dos ecos, para indicar a possível origem da epístola, não olhando apenas os textos canônicos, mas a literatura cristã desses períodos.

Albert E. Barnett (1957, p. 317) identificou parte dessa intertextualidade. Dentre as obras que convergem com a Epístola de Judas em termos de linguagem estão alguns escritos do final do século I e início do II. Há ecos evidentes entre a doxologia de I Clemente (20:12 e 65:2), datado de 95 EC., e o verso 25 de Judas, como indicado no quadro a seguir:

I Clemente 20:12	I Clemente 65:2	Judas 25
[...] que a glória e a honra estejam com ele para sempre. Amém.	A graça de Nosso Senhor Jesus Cristo esteja convosco e com todos os que são chamados por Deus por meio dele, a Ele seja glória, honra, poder, majestade e domínio eterno, de eternidade a eternidade, Amém.	[...] ao único Deus, nosso Salvador, mediante Jesus Cristo, Senhor nosso, glória, majestade, império e soberania, antes de todas as eras, e agora, e por todos os séculos. Amém! (JFR RA)[2]

Percebe-se o eco na repetição de certos termos e na formulação como um todo. Essa doxologia já está presente em escritos anteriores, como em Romanos 16.27, Efésios 3.21, bem como em textos datados na virada dos séculos I e II, em Apocalipse 7.12, indicando circularidade na fórmula. Judas se insere nesse contexto confessional, que pode apenas ser reflexo de um processo mais amplo e antigo no Cristianismo Primitivo.

Outro exemplo é a lembrança de Policarpo a respeito de Paulo em sua carta aos Filipenses 3:2:

> Pois nem eu, nem qualquer outro como eu, pode seguir a sabedoria do bendito e glorioso Paulo, que quando esteve entre vós na presença dos homens daquela época vos ensinou acurada e firmemente a palavra da verdade, e também quando ele estava ausente escreveu-vos cartas, de cujo estudo podereis edificar-vos na fé que vos foi dada (Policarpo, 2021, p. 120).

Nesse caso, as passagens de Judas 17 e 20 estão relacionadas em conteúdo: "Vós, amados, lembrai-vos das palavras que foram previamente ditas pelos apóstolos do Senhor de nós Jesus Cristo", "Vós, porém, amados, edificando-vos na vossa fé santíssima, orando no Espírito Santo". Tanto no fato de citar os apóstolos, quanto na expressão "edificar na fé", o texto de Judas remete à posição de abalizador do que foi comunicado pelos apóstolos antes dele, o que também insere o texto no período pós-apostólico, ao menos no fim do século I. Mostra também como, na primeira metade do século II, o Cristianismo cada vez mais vai ser marcado pelo ensino autoritativo (Barnett, 1957).

No texto anônimo do Pastor de Hermas, encontramos a seguinte fala de Cristo a respeito do corpo, em resposta ao Pastor:

> Se fores clemente e resignado, o Espírito Santo que habita em ti será puro e não será corrompido por nenhum espírito do mal. Pois, se ele estiver em alegria, será fortalecido e se agradará do corpo em que habita, e servirá ao Senhor com satisfação e em paz. (Livro II, Mandamento 5:2, 2021, p. 397).

Essa ideia está compartilhada em Judas 8: "De fato, de modo semelhante, também esses que vivem em sonhos, por um lado, vão profanando a carne e, por outro lado, vão invalidando senhorio e vão difamando boas reputações". Essa linguagem comum que fala de contaminação/corrupção da carne/corpo espelha um pensamento cristão do século II, que tem suas bases também nos documentos mais antigos, como em 2 Coríntios 11.3 – "[...] assim também seja corrompida a vossa mente..." – e Efésios 4.22 – "[...] do velho homem, que se corrompe segundo as concupiscências do engano...". Ainda que não trate do corpo, a ideia geral é que há uma corrupção/profanação que é combatida e indesejada, pensamento comum a esses círculos cristãos.

Mas, a maior relação que podemos indicar sobre relação textual está em 2 Pedro, em especial no capítulo 2, que replica Judas em texto reconstruído, sem fazer citações claras aos escritos judaicos apocalípticos (dos quais falaremos adiante). Essa conexão é abertamente aceita pela academia[3]. E considerando que 2 Pedro tem sido datada entre 125 e 150, Judas não poderia ser posterior.

Considerando as informações apresentadas, a datação possível para a epístola está entre 90 e 125. Aqui pendemos mais para o início do século II, posto que o texto pode ter nascido em meio aos debates que se iniciavam mais fortemente a respeito dos ensinos enganosos e dos movimentos considerados espúrios pelas lideranças ligadas a esses textos citados. É fato que, desde Paulo, temos registros de problemas com grupos que trazem ensinos estranhos às comunidades. Porém, como bem aponta Bart Ehrman (2000), diferente das fases anteriores, em que o foco eram outros judeus (Hebreus, Barnabé)[4], ou com problemas em relação aos não-judeus (1 Pedro, Inácio, Martírio de Policarpo), Judas expressa um momento em que cristãos começam a ter conflitos cada vez maiores com outros cristãos, diferentes grupos com ensinos divergentes, seguindo suas próprias interpretações a respeito de Cristo e da fé cristã. Seria o momento de estabelecer uma formulação comum que iria se tornar a "ortodoxia" – tendência que se tornou vitoriosa nos debates teológicos e eclesiásticos com outras vertentes cristãs, mesmo não sendo ainda o Cristianismo a religião autônoma como ficou conhecida depois. Estamos aqui diante do fenômeno da rede textual cristã primitiva, importante maneira de conceber essa fase do movimento em processo de se tornar uma religião independente.[5]

Mas, quem escreveu essa carta? Quem é esse Judas? Ele se apresenta no início como "escravo de Cristo Jesus, irmão de Tiago". A pesquisa tem apontado que não se trata de Judas Iscariotes, por motivos óbvios, e, ao indicar que é irmão de Tiago, conjetura-se sobre qual Tiago seria. Kümmel (1982) entende que provavelmente se trate de Tiago, líder da Igreja de Jerusalém, uma das principais colunas do movimento inicial após a ressurreição (cf. Tiago 1.1; Gálatas 1.19; 2.9; 1 Coríntios 15.7). Judas é citado junto com Tiago em Marcos 6.3: "Não é este o carpinteiro, filho de Maria, irmão de Tiago, José, Judas e Simão?". Sendo assim, poderia se tratar de Judas, irmão de Jesus, que teria se tornado liderança junto com Tiago. Porém, historicamente, os indícios apontam que Judas já estaria morto no fim do primeiro século, tendo em vista o registro preservado por Eusébio de Cesareia, na *História Eclesiástica* XX.1-5:

> Da Família do Senhor viviam ainda os netos de Judas, seu irmão segundo a carne, aos quais delataram por serem da família de Davi. O *evocatus* [soldado veterano mobilizado para serviço dos magistrados em funções administrativas] conduziu-os à presença do césar Domiciano, porque este, assim como Herodes, temia a vinda de Cristo.
> Perguntou-lhes se descendiam de Davi; eles o admitiram. Perguntou-lhes então quantas propriedades tinham ou de quanto dinheiro dispunham, e eles disseram que ambos não possuíam mais do que nove mil denários [moeda básica da Palestina, equivalia a um dia de salário de trabalhador rural]
> [...]
> Então mostraram suas mãos e juntaram como testemunho de seu trabalho pessoal a dureza de seus corpos e os calos que haviam se formado em suas próprias mãos pelo trabalho contínuo.
> Perguntados acerca de Cristo e de seu reino [...] deram como explicação que não era deste mundo nem terreno, mas celeste e angélico e que se dará no final dos tempos [...].
> Ante essa resposta, Domiciano não os condenou a nada, mas inclusive desprezou-os como gente vulgar. Deixou-os livres e por decreto fez cessar a perseguição contra a Igreja (Cesareia, 1999, p. 92-93).

Ao tratar desse episódio, Bart Erhman (2000) analisa alguns aspectos: se a família de Judas ainda estava na classe camponesa, tudo indicava que não teriam formação para lidar com textos, o que pode ser retroprojetado para seu antecessor famoso, tendo em vista a forma como as famílias eram formadas naquele tempo.[6] Por sua vez, a Epístola de Judas é escrita em bom grego, o que dificilmente seria esperado de um trabalhador camponês, mesmo que fosse líder da Igreja – tarefa essa que não exigia formação na elite naquelas primeiras décadas. Por outro lado, a narrativa de Eusébio deixa transparecer, implicitamente, que Judas já estaria morto no período de Domiciano (81-96). Considerando esses aspectos, é mais provável que a epístola seja pseudonímica, ou seja, alguém ligado ao círculo apostólico a escreveu, assumindo o nome de líder ligado diretamente a Jesus e a Tiago. Essa posição é adotada por todos os pesquisadores consultados, que prevalece justamente pela falta de evidências externas que comprovem a autenticidade de Judas como autor[7].

Sobre o local onde pode ter surgido a epístola de Judas, nada se sabe ao certo. Boa parte dos comentaristas (como Ehrman, 2000; Kümmel, 1982; Neyrey, 2011) se cala diante do local, indicando a impossibilidade de definição. Para Albert Barnett, por sua vez, as evidências apontam para Roma. Ele afirma:

> 2 Pedro provavelmente foi escrito de Roma. Sua incorporação de Judas mostra a popularidade deste no ocidente por volta de meados do segundo século, e concebivelmente aponta para Roma como o lugar de sua composição. Seu reconhecimento como canônico por Tertuliano e o autor do Cânon Muratoriano também argumenta fortemente para uma origem romana (Barnett, 1957, p. 319, [tradução nossa]).

Em outra posição, Raymond Brown (1997) indica a Palestina como local de origem do texto. Ele alega que, pelo critério da autenticidade de que Judas seja o autor da epístola e considerando que Judas seria o remanescente dos líderes de Jerusalém, o local deve ser a Palestina. Além disso, o uso que ele faz das Escrituras Judaicas o aproxima mais do texto hebraico do que do da Septuaginta, diferente dos demais autores do Novo Testamento. Além disso, o uso de 1 Enoque evoca um conhecimento literário mais oriental, visto que várias cópias dessa obra foram encontradas em Qumran. Brown defende que o autor de Judas conheceu a versão aramaica do texto e completa sua análise por aspectos técnicos do texto:

> O que o *estilo de argumentação* nos diz sobre o lugar de origem? O escritor tinha um bom domínio do vocabulário grego e o uso mais que adequado de conjunções, frases no particípio e aliterações. De acordo com isso, alguns argumentariam que sua língua materna era o grego. Outros pesquisadores argumentam que um falante nativo de hebraico ou aramaico poderia aprender esse estilo de grego pelo ensino de retórica e por sua imersão na literatura judaica helenística (Brown, 1997, p. 757, [tradução nossa]).

Ainda assim, fica difícil argumentar que foi o próprio Judas quem escreveu a carta, ao que Brown argumenta que poderia ter sido escrito com ajuda de alguém versado em grego. Seja como for, ele não pode definir com certeza, pois depende sempre do argumento da autenticidade da carta.

Considerando as duas posições, pouco para uma definição nossa, preferimos entender que a Epístola de Judas é um texto cristão que circulou rapidamente no Ocidente, ao mesmo tempo em que dialogava com o mundo oriental judaico. Por isso, me arrisco a pensar na Ásia Menor e seus espaços de fronteira entre o mundo ocidental e oriental como lugar de origem. Seria um meio termo entre as duas posições e se adequaria a outros escritos do Novo Testamento, como Gálatas, as Epístolas de João e a versão final do Evangelho joanino, além de Lucas e Atos.[8]

Em relação à audiência para a qual o texto foi escrito, permanece o mesmo mistério, corroborado pelo início da carta, quando afirma "aos chamados que estão no estado de amados em Deus pai e que estão no estado de guardados em Jesus Cristo" (v. 1). Essa afirmação é por demais genérica para admitir uma definição. Ainda assim, D. A. Carson (2007) acha que o texto foi escrito para um grupo específico, pelas evidências internas. Só não consegue indicar que local é esse. Ao fim, todos os pesquisadores consultados indicam a impossibilidade de definir um local. Mais certo é dizer que foi escrito para uma região mais ampla, com intenção de ser uma carta circular que propagasse o cuidado que as comunidades deveriam ter com os ensinos falsos, como veremos a seguir. Para Brown (1997), percebe-se ecos de uma discussão com grupos que entenderam Paulo de forma equivocada, criando certa postura de anomia nas práticas cristãs. Judas estaria em busca de corrigir tais atitudes. Isso pode, inclusive, ter sido decisivo para sua recepção canônica. Mesmo assim, Brown não arrisca um local destinatário definido. É por isso que a epístola figura entre as que foram denominadas universais ou católicas, no sentido lato do termo, pela sua universalidade em termos de audiência. Seguindo nossa lógica de ter sido escrito em algum lugar da Ásia Menor, podemos entender que o texto foi divulgado tanto para o ocidente – cuja evidência nós temos por meio de outros escritos, como visto acima – quanto no oriente, de onde tirou várias ideias, dialogando com o imaginário cristão oriental.

1.2 Motivação e situação tratada na epístola

A motivação da carta é relativamente clara, como apontam os versos 3 e 4:

> Amados, fazendo toda diligência para estar no ato de vos escrever a respeito da comum salvação de nós, tive necessidade de vos escrever, exortando-vos para estardes lutando com intensidade sobre aquela que, uma única vez, foi entregue aos santos: a prova. Pois algumas pessoas se infiltraram sub-repticiamente – aqueles que há muito tempo já estão previamente anunciados para esse juízo –, sacrílegos que estão transportando a graça de nosso Deus para a libertinagem e que estão negando o único soberano e senhor de nós Jesus Cristo.

Para Brown (1997) e Neyrey (2011), o texto indica que a principal questão está em combater ensinos cristãos gnósticos que desviam o comportamento das comunidades, afetando tanto na sua postura ética (quando fala em libertinagem) quanto em sua crença (ao dizer que negam Jesus como único soberano e Senhor). Ehrman segue essa mesma linha, ao colocar Judas entre os textos escritos para combater ideias de outros grupos cristãos que se afastam de certa forma considerada correta de crer (ortodoxia). Carson, Moo e Morris (2007), no entanto, alertam para o fato de que, no início do século II, período em que Judas deve ter surgido, não havia ainda um gnosticismo cristão consistente e definido. Segundo eles,

> o gnosticismo abrangia ensinos provenientes de muitas fontes, e alguns desses ensinos individuais existiam no período do Novo Testamento. Mas é exagerado rotular como simplesmente 'gnóstico' quaisquer desses ensinos pré-gnósticos (Carson, Moo, Morris, 2007, p. 513).

A terminologia usada por eles – período do Novo Testamento – é um tanto estranha[9], porém, nos interessa aqui, o que eles falam sobre o alerta, que é relevante. Se considerarmos alguns elementos presentes em epístolas paulinas (por exemplo, Colossenses 2.18 ou 1 Coríntios 14.37), ou na Epístola de 1 João (em especial os trechos de 2.18-22 e 4.1-6), veremos que, antes de Judas, já havia polêmica em torno de pessoas que se consideravam mais espirituais do que as demais – um dos pontos importantes defendidos pelos gnósticos – e com práticas e crenças que divergiam daquilo que a liderança pregava, chegando a criar ruptura na comunidade, como fica bem evidenciado em 1 João. Ou seja, Judas pode estar lidando também com pensamentos divergentes, sem que ainda sejam parte de uma estrutura mais organizada, que conhecemos pelos escritos posteriores do Evangelho de Valentino, Evangelho da Verdade e Hipóstase dos Arcontes, para citar alguns.

Judas vai alertar as comunidades para diferenciar o ensino verdadeiro do falso, característica comum dos textos cristãos do século II, que se percebe tanto nas pastorais, quando falam em sã doutrina (1 Timóteo 1.10; 2 Timóteo 4.3; Tito 2.1) quanto na Epístola de Policarpo aos Filipenses, em que se reforça o ensino de Jesus e dos apóstolos para indicar a maneira correta da comunidade se portar no mundo. Em diferentes momentos, a epístola de Judas vai reforçar essa ideia: quando compara a atitude dos falsos mestres com as práticas dos habitantes de Sodoma e Gomorra (v. 7 e 8), ou ainda associando-os a Caim, Balaão e a outros (v. 11s). Sobre essas lideranças, Judas afirma: "Esses são os que estão provocando divisões, viventes de alma natural (sensoriais), que não têm espírito." (v. 19). Isso mostra que, para ele, falsos mestres estão associados a divisões que provocam na comunidade, bem como a práticas sensuais, que os cristãos condenavam desde Paulo (Romanos 1.17 e Colossenses 2.23). Judas coloca sua doutrina na mesma linha dos seus antecessores e coloca a fé da comunidade dentro de uma "comum salvação" (v. 3), confirmada por uma "prova" (v. 3 e 19). Para Barnett, a defesa da fé em Judas tem sua origem na autoridade apostólica, que está em concordância com as Escrituras, que passam a ter sentido normativo. O conjunto das Escrituras "tinha a validade da revelação e fornecia o fundamento indispensável para a moralidade cristã. Em vez de criticá-la ou alterá-la, os homens devem acreditar e regular suas vidas por ela." (Barnett, 1957, p. 319). Aqui temos uma gênese da teologia da revelação e da autoridade escriturística como base da fé cristã.

Em síntese, a Epístola de Judas se encaixa no campo apologético do Cristianismo Primitivo, que a Patrística desenvolveu muito bem nos séculos II e III. Mas, ao mesmo tempo, ela se configura no gênero apocalíptico, como veremos a seguir.

1.3 Intertextualidade entre os textos judaicos e Judas: da Torá à Apocalíptica

Judas é uma epístola vinculada à forte tradição cristã de utilizar as Escrituras hebraicas para fundamentar sua argumentação teológica. É o recurso da autoridade escriturística, fundamento também do ensino rabínico, por meio do recurso da *midrash*[10]. Conforme a pesquisa de Adalberto Telles (2019), há fortes indícios de alusão ao Antigo Testamento na Epístola de Judas, sinal de intertextualidade, conforme comentamos no início deste capítulo.

Diversas narrativas de Gênesis estão presentes na epístola. Judas começa logo de início comentando "que o senhor, uma vez tendo salvado o povo da terra do Egito, fez perecer, em seguida, os que não creram" (v. 5). Ele parte da evocação do evento mais importante para a memória judaica – a Páscoa – como um alerta: a salvação não é definitiva, mas é resultado de perseverança. Essa é a mensagem implícita ao recorrer ao tema do Êxodo. E podemos dizer que é o exemplo positivo que ele utiliza da Torá para advertir à comunidade. Todas as advertências têm como alvo "algumas pessoas que se infiltraram sub-repticiamente – aqueles que há muito tempo estão previamente inscritos para esse juízo." (v. 4), lideranças que estavam ensinando doutrinas que o autor condena, dentre elas a negação de Jesus Cristo como Senhor e Soberano da comunidade. Quanto aos demais exemplos, são negativos registrados na Torá, que procuram reforçar o tema, para que a comunidade se previna e tenha capacidade de avaliar criticamente vozes dissonantes.

No verso 7, o autor de Judas faz referência às cidades de Sodoma e Gomorra, comentando o seguinte:

> como Sodoma e Gomorra e as cidades em torno delas que, de modo semelhante a eles, tendo-se prostituído e tendo ido atrás de outra carne, foram colocadas à frente como exemplo, estando postas sob pena de fogo de tempo-eônico.

A eles, no caso, o autor se refere aos anjos citados no verso 6, dos quais falaremos mais à frente. Veja que neste trecho ele apresenta uma visão bastante forte de que certas práticas[11] de Sodoma e Gomorra foram a causa de sua punição, que vai além da destruição acontecida segundo a narrativa de Gênesis 19. Judas vai projetar o juízo definitivo das cidades pecadoras para o futuro. E ao mesmo tempo alertar a comunidade para não cair em práticas reprováveis, numa perspectiva moral.

No verso 11, o autor aponta três exemplos de lideranças negativas que se levantaram contra o povo de Israel, seja simbolicamente, ou historicamente. Ele afirma: "Ai para eles, porque pelo caminho de Caim andaram, e pelo erro do prêmio de Balaão deixaram-se completamente cair, e pela contestação de Coré pereceram completamente." Moisés Olímpio-Ferreira apresenta esses casos com mais detalhes[12]. As informações aqui são colocadas sem detalhes, provavelmente porque o autor entende que a memória da comunidade já tem bem claro o significado de cada história para a vida, e o tipo de advertência que propõe. Caim faz parte de uma narrativa primeva de Israel, que mostra o início da violência entre irmãos – pessoas do mesmo convívio social; Balaão fala de ganância e desejo de lucro, contra o povo de Israel; e Coré trata da crise dentro do povo de Israel, por conta da rebelião do grupo de Coré contra a liderança de Moisés e a indicação como Arão como Sumo Sacerdote. Nos três casos, os envolvidos foram julgados e punidos, de formas diferentes.

Porém, é interessante perceber que as alusões feitas levam em conta um filtro de tradições que surgiram no mundo judaico poucos séculos antes do surgimento do movimento cristão. Trata-se da literatura apocalíptica, que surgiu no final do período persa e floresceu no período helenístico até o período romano, passando pelo período hasmoneu (Collins, 2010; Nickelsburg, 2011). Em todo Novo Testamento, percebemos traços do pensamento apocalíptico, em especial pela via da Cristologia: o Filho do Homem escatológico – e da Parusia: a vinda gloriosa de Cristo (Lohse, 1985). Essa releitura cristã da apocalíptica judaica se expressa concretamente no Apocalipse de João, nome que mostra a relação profunda da obra com essa vertente, embora a sua raiz já esteja em Paulo e nos primeiros escritos cristãos. Jonas Machado pesquisou profundamente a apocalíptica do apóstolo Paulo e concluiu que "Paulo estava inserido num mundo religioso com contornos apocalípticos e místicos de natureza tipicamente visionária de revelação de mistérios divinos e transformação" (Machado, 2009, p. 271). Um longo debate sobre a importância da apocalíptica no Cristianismo

Primitivo foi realizada por dois nomes gigantes do século xx: Ernest Käsemann e Rudolf Bultmann[13]. Seja como for, é inegável o quanto os textos cristãos – em especial os canônicos – dialogam com o material apocalíptico.

Neste cenário, a Epístola de Judas pode ser colocada na dimensão da renovação apocalíptica que os cristãos fizeram com o material judaico, junto com 2 Tessalonicenses, Apocalipse de João e 2 Pedro, de acordo com Helmut Koester (2005). Isso fica demonstrado no verso 6, em que se citam os anjos:

> e os anjos – os que não guardaram a origem de si mesmos, pelo contrário, que abandonaram a própria habitação – para julgamento de grande dia, com prisões perpétuas, sob escuridão, o Senhor concluiu o ato de guardá-los.

Aqui está mencionado o episódio de Gênesis 6, que fala da situação que gerou o juízo sob o dilúvio. Ocorre que na Torá o texto hebraico não faz referência a anjos. Ele afirma que os *benê há Elohim* [os filhos de Deus] se apaixonaram por mulheres. Essa expressão foi compreendida depois como sendo referência aos seres celestiais denominados *maleakhim* – palavra que originalmente significa *mensageiros*, apesar de o termo *anjos* ter sido o preferido nas traduções em português em razão da interferência da Septuaginta (a tradução grega antiga do texto hebraico). Foi a apocalíptica que relacionou os anjos a seres celestiais. A partir daí o imaginário judaico – e posteriormente também o imaginário cristão – passaram a associar a palavra anjos a seres sobrenaturais. É o caso de Judas.

Sem dúvida, o Livro de Enoque, texto pseudepígrafo[14] judaico, é o mais importante para estudar e entender a apocalíptica judaica, porque foi o primeiro – é possível que tenha sido escrito antes mesmo da versão final de Daniel – e também porque apresenta com detalhes a queda dos anjos numa narrativa mais detalhada de Gênesis 6. A presença desse livro em Judas, então, não é coincidência, nem acidente. Os indícios apontam que o autor de Judas lia Enoque como Escritura Sagrada. O maior sinal disso é a citação direta que ele faz de Enoque, no seguinte momento:

> Profetizou também a esses o sétimo a partir de Adão, Enoque, dizendo: Vê, o senhor chegou no meio das santas miríades dele para executar julgamento contra todos e para culpar toda alma quanto a todas as obras de impiedade deles que impiamente cometeram e quanto a todas as coisas duras que ímpios pecadores tagarelaram contra ele (v. 14 e 15).

A citação vem de 1 Enoque, também conhecido como Livro dos Vigilantes (ou Guardiões), que trata justamente de uma releitura aprofundada de Gênesis 6, em que se encontra o juízo por meio do dilúvio, assunto que Judas já tinha levantado no verso 6. Esse texto acaba sendo uma introdução aos escritos enóquicos, pois ele é bastante antigo, anterior ao período macabeio (167 AEC)[15]. O conteúdo principal é a descrição dos anjos e sua relação com mulheres e homens, e como eles interferiram na cultura humana. No mito, os anjos se sentem atraídos pelas mulheres e as ensinam "bruxarias, exorcismos e feitiços, e familiarizavam-nas com ervas e raízes." (7,1).

O uso de Enoque por Judas foi pouco estudado até que R. Laurence[16] divulgou sua edição completa em 1839, fruto da análise de diversos manuscritos em etíope, a única versão preservada desse antigo manuscrito. Depois foram encontrados fragmentos em aramaico nas cavernas de Qumran, mostrando que, desde o séc. III AEC, esse material já era conhecido nessa versão. E existem alguns trechos em grego que são conhecidos desde o século XVII (Terra, 2012). Daí se começou a investigar essa relação, que pode ser causa de estranhamento se analisarmos na perspectiva da canonicidade. Afinal, por que um texto canônico usa um texto denominado por nós de apócrifo?

Na verdade, como informa Alfred Barnett,

> certo número de Pais Antigos considerou a citação de Judas como uma garantia da inspiração de Enoque. Posteriormente, a canonicidade de Judas foi questionada justamente por causa da citação de um livro apócrifo (1957, p. 334, [tradução nossa]).

Ou seja, o que num primeiro momento foi vantagem para um, tornou-se, posteriormente, desvantagem para o outro. Esse fato pode ser um indício de que o grupo que elaborou a Epístola de Judas, ou a comunidade que a recebeu, tinha apreço pela obra enóquica, lendo-a como Escritura Sagrada.

Além disso, compartilhava-se a crença apocalíptica de um juízo derradeiro, que a essas alturas era um pensamento praticamente comum a todos os denominados cristãos. A principal característica dos textos cristãos da virada do primeiro século é essa escatologia radical; porém, sem a ênfase na *parusia* (manifestação) imediata de Jesus Cristo. Outro aspecto pode ser deduzido do próprio texto vem da afirmação "Profetizou também a esses o sétimo a partir de Adão, Enoque", que indica que a comunidade vê o Livro de Enoque na categoria de texto profético, assim como Daniel ganhou essa conotação nos meios cristãos, diferentemente dos judeus, que o colocaram no grupo de escritos, com algum caráter profético, mas fora da parte dos *Nebîim*[17]. Isso mostra que a citação não é meramente ilustrativa; pelo contrário, que o grupo da epístola cria firmemente que o juízo sobre os falsos mestres era certo e estava determinado desde a época do profeta; trata-se de crença apocalíptica que a comunidade de Judas mantinha acesa, renovando-a nesse novo contexto. Mas a relação intertextual de Judas com Enoque vai além dessa citação direta. De fato, em algumas passagens, Judas exprime uma linguagem comum em relação à de Enoque, indicando que o seu imaginário está no mesmo ambiente apocalíptico. Em Judas 6, podemos identificar uma alusão a 1 Enoque 16,1-2[18], conforme o quadro a seguir:

Judas 6	1 Enoque 16,1-2[19]
[...] e os anjos – os que não guardaram a origem de si mesmos, pelo contrário, que abandonaram a própria habitação – para julgamento de grande dia, com prisões perpétuas, sob escuridão, o Senhor concluiu o ato de guardá-[los].	1 Dos dias da matança, destruição e morte dos gigantes, das almas dos espíritos saírem de seu corpo mortal sem incorrer em juízo — assim continuarão a destruir até o dia da consumação, o grande juízo em que o mundo [a era] será consumado, 2 sobre os Vigilantes e os ímpios, sim, será totalmente consumado.

Judas utiliza, então, a ideia de Enoque de que os espíritos dos anjos maus e dos gigantes – que se tornaram demônios – agem ainda de forma destrutiva, mas estão determinados para o julgamento final, o juízo definitivo sobre a era presente, que implica o fim do tempo e do espaço como os conhecemos. Essa ideia é absolutamente apocalíptica e compartilhada pela epístola. Já no verso 8, o autor de Judas faz alusão a dois trechos de 1 Enoque:

Judas 8	1 Enoque 7,1 e 15,4
De fato, de modo semelhante, também esses sonhantes, por um lado, vão *contaminando a carne* e, por outro lado, vão invalidando autoridade e vão difamando boas reputações.	7,1 E todos os outros, juntamente com eles, tomaram esposas para si, e cada um escolheu uma para si, e começaram a visitá-las e a *contaminar-se com elas*, e ensinaram-lhes encantos e encantamentos, e o corte de raízes, e fizeram-nas conhecer as plantas. 15,4 E embora fostes santos, espirituais, vivendo a vida eterna, *vocês se contaminaram com o sangue das mulheres*, e geraram filhos com o sangue da carne, e, como filhos dos homens, cobiçaram carne e sangue como aqueles que morrem e perecem.

Nessa comparação, percebemos que está em jogo o problema de pureza e impureza. Enoque é bastante severo nesse sentido. O grande pecado dos anjos foi se envolver sexualmente e afetivamente com as mulheres, pois quebraram a pureza que tinham na qualidade de seres celestiais diante de Deus, e se "rebaixaram" à condição sexual humana, que, para a visão desse grupo apocalíptico, é algo que mostra o pior lado do ser humano[20]. Não só os anjos as tomaram como esposas – eufemismo para falar da atividade sexual que praticaram – como também, nesse relacionamento, ensinaram aos homens diversas coisas que o autor entendeu como contrárias à vontade de Deus (e ensinaram-lhes encantos e encantamentos, e o corte de raízes, e fizeram-nos conhecer as plantas). Na epístola de Judas, essa atitude é projetada nas falsas lideranças por meio da expressão "contaminando a carne". Será que isso indicaria que essas pessoas – provavelmente homens – estavam seduzindo mulheres com discurso religioso? Esse tipo de atitude é denunciado em outros textos do Novo Testamento, contemporâneos a Judas, como 1 Timóteo 2.9-10; 2 Timóteo 3.6 e 2 Pedro 2.10,14 (texto este que tem clara dependência literária de Judas). Logo, a aplicação de Judas se refere a um problema recorrente nas comunidades cristãs da bacia do Mediterrâneo. Isso reforça a motivação de advertir essas comunidades sobre esses falsos mestres. Além das referências a Enoque, Judas faz alusão a outro texto judaico pseudepígrafo, ao comentar a disputa pelo corpo de Moisés:

> Miguel, o chefe dos anjos – quando disputante com o diabo, ia discutindo a respeito do corpo de Moisés – não ousou trazer julgamento de calúnia, mas disse: quem dera o senhor te repreendesse. (v. 9).

Podemos aplicar aqui o mesmo princípio de apoio na tradição apocalíptica. Por ser indireta, a alusão pode ser associada a diferentes textos, pois a construção do verso guarda semelhanças com Zacarias 3.1-5, bem como com textos judaicos como O Livro dos Jubileus[21] e o Testamento de Amrão (pai de Moisés)[22], além de poder se referir ao final perdido do Testamento de Moisés, provavelmente reconstruído no texto medieval Palaea Historica, que faz referência à disputa pelo corpo de Moisés, mas que não tem dependência literária de Judas 9. [23]

Sem ligação realmente direta com os argumentos dos versos anterior e posterior, a indicação dessa autoridade escriturística no verso 9 faz parte do imaginário apocalíptico, presente na comunidade de Judas e, por isso, ocorrem as menções a Balaão, Sodoma e Gomorra, já comentadas anteriormente. Assim sendo, Judas nos mostra que está na intersecção do mundo judaico e helênico, em um diálogo dinâmico, a ponto de circular entre os textos cristãos do século II e ser incorporado no cânon cristão. Mas não sem disputa e controvérsia, que pode ser um dos motivos da epístola ser desprezada pelos estudiosos e mais ainda pelos pregadores.

Referências

BAILEY, K. E.

Jesus pela ótica do Oriente Médio. Estudos culturais sobre os evangelhos. Tradução de Carlos E. S. Lopes. São Paulo: Vida Nova, 2016.

BARNETT, A. E.

Introduction and Exegesis. *In*: Buttrick, G. A. (Gal. Ed.). *The Interpreter's Bible*. v. XII. New York, Nashville: Abingdon Press, 1957. p. 317-343.

BAUCKHAM, R.

Jude-2 Peter. World Biblical Commentary, n. 50. Grand Rapids, Michigan: Zondervan, 1983.

BROWN, R. E.

An Introduction to the New Testament. New York: Doubleday, 1997.

BARRERA, J. T.

A Bíblia Judaica e a Bíblia Cristã. Introdução à história da Bíblia. Tradução Ramiro Mincato. 2. ed. Petrópolis: Vozes, 1999.

CARNEIRO, M. S.; LEONEL, J.

Para estudar a Bíblia. Abordagens e métodos. São Paulo: Recriar, 2021.

CARNEIRO, M. S.

Apocrificidade como critério hermenêutico. *Teológica. Revista Brasileira de Teologia*. n. 6, p. 83-98, jul.-dez. 2018.

Os evangelhos sinóticos. Origem, memória e identidade. São Paulo: Fonte Editorial, 2016.

CARSON, D. A.; MOO, D. J.; MORRIS, L.

Introdução ao Novo Testamento. Tradução de Marcio Loureiro Redondo. São Paulo: Vida Nova, 2007.

CARVALHO, A. S.

O pecado de Sodoma: conexões, incidentes e o lugar da ideologia na interpretação de Gn 18,20 e 19,5. *Revista Pesquisas em Teologia*, v. 5, n. 9, p. 128-146, jan.-jun. 2022.

CHARLES, R. H.

The Apocrypha and Pseudepigrapha of the Old Testament in English. With Introductions and Critical and Explanatory Notes to the Several Books. Vol. II. Pseudepigrapha. Oxford: Clarendon Press, 1913. p. 188-281.

CESAREIA, E.

História Eclesiástica. Tradução de Wolfgang Fischer. São Paulo: Fonte Editorial, 1999.

COLLINS, J.

A imaginação apocalíptica. Uma introdução à literatura apocalíptica judaica. Tradução de Carlos Guilherme da Silva Magajewiski. São Paulo: Paulus, 2010.

ERHMAN, B. D.

The New Testament. A historical introduction to the Early Christian Writings. 2. ed. New York, Oxford: Oxford University Press, 2000.

EPÍSTOLA DE POLICARPO.

In: Pais apostólicos. Tradução de Brian Kibuuka. v. II. São Paulo: Fonte Editorial, 2021. p. 117-128. (Coleção Patrística).

HENZE, M.

Cuidado com o vão. Como os escritos judaicos entre o Antigo e o Novo Testamento nos ajudam a entender Jesus. Tradução de Elizabeth A. Soares. São Paulo: Ambigrama, 2021.

Jurgens, B. A.

Is it Pesher? Readdressing the Relationship between the Epistle of Jude and the Qumran Pesharim. *Journal of Biblical Literature*, n. 2, p. 491-550, 2017.

Lohse, E.

Introdução ao Novo Testamento. 4. e. São Leopoldo: Sinodal, 1985.

Koester, H..

Introdução ao Novo Testamento. 2. História e literatura do Cristianismo Primitivo. Tradução de Euclides Luiz Calloni. São Paulo: Paulus, 2005.

Kümmel, W. G.

Introdução ao Novo Testamento. Tradução de Isabel Fontes Leal Ferreira e João Paixão Neto. 2. ed. São Paulo: Paulus, 1982.

Machado, J.

O misticismo apocalíptico do apóstolo Paulo. Um novo olhar nas Cartas aos Coríntios na perspectiva da experiência religiosa. São Paulo: Paulus, 2009.

Neyrey, J. H.

Epístola de Judas. *In*: Brown, R. E.; Fitzmyer, J. A.; Murphy, R. E. (ed.) *Novo Comentário Bíblico São Jerônimo*. Novo Testamento e artigos sistemáticos. Revisor da tradução Luís M. Sander. São Paulo: Academia Cristã, Paulus, 2011. p. 683-688.

Nickelsburg, G. W. E.

Literatura Judaica, entre a Bíblia e a Mixná. Tradução Elizabeth A. Soares e Paulo Augusto de Souza Nogueira. São Paulo: Paulus, 2011.

Nogueira, P. A. S. (org.).

Apocrificidade. O Cristianismo Primitivo para além do Cânon. São Paulo: Fonte Editorial, 2015a.

Nogueira, P. A. S.

O cristianismo primitivo como objeto da história cultural: delimitações, conceitos de análise e roteiros de pesquisa. *Antíteses*, v. 8, n. 16, p. 31-49, jul./dez. 2015b. Disponível em: https://ojs.uel.br/revistas/uel/index.php/antiteses/article/view/22732. Acesso em: 27 out. 2023.

PASTOR DE HERMAS

In: Pais apostólicos. Tradução de Brian Kibuuka. v. II. São Paulo: Fonte Editorial, 2021. p. 357-496. (Coleção Patrística).

PRIMEIRA EPÍSTOLA DE CLEMENTE ROMANO AOS CORÍNTIOS

In: Pais apostólicos. Tradução de Brian Kibuuka. v. II. São Paulo: Fonte Editorial, 2021. p. 205-276. (Coleção Patrística).

TELLES, A. C.

O uso do Antigo Testamento no Novo Testamento na Carta de Judas. Pentecostalismo e teologia bíblica: exegese e leituras hermenêuticas. *Anais do 2º Simpósio FAECAD de Teologia*. Ano II, n. 1, Rio de Janeiro: Faecad, out. 2019, p. 78-81.

TERRA, K.

Os anjos que caíram do céu: o livro de Enoque e o demoníaco no mundo judaico-cristão. São Paulo: Fonte Editorial, 2012.

VV.AA.

Apocalipsismo. Coletânea de Estudos. Tradução de Walter O. Schlupp. São Leopoldo: Sinodal, 1983.

ZABATIERO, J.

Manual de Exegese. 2. ed. São Paulo: Garimpo Editorial, 2019.

Notas

1 Conceito, defendido por Julio Zabatiero, de que as ideias circulam livremente e que acabam ressoando em diferentes lugares e texto no mundo-da-vida. É mais do que citação de outro texto ou alusão a ele, mas ideias e conceitos que, ao serem registrados, passam a compor um quadro social comum, como ocorre com os textos cristãos. Ver Zabatiero, 2019, p. 151ss.

2 Tradução de Moisés Olímpio-Ferreira no capítulo "Epístola de Judas: proposta de tradução linear comentada": "ao Deus único, salvador de nós por meio de Jesus Cristo, o senhor de nós, glória, grandeza, dominação e autoridade antes de todo tempo-eônico, não só agora, mas também para todos os tempos-eônicos, amém". Em nosso trabalho, adotaremos essa versão, salvo quando indicado no texto.

3 Os diversos autores citados na bibliografia deste capítulo, por exemplo, confirmam essa relação.

4 Com possibilidade de também remetermos a Gálatas e a Mateus, já que no início temos os conflitos envolvendo judaizantes (Gálatas) e a crise judaica pós destruição do Templo de Jerusalém, quando as diferentes facções judaicas procuraram se legitimar, face ao desaparecimento da autoridade sacerdotal (Mateus), cf. Koester (2005).

5 Aqui é importante inserir a discussão sobre a rede textual do Cristianismo Primitivo de Paulo Nogueira no artigo "O cristianismo primitivo como objeto da história cultural: delimitações, conceitos de análise e roteiros de pesquisa" (2015b), bem como pensar para além da forma tradicional de ver a história do Cristianismo, que separa o Novo Testamento da Patrística. Na verdade, em algum momento, textos que haveriam de compor o Novo Testamento estavam sendo produzidos em paralelo aos textos patrísticos e também aos que foram considerados apócrifos, dialogando entre si, ainda que indiretamente. Nesse tema, indicamos a obra *Apocrificidade. O cristianismo primitivo para além do Cânon* (2015a), também organizado Nogueira, e meu artigo "A apocrificidade como critério hermenêutico" (Carneiro, 2018).

6 As condições de vida camponesas eram extremamente duras, e mesmo nas comunidades judaicas os camponeses não tinham acesso ao letramento, ficando apenas com o básico para leitura das Escrituras e o contato oral com outros grupos linguísticos. Era uma cultura da oralidade, acima da escrita, ainda que essa tivesse um espaço importante na sociedade. Porém, apenas escribas profissionais e pessoas das classes mais altas tinham formação plena em letramento. Para mais detalhes, ver Kenneth Bailey (2016).

7 A exceção é de D. A. Carson, Douglas Moo e Leon Morris (2007), que entendem ser Judas autor da epístola, ainda que não o afirmem categoricamente.

8 Já trabalho com essa tendência de lugares de fronteira desde minha pesquisa de doutorado, quando apontei Lucas e Atos como obras nascidas em Antioquia da Síria, um lugar de fronteiras e diálogo entre o mundo judaico oriental e ocidental. Para mais detalhes, ver: Carneiro, 2016.

9 Utilizar essa forma de expressão parece mostrar que os textos do Novo Testamento foram todos escritos até o ano 100, tendência clássica conservadora

para separar o NT dos escritos da Patrística. Porém, como já demonstramos neste capítulo, alguns textos neotestamentários são contemporâneos de outros, tanto da Patrística quanto daqueles que foram considerados apócrifos. Isso não é demérito nenhum; pelo contrário, segue nossa posição quanto à rica rede textual do Cristianismo Primitivo.

10 *Midrash* é o nome que se dá à exegese rabínica dos textos da Torá (Pentateuco). Tem como premissa a busca dos conteúdos mais profundos dos textos, em termos simbólicos e espirituais. Várias pesquisas apontam que os autores do Novo Testamento trabalharam desta maneira.

11 Tudo indica que o autor de Judas segue uma linha de raciocínio sobre o pecado de Sodoma e Gomorra como sendo sexual, no caso da homossexualidade. Essa interpretação tem sido utilizada, inclusive, para condenar as práticas homossexuais. Porém, outras vertentes, apoiadas, inclusive, em textos bíblicos como Ezequiel 16.49, que diz: "O pecado de sua irmã Sodoma foi este: ela e suas filhas estavam cheias de soberba, abundância e despreocupação, mas não deram a mão para fortalecer o pobre e o indigente." Ainda assim, essa interpretação não é conclusiva e a história da interpretação desse texto é bem complexa, como demonstra Adriano da Silva Carvalho (2022).

12 A esse respeito, remeto ao capítulo "Epístola de Judas: proposta de tradução linear comentada", de Moisés Olímpio-Ferreira.

13 Na coletânea *Apocalipsismo* (1983), elaborada pela Editora Sinodal, que reuniu diversos ensaios de nomes importantes da academia europeia e estadunidense, encontramos esse debate. Ernest Käsemann assina o ensaio "Os inícios da Teologia Cristã", em que defende a centralidade do apocalipsismo nos inícios da teologia cristã. Esse texto é seguido do ensaio de Bultmann "Seria o apocalipsismo a matriz da teologia cristã? Um posicionamento frente a Ernest Käsemann". Aqui, Bultmann questiona essa afirmação.

14 Esse termo é comumente utilizado para diferenciar textos judaicos extracanônicos de textos cristãos apócrifos, como o Apocalipse de Pedro. Ao mesmo tempo, diferencia os sete livros judaicos que entraram na Bíblia Católica e que também são designados de apócrifos pelos protestantes. Os católicos os chamam de deuterocanônicos (Henze, 2021)

15 John Collins (2010) aponta que a literatura antiga de Enoque é claramente de natureza compósita, ou seja, as diversas partes foram escritas em momentos diferentes; porém, é difícil determinar os momentos e locais em que foram escritos, sendo melhor estudar o material em conjunto. Para nosso trabalho aqui, essa informação não interfere na análise, pois consideraremos apenas a parte inicial da obra enóquica.

16 Ver Terra, 2012.

17 A expressão *Nebîim* é o plural de *Nabî*, a palavra hebraica utilizada para designar alguém como profeta, portador da palavra de Deus, e que depois foi usada para denominar o grupo de livros de profetas, que os cristãos diferenciam entre Profetas Maiores e Profetas Menores. Porém, no cânon judaico, Daniel não faz parte, porque é um texto tardio, escrito após o período dos profetas. Sobre isso, ver Barrera, 1999.

18 Tivemos alguns obstáculos nesta operação de comparação dos textos. Enquanto em relação a Judas temos acesso ao texto grego e tivemos uma tradução direta ao português, no caso de Enoque não temos acesso ao texto etíope, dependendo de uma tradução importante de R. H. Charles (1913) para o inglês, que o compara com outras traduções em outros idiomas. Para o fim que nos move, entretanto, no tratamento da alusão, quando os textos não precisam ter a terminologia comparada, o método serviu. No caso da citação de que nos valemos, houve facilitação pelo fato de o texto inglês de R. H. Charles reproduzir com bastante semelhança o texto da King James. Além disso, os especialistas que têm acesso ao texto etíope de Enoque confirmam se tratar de citação direta.

19 Todas as referências a Enoque são de tradução própria a partir da tradução para o inglês de R. H. Charles, *The Apocrypha and Paseudepigrapha of the Old Testament in English*, 1913, p. 188-281.

20 Ao analisar esse texto dessa forma, percebe-se que o juízo que se faz sobre os Pais da Igreja e os teólogos cristãos medievais a respeito do sexo como fonte de pecado deve ser repensado. Na verdade, essas ideias morais fechadas sobre o sexo vêm de correntes judaicas e rabínicas anteriores, que foram impressas no imaginário cristão. Não é à toa que denominamos a moral ocidental de judaico-cristã.

21 Texto que faz uma releitura de Gênesis 1-Êxodo 12, "apresentado como uma revelação secreta que os anjos da presença de Deus transmitiram a Moisés no monte Sinai." (Nickelsburg, 2011, p. 146). Ali aparece a disputa entre o anjo do Senhor e Satanás – aqui denominado "o príncipe de Mastema" - a respeito do sacrifício de Isaque, que se parece com a narrativa descrita em Zacarias.

22 Fragmento encontrado na Caverna IV de Qumran, que descreve a luta pelo corpo de Amrão por dois anjos, um de luz e outro das trevas.

23 Nesse texto, também aparece Miguel disputando o corpo de Moisés com Satanás. Porém, de acordo com a análise de Richard Bauckham (1983), não é um texto que está diretamente ligado a Judas v. 9 porque tem um vocabulário bem diferente. Para nós, está dentro da ideia de rede textual, que já consideramos no início de nosso capítulo.

2. PALEOGRAFIA DE MANUSCRITOS GREGOS DOS SÉCULOS III-V DA EPÍSTOLA DE JUDAS

Elcio Valmiro Sales de Mendonça

A obra de Nestle-Aland, *Novum Testamentum Graece*[1], utilizada na tradução proposta por Moisés Olímpio-Ferreira[2], é a edição crítica de referência para tradução e estudos do texto do Novo Testamento grego, porque ela apresenta boa e ampla crítica textual com o grande conjunto de manuscritos disponíveis, desde os mais antigos até os medievais, fornecendo uma visão mais ampla do processo de redação e cópia dos manuscritos por escribas cristãos.

O processo de cópias principalmente se deu, nos primeiros séculos, por meio de escribas profissionais que copiavam os textos disponíveis que circulavam em suas regiões, havendo, também, textos que foram copiados de forma mais livre, possivelmente por escribas não profissionais (Paroschi, 2012, p. 7-8).

Existem muitas cópias manuscritas de textos do Novo Testamento e, de modo geral, os textos não estão num único local, mas em importantes bibliotecas universitárias pelo mundo:

> [...] as coleções mais amplas de manuscritos do Novo Testamento se encontram nos seguintes lugares:
> Entre 50 e 100 manuscritos: a) Cambridge (66), b) Grottaferrata (69), c) Florença (79), d) Patmos (81), e) Moscou (96). Entre 100 e 200 manuscritos: Jerusalém (146) e Ox-

> ford (158). Entre 200 e 500 manuscritos: a) Leningrado ou São Petersburgo (233), b) Londres (271), c) Sinai (301), d) Roma (367), e) Paris (373), f) Atenas (419). Mais de 500 manuscritos: os mosteiros do Monte Athos (900) (Aland; Aland, 2013, p. 88).

A edição de Nestle-Aland (2018) contribuiu grandemente com a pesquisa do texto do Novo Testamento, porque a sua edição crítica reuniu centenas de manuscritos bíblicos, muitos em estado fragmentado, e propôs uma reconstrução do texto a partir da sua crítica textual, indicando quais os manuscritos contêm, omitem ou escrevem, de forma diferente, determinada palavra, frase ou versículo. A especificação dos manuscritos e o modo como ele apresenta determinado texto auxilia a pesquisa textual, codicológica e paleográfica dos textos do Novo Testamento, especificamente, da Epístola de Judas, objetivo deste capítulo.

2.1 Os manuscritos da Epístola de Judas

Os manuscritos dessa epístola são diversificados, alguns fragmentados e outros bem preservados em sua totalidade. Os principais deles, mais antigos, conforme Nestle-Aland (2012, p. 67), são os papiros $\mathfrak{P}^{72}$, $\mathfrak{P}^{74}$, $\mathfrak{P}^{78}$, além dos grandes códices: Alexandrino, Sinaítico e Vaticano, escritos em pergaminho contendo o Antigo e o Novo Testamento.

Todos os três manuscritos da Epístola de Judas escritos em papiro ($\mathfrak{P}^{72}$, $\mathfrak{P}^{74}$, $\mathfrak{P}^{78}$) foram encontrados em 1952 no sítio arqueológico de Jabal Abu Manna, ao norte de Dishna, Egito, sete anos depois da descoberta dos manuscritos de Nag Hammadi, em 1945. Essa coleção de papiros foi comprada no Egito por M. Martin Bodmer, durante o final da década de 1950 e início de 1960 (Comfort, 2022, p. 86), a qual passou a ser chamada de Papiros de Bodmer (*Papyrus Bodmer*, PB) ou simplesmente P. Bodmer[3].

Após fazer um levantamento do conteúdo desses papiros (P. Bodmer), percebeu-se que quase toda a coleção continha, majoritariamente, manuscritos do Novo Testamento, os quais são:

> $\mathfrak{P}^{66}$ (c. 150, contendo quase todo o Evangelho de João), $\mathfrak{P}^{72}$ (c. século 3, contendo os textos completos de 1 e 2Pedro e Judas), $\mathfrak{P}^{73}$ (Mateus, c. Século 7), $\mathfrak{P}^{74}$ (Atos, Epístolas Gerais, c. século 7) e $\mathfrak{P}^{75}$ (Lucas e João, entre 175-200) (Comfort, 2022, p. 87).

A colação de Papiros de Bodmer possui manuscritos escritos em grego e copta, alguns em grego com o uso de algumas letras coptas no corpo do texto, as quais são perceptíveis no exame e leitura de alguns manuscritos da coleção P. Bodmer. No caso da Epístola de Judas, temos uma mistura de letras gregas maiúsculas e minúsculas, principalmente nas letras alfa (Α), delta (Δ), lambda (Λ) e ômega (Ω/ω).

Esses manuscritos ($\mathfrak{P}^{72}$, $\mathfrak{P}^{74}$, $\mathfrak{P}^{78}$) formam o *corpus* principal de manuscritos gregos em papiro da Epístola de Judas, tanto por sua antiguidade quanto pela integridade do texto. A edição de Nestle-Aland (2018) indica que esses são os principais e mais antigos manuscritos dessa epístola, já que os demais estão em estado muito danificado e fragmentado, ou são de períodos posteriores ao século v (Trobisch, 2013).

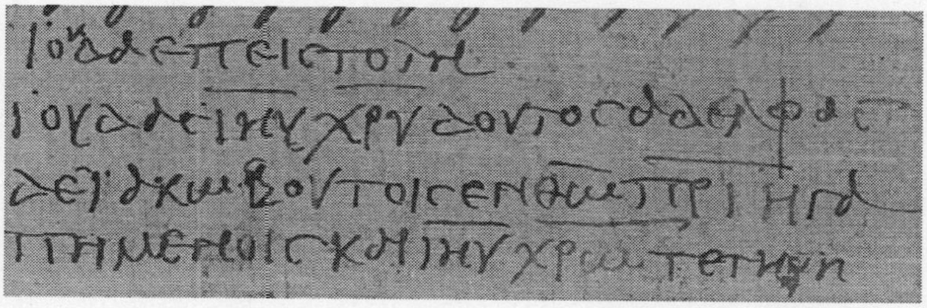

Figura 2.1 Título e versículo 1 de Judas, do P. Bodmer VII
Fonte: Bodmer Papypi.

Papiro 𝔓⁷² (Papiro de Bodmer VII-VIII, PB C): este códice em papiro contém os textos de 1 Pedro 1.1-5.14, 2 Pedro 1.1-3.18 e Judas 1-25. O texto foi possivelmente escrito por quatro escribas diferentes, conforme a análise paleográfica. A datação atribuída para P.Bodmer VII-VIII é século III ou IV.

Papiro 𝔓⁷⁴ (Papiro de Bodmer XVII): contém o texto de Atos dos Apóstolos, a Epístola de Tiago, Pedro, João e Judas. A datação para P. Bodmer XVII é século VIII, um manuscrito tardio em relação a P. Bodmer VII-VIII e P.Oxyrhynchus XXXIV 2684.

Papiro 𝔓⁷⁸ (Papiro Oxyrhynchus 2684): contém o texto fragmentado da Epístola de Judas, tendo somente um fragmento de Judas 4-5 e outro fragmento de Judas 7-8. A datação deste manuscrito é século III ou IV.

Existem muitos outros manuscritos de Bodmer e Oxychybchus; porém, não consta entre eles o texto da Epístola de Judas. Assim, reuni aqui somente os principais manuscritos em que a epístola, objeto deste estudo, aparece registrada.

O Códice Sinaítico ou Códice א (*Codex Sinaiticus*, MS Add 43725) é um dos três principais grandes códices cristãos da antiguidade; sua datação foi atribuída como sendo do século IV[4] (Francisco, 2018, p. 453). O manuscrito foi escrito em grego e, apesar de conter fólios danificados e faltantes, está razoavelmente completo, possui algumas correções feitas tanto pelos próprios escribas que o copiaram quanto por escribas posteriores. O códice recebeu esse nome por ter sido preservado no Mosteiro de Santa Catarina, Monte Sinai, até meados do século XIX. A Epístola de Judas está nos fólios f.324v (quarta coluna) e f.325r (quatro colunas).

Outro grande códice cristão da Bíblia é o Códice Vaticano B (Vat.gr.1209). A Epístola de Judas está nos fólios f.1443 (terceira coluna) e f.1444 (três colunas). O códice tem sua datação no início do século IV e é um dos mais antigos manuscritos bíblicos gregos conhecidos até o momento (Francisco, 2018, p. 453; Aland; Aland, 2013, p. 117):

> A origem e a procedência de B são desconhecidas. Em todo caso, o manuscrito já fazia parte do acervo do Vaticano em 1475. Tischendorf teve acesso restrito e tardio a esse manuscrito, uma vez que o cardeal Mai estava preparando uma edição própria (lançada em 1857 e melhorada em 1859). Westcott e Hort, por sua vez, fizeram uso abundante da edição em fac-símile, lançada em 1868/1872. A edição em fac-símile de 1968 foi superada pela reprodução em cores, lançada em Roma, em 1968, com uma introdução escrita por Carlo M. Martini. O Manuscrito B é, com grande vantagem sobre os demais, o mais significativo dos unciais (Aland; Aland, 2013, p. 117).

O terceiro grande códice grego cristão é o Códice Alexandrino (Royal MSS 1 D VIII), datado no século V (Francisco, 2018, p. 453). A Epístola de Judas se encontra nos fólios f.84r e f.84v, em duas colunas por fólio, com ornamentos em suas páginas. Os códices Sinaítico e Vaticano foram datados no século IV, em torno de um século antes do Códice Alexandrino. Estes três códices formam os três grandes códices gregos da Bíblia dos séculos IV e V. Obviamente que existe outro grande códice datado no século V, o Códice Sírio, conhecido como Códice reescrito de Éfrem, o Sírio (C) (*Codex Ephraemi Syri rescriptus*, século V). Esses códices são importantes testemunhas tanto da Septuaginta (LXX) quanto do Novo Testamento, porque preservaram em sua edição o conteúdo de manuscritos mais antigos.

Os *Papyrus Oxyrhynchus* 2684 (Papiro de Oxirrinco, P.Oxy.XXXIV) são uma coleção de manuscritos encontrada por arqueólogos em um depósito de lixo nas proximidades da cidade homônima de Oxyrhynchus (atualmente, el-Bahnasa), na margem do Nilo, a cerca de cento e sessenta quilômetros a sudoeste do Cairo.

Os manuscritos foram descobertos durante escavações arqueológicas entre o final do século XIX e início do século XX pelos papirologistas britânicos Bernard Pyene Grenfell e Arthur Hunt. Os manuscritos foram datados desde o período ptolemaico (séc.

III AEC), passando pelo período romano até o da conquista egípcia pelos muçulmanos (640 EC).

Grenfell e Hunt foram os primeiros a investigar o sítio arqueológico de Oxirrinco por meio do Fundo de Exploração do Egito (*Egypt Exploration Fund*). As primeiras escavações aconteceram na temporada de 1896-1897, tendo sido retomada nas temporadas de 1903-1907. Posteriormente, as escavações passaram para a direção do arqueólogo italiano E Pistelli, que dirigiu as temporadas de 1910 e 1913-1914 (Fehérvári, 2006, p. 2).

Em 1922, após a Segunda Guerra Mundial, Flinders Petrie, egiptólogo britânico, delimitou e escavou o teatro da cidade e seu entorno, bem como algumas tumbas existentes no sítio (Fehérvári, 2006, p. 2). Porém, um dos principais achados foi o enorme conjunto de papiros manuscritos (escritos em grego e latim) datados desde o século III AEC até o VII EC.

O contexto arqueológico ajudou a datação dos papiros, que foram analisados a partir do seu contexto no sítio (cerâmicas e tecidos) e na estratigrafia onde foram encontrados. Os papiros com conteúdo bíblico tiveram destaque, porque eram manuscritos muito antigos de comunidades cristãs que estavam no Egito, incluindo o papiro objeto deste capítulo, o P78.

É interessante notar que, segundo Comfort (2022, p. 85-86), metade dos 115 papiros do Novo Testamento tem sua origem em Oxirrinco, o que atesta a importância da biblioteca dessa localidade e da sua comunidade cristã ativa e produtora de textos.

2.2 Os critérios para análise e datação de manuscritos

Muitos manuscritos possuem contexto arqueológico que pode ser utilizado para propor uma datação relativa, a partir de evidências datáveis encontradas numa mesma estratigrafia do sítio, como é o caso dos papiros aramaicos de Wadi Daliyeh e os Manuscritos do Mar Morto. A datação pode acontecer também por meio das técnicas de análise do Carbono 14, em que se faz a retirada de uma amostra do papiro ou pergaminho e se realiza o processo de datação a partir do carbono. Porém, uma parte considerável dos manuscritos foi encontrada em circunstâncias adversas e fora do contexto arqueológico, o que dificulta a datação. Para superar essas dificuldades, foram elaboradas outras técnicas para datação de manuscritos, como: *1.* Codicologia e 2. Paleografia comparativa, com análise estilística e morfológica (Comfort, 2022, p. 146).

A codicologia

A Codicologia é um saber acadêmico que aborda, de forma mais específica (mas não só isso), a materialidade e características visuais dos manuscritos. O nome *Codicologia* se deu pela própria atividade da disciplina que analisava, principalmente, os códices (*codex*) ou os antigos livros medievais ou recentes:

> A Codicologia busca fornecer elementos para a análise dessas fontes primárias: os livros manuscritos. Oferecer ferramentas para a interpretação histórica e para a tentativa de compreender as imagens contidas nas páginas, um exercício de leitura desses conjuntos visuais e das particularidades físicas desses livros (Rodrigues, 2016, p. 615).

Essa definição apresentada por Rodrigues (2016) mostra a dimensão e abrangência da Codicologia dentro do estudo dos códices manuscritos e ainda fornece elementos importantes para a análise das fontes primárias que, no caso desta pesquisa, são os manuscritos e códices em papiro, assim como os em pergaminho, que contêm o texto da Epístola de Judas.

O Papiro de Bodmer VII ($\mathfrak{P}^{72}$), datado no século III-IV, é uma pequena encadernação que pode ter feito parte de um códice maior; porém, a hipótese mais aceita é a de que esse manuscrito compunha um pequeno códice feito para uso particular e não para uso em comunidade. Quanto à materialidade do códice, as dimensões de

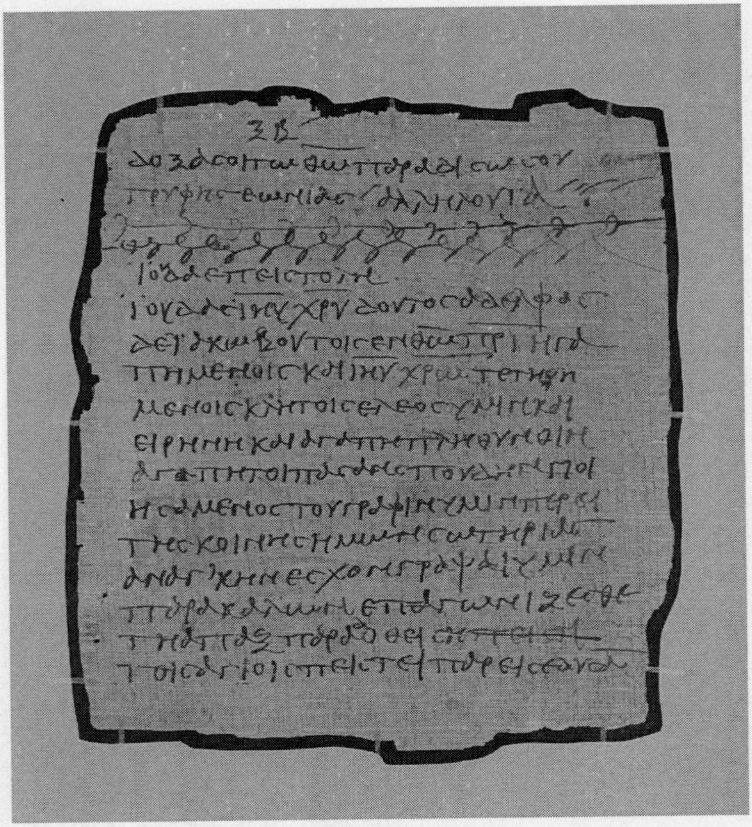

Figura 2.2 Fólio da Epístola de Judas (Papiro Bodmer ($\mathfrak{P}^{72}$)
Fonte: Bodmer Papypi.

cada fólio são 15,5cm x 14cm, o suporte foi feito de papiro costurado no lado esquerdo de cada fólio[5].

Os fólios não apresentam um padrão específico de escrita em relação à organização do texto nos fólios, tanto no que se refere à quantidade de linhas em cada fólio, como também ao tamanho da coluna de texto. Cada fólio possui entre 15 e 18 linhas e foi escrito numa única coluna.

Os fólios da Epístola de Judas no *site* Bodmer Lab[6] são: f.49-f.55, somando um total de sete fólios completos, exceto o último (f.55).

O f.49 possui 13 linhas, incluindo as duas linhas finais das Odes de Salomão; o f.50, 17; o f.51, 18; o f.52, 16; o f.53, 18; o f.54, 17; e o f.55, 8.

O Papiro Bodmer XVII ($\mathfrak{P}^{74}$), datado no século VII, está em estado muito fragmentado, possuindo somente um conjunto de pequenos pedaços de papiro com algumas palavras difíceis de localizar (Comfort, 2022, p. 103). O *site* Bodmer Lab [7] identificou os fragmentos como sendo dos versículos 3-6, 7-11, 12-17, 18-24 e 24-25. Apesar do estado fragmentado, é possível verificar que a caligrafia desse texto de Judas é de um escriba profissional, diferente do P.Bodmer VII, em razão de possuir letras mais bem definidas e com bom padrão de escrita.

O Papiro Oxyrhynchus 2684 P.Oxy.XXXIV ($\mathfrak{P}^{78}$), datado do século III-IV, é um fragmento que contém textos da Epístola de Judas em escrita livre. Trata-se de papiro no qual estão partes dos textos de Judas 4-5 e 7-8; a hipótese é a de que ele não tenha feito parte de nenhum códice especificamente, mas sim utilizado como amuleto. Além de haver uma dobra no meio do fragmento, os seus textos não estão uniformes, já que na parte da frente (recto) estão partes de Judas 8 e 5, uma ao lado da outra, e na parte de trás (verso), as de Judas 4-5 e 7-8.

Figura 2.3 Fólio da Epístola de Judas (P.Oxy.XXXIV ($\mathfrak{P}^{78}$)

Fonte: Domínio público/Wikimedia Commons.

Os códices (Alexandrino, Sinaítico e Vaticano) formam um corpo de documentos manuscritos padronizados produzidos por escribas profissionais. Ainda que todos tenham sido escritos sobre pergaminho, há diferenças substanciais entre eles, como tipo de escrita, *layout* dos fólios, dimensões etc.

O Códice Vaticano (*Codex Vaticanus*, Vat.gr.1209) contém, em média, 44 linhas nos textos prosaicos e 42 linhas nos textos poéticos; seu texto foi escrito em três colunas em quase todo o códice, exceto na seção de textos poéticos, composta por Salmos, Provérbios, Eclesiastes, Cântico dos Cânticos, Jó, Sabedoria e Eclesiástico, os quais estão configurados em duas colunas em cada fólio (f.625 – f.893). Os fólios da Epístola de Judas são f.1443-f.1444, que contêm um total de 42 linhas em todas as colunas. O texto está disposto na terceira coluna do f.1443 e nas três colunas do f.1444.

O códice possui ornamentos no início e no final de cada livro/epístola, bem como numeração de página na maior parte dos fólios. O texto inicial de cada livro possui letra capitular ou capital, que tem maior dimensão no início do texto; no caso da Epístola de Judas, empregou-se a mesma tinta do texto, com preenchimento de tinta azul e de flor vermelha perto da metade da letra no lado direito.

O Códice Sinaítico (*Codex Sinaiticus*, século IV) contém 148 fólios com quatro colunas, exceto nos livros poéticos, que estão organizados em duas largas colunas. Esse agrupamento de textos poéticos é formado pelos livros de Salmos, Provérbios, Eclesiastes, Cântico dos Cânticos, Sabedoria e Eclesiástico. Ele possui quarenta e oito linhas em seus fólios e suas dimensões são 43 x 38cm. O conteúdo desse códice é formado por todo o Antigo e Novo Testamentos conhecidos atualmente, incluindo os textos Deuterocanônicos, Barnabé e o Pastor de Hermas. Com relação à parte que contempla a Epístola de Judas, o texto não apresenta nenhum aspecto que o diferencie dos demais códices manuscritos; ele possui 48 linhas em todas as colunas do f.324b e f.325 (Aland; Aland, 2013, p. 116). O texto do Códice Sinaítico representa, em grande parte, segundo Aland (2013), o texto do Códice Alexandrino.

O Códice Alexandrino é o mais tardio dos três apresentados nesta pesquisa; ele data do século V e é um dos principais códices completos junto com o Sinaítico e o Vaticano. Suas dimensões são 32cm x 28cm, com delimitação do texto de 24cm x 20,5cm. Ele pos-

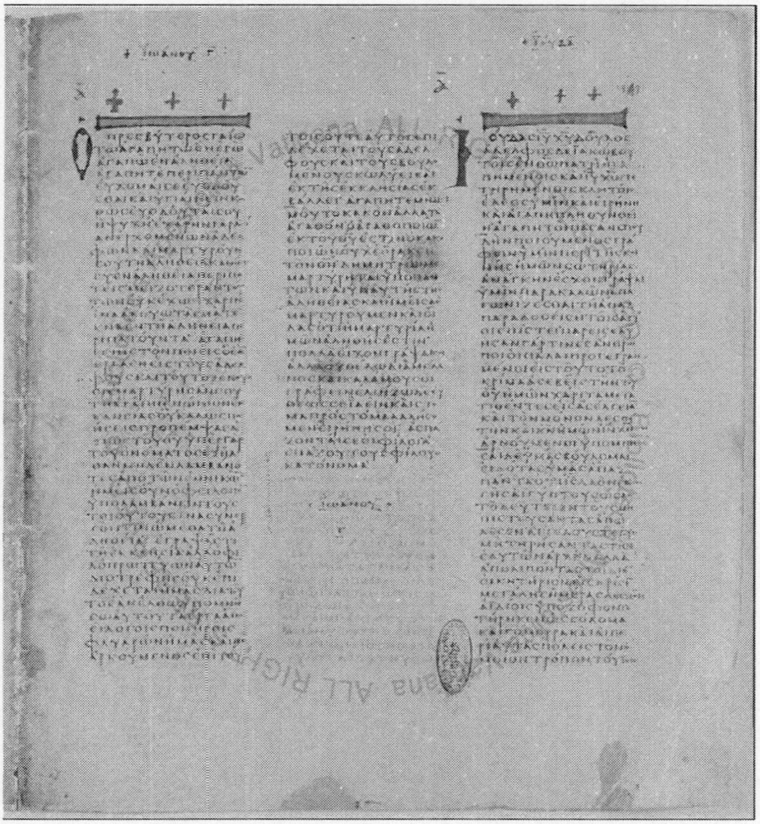

Figura 2.4 Fólio da Epístola de Judas (Códice Vaticano).
Fonte: DVL DIGIVATLIB.

sui quatro volumes, sendo o quarto volume o do Novo Testamento; possivelmente, foi escrito por três mãos diferentes.

Ele possui ornamentos na forma de painéis decorativos no final de cada livro bíblico, quando finaliza uma seção. A seção seguinte, o novo livro, inicia sempre na primeira linha coluna seguinte. As primeiras linhas de cada livro estão escritas com tinta na cor vermelha, como é o caso da Epístola de Judas.

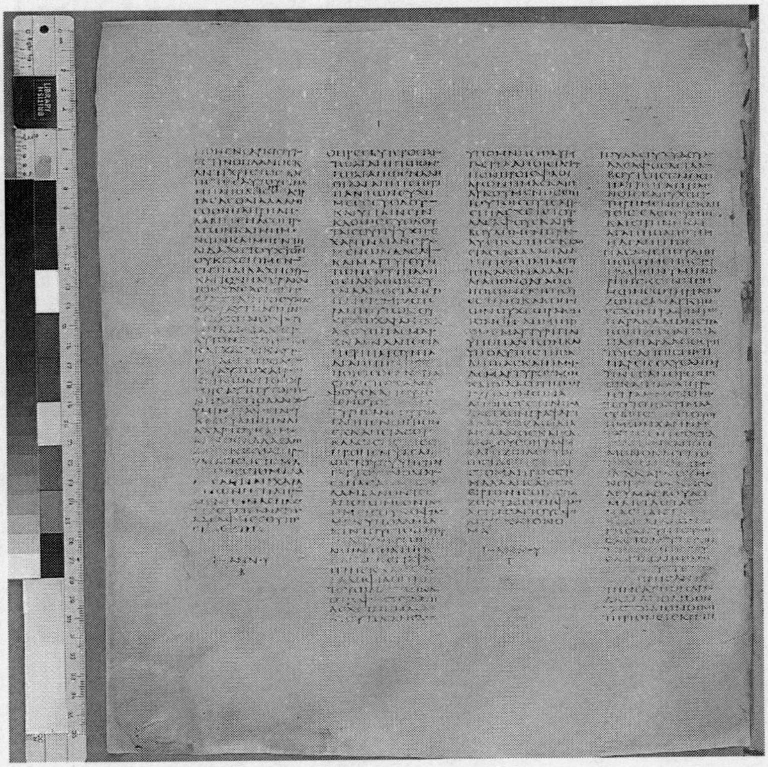

Figura 2.5 Fólio da Epístola de Judas (Códice Sinaítico)
Fonte: Codex Sinaiticus.

A paleografia

O aspecto principal utilizado para a datação de manuscritos antigos era a análise paleográfica. A partir das análises do tipo de escrita, disposição das palavras, organização do texto e inserção de abreviaturas como os *nomina sacra* era possível atribuir uma datação a determinado manuscrito.

Por "paleografia compreende-se o estudo da escrita antiga, conforme a etimologia grega da palavra: *paleos* (antiga) + *graphein*

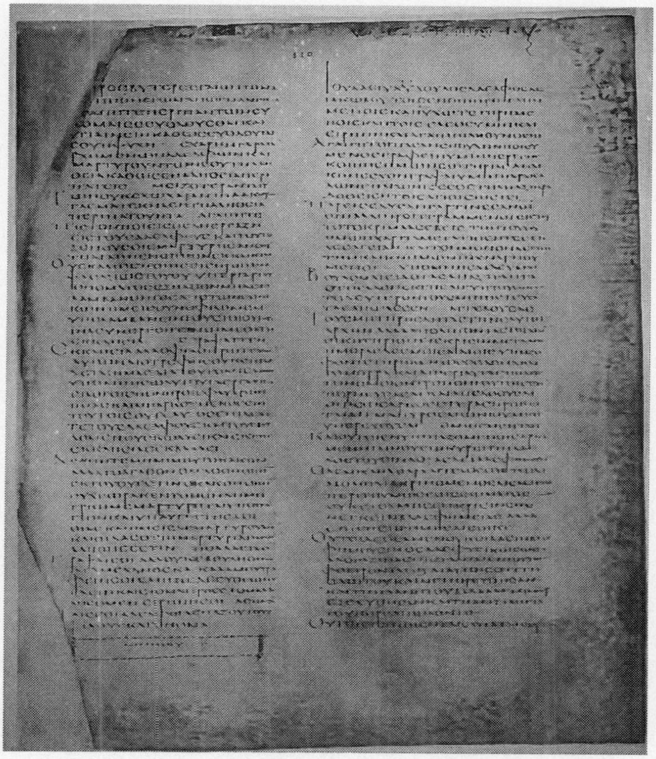

Figura 2.6 Fólio da Epístola de Judas (Códice Alexandrino)
Fonte: The Library at Southeastern.

(escrita)" (Berwanger; Leal, 2008, p. 15). Ela é uma ciência que abrange "a história da escrita, a evolução das letras, bem como os instrumentos para escrever. Pode ser considerada arte ou ciência. É ciência na parte teórica. É arte na aplicação prática. Porém, acima de tudo, é uma técnica" (Berwanger; Leal, 2008, p. 16).

A paleografia é, portanto, a ciência que estuda a escrita antiga, os manuscritos em diversos suportes, exceto naqueles que podem caracterizar a escrita como epigráfica, como a escrita feita numa coluna de pedra, sobre uma cerâmica ou algum monumento. A análise da escrita, sua caligrafia, seus aspectos e especificidades, sua disposição numa página (um fólio) etc.

A análise paleográfica possui um método que consiste, basicamente, no estudo das características dos documentos manuscritos, tipos de documentos, tipos de letras, cores das tintas, disposição do texto, sua organização, leitura e transcrição, além de atribuir ao documento uma datação e origem.

Para além da datação do Carbono 14 nos papiros e manuscritos, as datações paleográficas eram feitas, de modo geral, pela análise da caligrafia do escriba, estilo e forma de escrita. Eram analisadas as características particulares do tipo de texto em comparação com outros manuscritos contemporâneos, calculando, dessa forma, uma datação por meio da tipologia paleográfica.

Transcrição de quatro manuscritos gregos da Epístola de Judas

Como parte da análise paleográfica, a transcrição dos documentos é importante para se estabelecer uma forma mais acessível de leitura para o público que não tem facilidade com os documentos manuscritos. Para trabalhar com esse material, é necessário se familiarizar com a caligrafia dos escribas, com as características particulares e padrões de escrita.

No Quadro 2.1, temos uma comparação pela transcrição de quatro manuscritos gregos da Epístola de Judas: Papiro Bodmer VII, Códice Sinaítico, Códice Vaticano e Códice Alexandrino.

Quadro 2.1 Transcrição e comparação de quatro manuscritos gregos da Epístola de Judas

v	Papiro de Bodmer VII (séc. III)	Códice Sinaítico (séc. IV)	Códice Vaticano (séc. IV)	Códice Alexandrino (séc. V)
1	ΙΟΥΔΑ **ΕΠΕΙϹΤΟΛΗ** ΙΟΥΔΑϹ **ΙΗΥ ΧΡΥ** ΔΟΥΛΟϹ ΑΔΕΛΦΟϹ ΔΕ ΙΑΚωΒΟΥ ΤΟΙϹ ΕΝ **Θω** **ΠΡΙ** ΗΓΑΠΗΜΕΝΟΙϹ ΚΑΙ **ΙΗΥ ΧΡω** ΤΕΤΗΡΗΜΕΝΟΙϹ ΚΛΗΤΟΙϹ	ΙΟΥΔΑ ΙΟΥΔΑϹ **ΙΥ ΧΥ** ΔΟΥΛΟϹ ΑΔΕΛΦΟϹ ΔΕ ΙΑΚωΒΟΥ ΤΟΙϹ ΕΝ **Θω ΠΑΤΡΙ** ΗΓΑΠΗΜΕΝΟΙϹ ΚΑΙ **ΙΥ Χω** ΤΕΤΗΡΗΜΕΝΟΙϹ ΚΛΗΤΟΙϹ	ΙΟΥΔΑ ΙΟΥΔΑϹ **ΙΥ ΧΥ** ΔΟΥΛΟϹ ΑΔΕΛΦΟϹ ΔΕ ΙΑΚωΒΟΥ ΤΟΙϹ ΕΝ **Θω ΠΑΤΡΙ** ΗΓΑΠΗΜΕΝΟΙϹ ΚΑΙ **ΙΥ Χω** ΤΕΤΗΡΗΜΕΝΟΙϹ ΚΛΗΤΟΙϹ	ΙΟΥΔΑ ΙΟΥΔΑϹ **ΙΥ ΧΥ** ΔΟΥΛΟϹ ΑΔΕΛΦΟϹ ΔΕ ΙΑΚωΒΟΥ ΤΟΙϹ ΕΝ **Θω ΠΑΤΡΙ** ΗΓΑΠΗΜΕΝΟΙϹ ΚΑΙ **ΙΥ Χω** ΤΕΤΗΡΗΜΕΝΟΙϹ ΚΛΗΤΟΙϹ
2	ΕΛΕϹ ΥΜΙΝ ΚΑΙ ΕΙΡΗΝΗ ΚΑΙ ΑΓΑΠΗ ΠΛΗΘΥΝΘΕΙΗ	ΕΛΕϹ ΥΜΙΝ ΚΑΙ ΕΙΡΗΝΗ ΚΑΙ ΑΓΑΠΗ ΠΛΗΘΥΝΘΕΙΗ	ΕΛΕϹ ΥΜΙΝ ΚΑΙ ΕΙΡΗΝΗ ΚΑΙ ΑΓΑΠΗ ΠΛΗΘΥΝΘΕΙΗ	ΕΛΕϹ ΥΜΙΝ ΚΑΙ ΕΙΡΗΝΗ ΚΑΙ ΑΓΑΠΗ ΠΛΗΘΥΝΘΕΙΗ

4	ΠΑΡΕΙCΕΔΥCΑΝ ΓΑΡ ΤΙΝΕC ΑΠΟΙ ΟΙ ΠΑΛΕ ΠΡΟΓΕΓΡΑΜΕΝΟΙ ΕΙC ΤΟΥΤΟ ΤΟ ΚΡΙΜΑ ΑCΒΕΙC ΤΗΝ ΤΟΥ ΘΥ ^ ΗΜωΝ ΧΑΡΕΙΤΑ ΜΕΤΑΤΙΘΕΝΤΕC ΕΙC ΑCΕΛΓΕΙΑΝ ΚΑΙ ΤΟΝ ~~ΝΟΜΟΝ~~ ΗΜωΝ ΔΕCΠΟΤΗΝ ΚΑΙ ΚΝ ΗΜωΝ ΙΗΝ ΧΡΝ ΗΜωΝ ΑΡΝΟΥΜΕΝΟΙ	ΠΑΡΕΙCΕΔΥCΑΝ ΓΑΡ ΤΙΝΕC ΑΝΘΡωΠΟΙ ΟΙ ΠΑΛΑ ΠΡΟΓΕΓΡΑΜΕΝΟΙ ΕΙC ΤΟΥΤΟ ΤΟ ΚΡΙΜΑ ΑCΒΕΙC ΤΗΝ ΤΟΥ ΘΥ ΗΜωΝ ΧΑΡΙΝ ΜΕΤΑΤΙΘΕΝΤΕC ΕΙC ΑCΕΛΓΙΑΝ ΚΑΙ ΤΟΝ ΜΟΝΟΝ ΔΕCΠΟΤΗΝ ΚΑΙ ΚΝ ΗΜωΝ ΙΗΝ ΧΝ ΑΡΝΟΥΜΕΝΟΙ	ΠΑΡΕΙCΕΔΥΗCΑΝ ΓΑΡ ΤΙΝΕC ΑΝΘΡωΠΟΙ ΟΙ ΠΑΛΑΙ ΠΡΟΓΕΓΡΑΜΕΝΟΙ ΕΙC ΤΟΥΤΟ ΤΟ ΚΡΙΜΑ ΑCΒΕΙC ΤΗΝ ΤΟΥ ΘΥ ΗΜωΝ ΧΑΡΙΤΑ ΜΕΤΑΤΙΘΕΝΤΕC ΕΙC ΑCΕΛΓΙΑΝ ΚΑΙ ΤΟΝ ΜΟΝΟΝ ΔΕCΠΟΤΗΝ ΚΑΙ ΚΝ ΗΜωΝ ΙΝ ΧΝ ΑΡΝΟΥΜΕΝΟΙ	ΠΑΡΕΙCΕΔΥCΑΝ ΓΑΡ ΤΙΝΕC ΑΝΟΙ ΟΙ ΠΑΛΑΙ ΠΡΟΓΕΓΡΑΜΜΕΝΟΙ ΕΙC ΤΟΥΤΟ ΤΟ ΚΡΙΜΑ ΑCΒΕΙC ΤΗΝ ΤΟΥ ΘΥ ΗΜωΝ ΧΑΡΙΤΑ ΜΕΤΑΤΙΘΕΝΤΕC ΕΙC ΑCΕΛΓΕΙΑΝ ΚΑΙ ΤΟΝ ΜΟΝΟΝ ΔΕCΠΟΤΗΝ ΚΑΙ ΚΝ ΗΜωΝ ΙΝ ΧΝ ΑΡΝΟΥΜΕΝΟΙ
5	ΥΠΟΜΝΗCΕ ΔΕ ΥΜΑC ΒΟΥΛΟΜΑΙ ΕΙΔΟΤC ΑΠΑΞ ΠΑΝΤΑ ΟΤΙ ΘC ΧΡC ΛΑΟΝ ΕΓ ΓΗC ΕΓΥΠΤΟΝ CωCΑC ΤΟ ΔΕΥΤΕΡΟΝ ΤΟΥC ΜΗ ΠΕΙCΤΕΥCΑΝΤΑC ΑΠωΛΕCΕ	ΥΠΟΜΝΗCΑΙ ΔΕ ΥΜΑC ΒΟΥΛΟΜΑΙ ΕΙΔΟΤC ΥΜΑC ΠΑΝΤΑ ΟΤΙ ΚC ΑΠΑΞ ΛΑΟΝ ΕΚ ΓΗC ΑΙΓΥΠΤΟΝ CωCΑC ΤΟ ΔΕΥΤΕΡΟΝ ΤΟΥC ΜΗ ΠΕΙCΤΕΥCΑΝΤΑC ΑΠωΛΕCΕ	ΥΠΟΜΝΗCΑΙ ΔΕ ΥΜΑC ΒΟΥΛΟΜΑΙ ΕΙΔΟΤC ΥΜΑC ΑΠΑΞ ΠΑΝΤΑ ΟΤΙ ΙC ΛΑΟΝ ΕΚ ΓΗC ΑΙΓΥΠΤΟΥ CωCΑC ΤΟ ΔΕΥΤΕΡΟΝ ΤΟΥC ΜΗ ΠΙCΤΕΥCΑΝΤΑC ΑΠωΛΕCΕΝ	ΥΠΟΜΝΗCΑΙ ΔΕ ΥΜΑC ΒΟΥΛΟΜΑΙ ΕΙΔΟΤΑC ΑΠΑΞΠΑΝΤΑ ΟΤΙ ΙC ΛΑΟΝ ΕΚ ΓΗC ΑΙΓΥΠΤΟΥ CωCΑC ΤΟ ΔΕΥΤΕΡΟΝ ΤΟΥC ΜΗ ΠΙCΤΕΥCΑΝΤΑC ΑΠωΛΕCΕΝ

Quadro 2.1 Transcrição e comparação de quatro manuscritos gregos da Epístola de Judas

v	Papiro de Bodmer VII (séc. III)	Códice Sinaítico (séc. IV)	Códice Vaticano (séc. IV)	Códice Alexandrino (séc. V)
3	ΑΓΑΠΗΤΟΥ ΠΑCΑΝ CΠΟΥΔΗΝ **ΠΟΙΗ**CΑΜΕΝΟC **ΤΟΥ** ΓΡΑ**ΦΙΝ** ΥΜΙΝ ΠΕΡΙ ΤΗC ΚΟΙΝΗC **ΗΜωΝ** CωΤΗΡΙΑC ΑΝΑΓΚΗΝ ΕCΧΟΝ ΓΡΑΦΑΙ ΥΜΙΝ ΠΑΡΑΚΑΛωΝ ΕΠΑΓωΝΙΖΕCΘΑΙ ΤΗ ΑΠΑΞ ΠΑΡΑΔΟΘΕΙCΗ ~~ΠΕΙCΤΕΙ~~ ΤΟΙC ΑΓΙΟΙC ΠΕΙCΤΕΙ	ΑΓΑΠΗΤΟΥ ΠΑCΑΝ CΠΟΥΔΗΝ **ΠΟΙΟ**ΥΜΕΝΟC **ΤΟΥ** ΓΡΑ**ΦΕΙΝ** ΥΜΙΝ ΠΕΡΙ ΤΗC ΚΟΙΝΗC ΗΜωΝ CωΤΗΡΙΑC **ΚΑΙ ΖωΗC** ΑΝΑΓΚΗΝ ΕCΧΟΝ ΓΡΑΦΙΝ ΥΜΙΝ ΠΑΡΑΚΑΛωΝ ΕΠΑΓωΝΙΖΕCΘΑΙ ΤΗ ΑΠΑΞ ΠΑΡΑΔΟΘΕΙCΗ ΤΟΙC ΑΓΙΟΙC ΠΙC**ΤΙ**	ΑΓΑΠΗΤΟΥ ΠΑCΑΝ CΠΟΥΔΗΝ ΠΟΙΟΥΜΕΝΟC ΓΡΑ**ΦΕΙΝ** ΥΜΙΝ ΠΕΡΙ ΤΗC ΚΟΙΝΗC ΗΜωΝ CωΤΗΡΙΑC ΑΝΑΓΚΗΝ ΕCΧΟΝ ΓΡΑΦΑΙ ΥΜΙΝ ΠΑΡΑΚΑΛωΝ ΕΠΑΓωΝΙΖΕCΘΑΙ ΤΗ ΑΠΑΞ ΠΑΡΑΔΟΘΕΙCΗ ΤΟΙC ΑΓΙΟΙC ΠΙC**ΤΕΙ**	ΑΓΑΠΗΤΟΥ ΠΑCΑΝ CΠΟΥΔΗΝ **ΠΟΙΟΥ**ΜΕΝΟC ΓΡΑ**ΦΕΙΝ** ΥΜΙΝ ΠΕΡΙ ΤΗC ΚΟΙΝΗC ΗΜωΝ CωΤΗΡΙΑC ΑΝΑΓΚΗΝ ΕCΧΟΝ ΓΡΑΦΑΙ ΥΜΙΝ ΠΑΡΑΚΑΛωΝ ΕΠΑΓωΝΙΖΕCΘΕ ΤΗ ΑΠΑΞ ΠΑΡΑΔΟΘΕΙCΗ ΤΟΙC ΑΓΙΟΙC ΠΙC**ΤΕΙ**

8	ΟΜΟΙωC ΜΕΝΤΟΙ ΚΑΙ ΟΥΤΟΙ ΕΝΥΠΝΙΑΖΟΜΕΝΟΙ CΑΡΚΑ ΜΕΙΕΝΟΥCΙΝ ΚΥΡΙΟΤΗΤΑ ΔΕ ΑΘΕΤΟΥCΙ ΔΟξΑC ΔΕ ΒΛΑCΦΗΜΟΥCΙΝ	ΟΜΟΙωC ΜΕΝΤΟΙ ΚΑΙ ΟΥΤΟΙ ΕΝΥΠΝΙΑΖΟΜΕΝΟΙ CΑΡΚΑ ΜΙΑΙΝΟΥCΙΝ ΚΥΡΙΟΤΗΤΑC ΔΕ ΑΘΕΤΟΥCΙΝ ΔΟξΑC ΔΕ ΒΛΑCΦΗΜΟΥCΙΝ	ΟΜΟΙωC ΜΕΝΤΟΙ ΚΑΙ ΟΥΤΟΙ ΕΝΥΠΝΙΑΖΟΜΕΝΟΙ CΑΡΚΑ ΜΕΝ ΜΙΑΙΝΟΥCΙΝ ΚΥΡΙΟΤΗΤΑ ΔΕ ΑΘΕΤΟΥCΙΝ ΔΟξΑC ΔΕ ΒΛΑCΦΗΜΟΥCΙΝ	ΟΜωC ΜΕΝΤΟΙ ΚΑΙ ΟΥΤΟΙ ΕΝΥΠΝΙΑΖΟΜΕΝΟΙ CΑΡΚΑ ΜΕΝ ΜΙΑΙΝΟΥCΙΝ ΚΥΡΙΟΤΗΤΑ ΔΕ ΑΘΕΤΟΥCΙΝ ΔΟξΑC ΔΕ ΒΛΑCΦΗΜΟΥCΙΝ
9	ΟΔΕ ΜΙΧΑΗΛ Ο ΑΡΧΑΓ΄ΓΕΛΟC ΟΤΕ Τω ΔΙΑΒΟΛω ΔΙΑΚΡΙΝΟΜΕΝΟC ΔΙΕΛΕΓΕΤΟ ΠΕΡΙ ΤΟΥ ΜΟΥCΕωC CωΜΑΤΟC ΟΥΚ ΕΤΟΛΜΗΝΕΝ ΚΡΙCΙΝ ΕΠΕΝΕΓ΄ΚΕΙΝ ΒΛΑCΦΗΜΙΑC ΑΛΛ ΕΙΠΕΝ ΕΠΕΙΤΕΙΜΗCΑΙ CΟΙ ΚC	Ο ΔΕ ΜΙΧΑΗΛ Ο ΑΡΧΑΓΓΕΛΟC ΟΤΕ Τω ΔΙΑΒΟΛω ΔΙΑΚΡΙΝΟΜΕΝΟC ΔΙΕΛΕΓΕΤΟ ΠΕΡΙ ΤΟΥ ΜωΥCΕωC CωΜΑΤΟC ΟΥΚ ΕΤΟΛΜΗCΕΝ ΚΡΙCΙΝ ΕΠΕΝΕΓΚΕΙΝ ΒΛΑCΦΗΜΙΑC ΑΛΛ ΕΙΠΕΝ ΕΠΙΤΙΜΗCΕ CΟΙ Ο ΘC	ΟΤΕ ΜΕΙΧΑΗΛ Ο ΑΡΧΑΓΓΕΛΟC ΟΤΕ Τω ΔΙΑΒΟΛω ΔΙΑΚΡΙΝΟΜΕΝΟC ΔΙΕΛΕΓΕΤΟ ΠΕΡΙ ΤΟΥ ΜωΥCΕωC CωΜΑΤΟC ΟΥΚ ΕΤΟΛΜΗCΕΝ ΚΡΙCΙΝ ΕΠΕΝΕΓΚΕΙΝ ΒΛΑCΦΗΜΙΑC ΑΛΛΑ ΕΙΠΕΝ ΕΠΙΤΕΙΜΗCΑΙ CΟΙ Ο ΚC	Ο ΔΕ ΜΙΧΑΗΛ Ο ΑΡΧΑΓΓΕΛΟC ΟΤΕ Τω ΔΙΑΒΟΛω ΔΙΑΚΡΙΝΟΜΕΝΟC ΔΙΕΛΕΓΕΤΟ ΠΕΡΙ ΤΟΥ ΜωCΕωC CωΜΑΤΟC ΟΥΚ ΕΤΟΛΜΗCΕΝ ΚΡΙCΙΝ ΕΠΕΝΕΓΚΕΙΝ ΒΛΑCΦΗΜΕΙΑC ΑΛΛΑ ΕΙΠΕΝ ΕΠΙΤΙΜΗCΑΙ CΟΙ ΚC

Quadro 2.1 Transcrição e comparação de quatro manuscritos gregos da Epístola de Judas

v	Papiro de Bodmer VII (séc. III)	Códice Sinaítico (séc. IV)	Códice Vaticano (séc. IV)	Códice Alexandrino (séc. V)
6	ΑΓ'ΓΕΛΟΥC ΤΕ ΤΟΥC ΜΗ ΤΗΡΗCΑΝΤΑC ΤΗΝ ΕΑΥΤωΝ ΑΡΧΗΝ ΑΛΛ ΑΠΟΛΕΙΠΟΝΤΑC ΤΟΙ ΙΔΙΟΝ ΟΙΚΗΤΗΡΙΟΝ ΕΙC ΚΡΙCΙΝ ΜΕΓΛΗC ΗΜΕΡΑ ΛΗCΗΜΕΡΑC ΔΗCΜΟΙC ΑΕΙΔΕΙΟΙC ΥΠΟ ΖΟΦΟΝ ΤΕΤΗΡΗΚΕΝ	ΑΓΓΕΛΟΥC ΤΕ ΤΟΥC ΜΗ ΤΗΡΗCΑΝΤΑC ΤΗΝ ΕΑΥΤωΝ ΑΡΧΗΝ ΑΛΛΑ ΑΠΟΛΙΠΟΝΤΑC ΤΟ ΙΔΙΟΝ ΟΙΚΗΤΗΡΙΟΝ ΕΙC ΚΡΙCΙΝ ΜΕΓΛΗC ΗΜΕΡΑC ΔΗCΜΟΙC ΑΙΔΕΙΟΙC ΥΠΟ ΖΟΦΟΝ ΤΕΤΗΡΗΚΕΝ	ΑΓΓΕΛΟΥC ΤΕ ΤΟΥC ΜΗ ΤΗΡΗCΑΝΤΑC ΤΗΝ ΕΑΥΤωΝ ΑΡΧΗΝ ΑΛΛΑ ΑΠΟΛΙΠΟΝΤΑC ΤΟ ΙΔΙΟΝ ΟΙΚΗΤΗΡΙΟΝ ΕΙC ΚΡΙCΙΝ ΜΕΓΛΗC ΗΜΕΡΑC ΔΕCΜΟΙC ΑΙΔΙΟΙC ΥΠΟ ΖΟΦΟΝ ΤΕΤΗΡΗΚΕΝ	ΑΓΓΕΛΟΥC ΔΕ ΤΟΥC ΜΗ ΤΗΡΗCΑΝΤΑC ΤΗΝ ΕΑΥΤωΝ ΑΡΧΗΝ ΑΛΛΑ ΑΠΟΛΙΠΟΝΤΑC ΤΟ ΙΔΙΟΝ ΟΙΚΗΤΗΡΙΟΝ ΕΙC ΚΡΙCΙΝ ΜΕΓΛΗC ΗΜΕΡΑC ΔΕCΜΟΙC ΑΙΔΙΟΙC ΥΠΟ ΖΟΦΟΝ ΤΕΤΗΡΗΚΕΝ
7	ωC CΟΔΟΜΑ ΚΑΙ ΓΟΜΟΡΑ ΚΑΙ ΕΠΕΡΕΙ ΑΥΤΑC ΠΟΛΕΙ ΤΟΝ ΟΜΟΙΟΝ ΤΡΟΠΟΝ ΤΟΥΤΟΙC ΕΚ ΠΟΡΝΕΥCΑCΘΗ ΚΑΙ ΑΠΕΛΘΟΥCΕ ΟΠΙCω CΑΡΚΟC ΤΕΡΑC ΠΡΟCΚΕΙΝΤΕ ΔΙΓΜΑ ΠΥΡΟC ΕωΝΙΟΥ ΔΙΚΗΝ ΥΠΕΧΟΥCΑΙ	ωC CΟΔΟΜΑ ΚΑΙ ΓΟΜΟΡΡΑ ΚΑΙ ΑΙ ΠΕΡΙ ΑΥΤΑC ΠΟΛΕΙC ΤΟΝ ΟΜΟΙΟΝ ΤΡΟΠΟΝ ΤΟΥΤΟΙC ΕΚΠΟΡΝΕΥCΑCΑΙ ΚΑΙ ΑΠΕΛΘΟΥCΑΙ ΟΠΙCω CΑΡΚΟC ΕΤΕΡΑC ΠΡΟCΚΙΝΤΑΙ ΔΙΓΜΑ ΠΥΡΟC ΑΙωΝΙΟΥ ΔΙΚΗΝ ΟΥΚ ΕΧΟΥCΙΝ	ωC CΟΔΟΜΑ ΚΑΙ ΓΟΜΟΡΡΑ ΚΑΙ ΑΙ ΠΕΡΙ ΑΥΤΑC ΠΟΛΕΙC ΤΟΝ ΟΜΟΙΟΝ ΤΡΟΠΟΝ ΤΟΥΤΟΙC ΕΚΠΟΡΝΕΥCΑCΑΙ ΚΑΙ ΑΠΕΛΘΟΥCΑΙ ΟΠΙCω CΑΡΚΟC ΕΤΕΡΑC ΠΡΟΚΕΙΝΤΑΙ ΔΕΙΓΜΑ ΠΥΡΟC ΑΙωΝΙΟΥ ΔΙΚΗΝ ΥΠΕΧΟΥCΑΙ	ωC CΟΔΟΜΑ ΚΑΙ ΓΟΜΟΡΡΑ ΚΑΙ ΑΙ ΠΕΡΙ ΑΥΤΑC ΠΟΛΕΙC ΤΟΝ ΟΜΟΙΟΝ ΤΡΟΠΟΝ ΤΟΥΤΟΙC ΕΚΠΟΡΝΕΥCΑCΑΙ ΚΑΙ ΑΠΕΛΘΟΥCΑΙ ΟΠΙCω CΑΡΚΟC ΕΤΕΡΑC ΠΡΟΚΕΙΝΤΑΙ ΔΙΓΜΑ ΠΥΡΟC ΑΙωΝΙΟΥ ΔΙΚΗΝ ΥΠΕΧΟΥCΑΙ

12	ΟΥΤΟΙ ΕΙCΙΝ ΟΙ ΕΝ ΤΑΙC ΑΓΑΠΑΙC ΥΜωΝ CΠΕΙΛΑΔΕC CΥΝΕΝΥΧΟΜΕΝΟΙ ΑΦΟΒωC ΕΑΥΤΟΥC ΠΥΜΕΝΟΝΤΕC ΝΕΦΕΛΕ ΑΝΥΔΡΟΙ ΥΠΟ ΑΝΕΜωΝ ΠΑΡΑΦΕΡΟΜΕΝΟΙ ΔΕΝΔΡΑ ΦΘΙΝΟΠωΡΙΝΑ ΑΚΑΡΠΑ ΔΙC ΑΠΟΘΟΝΤΑ ΕΚΡΙΖωΘΕΝΤΑ	ΟΥΤΟΙ ΕΙCΙΝ ΓΟΓΓΥCΤΑΙ ΜΕΜΨΙΜΥΡΟΙ ΚΑ ΕΠΙΘΥΜΙΑΝ ΑΥΤωΝ ΠΟΡΕΥΟΜΕΝΟΙ ΕΝ ΤΑΙC ΑΓΑΠΑΙC ΥΜωΝ · CΠΕΙΛΑΔΕC CΥΝΕΥωΧΟΥΜΕΝΟΙ ΑΦΟΒωC ΕΑΥΤΟΥC ΠΟΙΜΑΙΝΟΝΤΕC ΝΕΦΕΛΑΙ ΑΝΥΔΡΟΙ ΠΑΝΤΙ ΑΝΕΜωΝ ΠΑΡΑΦΕΡΟΜΕΝΑΙ ΔΕΝΔΡΑ ΦΘΙΝΟΠωΡΙΚΑ ΑΚΑΡΠΑ ΔΙC ΑΠΟΘΟΝΟΝΤΑ ΕΚΡΙΖωΘΕΝΤΑ	ΟΥΤΟΙ ΕΙCΙΝ ΟΙ ΕΝ ΤΑΙC ΑΓΑΠΑΙC ΥΜωΝ CΠΙΛΑΔΕC CΥΝΕΥωΧΟΜΕΝΟΙ ΑΦΟΒωC ΕΑΥΤΟΥC ΠΟΙΜΑΙΝΟΝΤΕC ΝΕΦΕΛΑΙ ΑΝΥΔΡΟΙ ΥΠΟ ΑΝΕΜωΝ ΠΑΡΑΦΕΡΟΜΕΝΟΙ ΔΕΝΔΡΑ ΦΘΙΝΟΠωΡΙΝΑ ΑΚΑΡΠΑ ΔΙC ΑΠΟΘΟΝ- ΤΑ ΕΚΡΙΖωΘΕΝΤΑ	ΟΥΤΟΙ ΕΙCΙΝ ΟΙ ΕΝ ΤΑΙC ΑΠΑΤΑΙC ΑΥΤω CΠΙΛΑΔΕC CΥΝΕΥωΧΟΜΕΝΟΙ ΑΦΟΒωC ΕΑΥΤΟΥC ΠΟΙΜΑΙΝΟΝΤΕC ΝΕΦΕΛΑΙ ΑΝΥΔΡΟΙ ΥΠΟ ΑΝΕΜωΝ ΠΑΡΑΦΕΡΟΜΕΝΑΙ ΔΕΝΔΡΑ ΦΘΙΝΟΠωΡΙΝΑ ΑΚΑΡΠΑ ΔΙC ΑΠΟΘΑΝΟΝΤΑ ΕΚΡΙΖωΘΕΝΤΑ
13	ΚΥΜΑΤΑ ΚΥΜΑΤΑ ΑΡΓΙΑ ΘΑΛΑCΗC ΑΠΑΦΡΙΖΟΝΤΑ ΤΑC ΕΑΥΤωΝ ΑΙCΧΥΜΑC ΑCΤΕΡΕC ΠΛΑΝΗΤΕ ΟΙC ΖΟΦΟC ΤΟΥ CΚΟΤΟΥC ΕΙC ΕωΝΑ ΤΕΤΗΡΗΤΕ	ΑΡΓΙΑ ΚΥΜΑΤΑ ΘΑΛΑCCΗC ΑΠΑΦΡΙΖΟΝΤΑ ΤΑC ΕΑΥΤωΝ ΑΙCΧΥΜΑC ΑCΤΕΡΕC ΠΛΑΝΗΤΑΙ ΟΙC Ο ΖΟΦΟC ΤΟΥ CΚΟΤΟΥC ΕΙC ΑΙωΝΑ ΤΕΤΗΡΗΤΑΙ	ΚΥΜΑΤΑ ΑΡΓΙΑ ΘΑΛΑCCΗC ΕΠΑΦΡΙΖΟΝΤΑ ΤΑC ΕΑΥΤωΝ ΑΙCΧΥΝΑC ΑCΤΕΡΕC ΠΛΑΝΗΤΕC ΟΙC ΖΟΦΟC ΤΟΥ CΚΟΤΟΥC ΕΙC ΑΙωΝΑ ΤΕΤΗΡΗΤΑΙ	ΚΥΜΑΤΑ ΑΡΓΙΑ ΘΑΛΑCCΗC ΕΠΑΦΡΙΖΟΝΤΑ ΤΑC ΕΑΥΤωΝ ΑΙCΧΥΝΑC ΑCΤΕΡΕC ΠΛΑΝΗΤΕC ΟΙC ΖΟΦΟC ΤΟΥ CΚΟΤΟΥC ΕΙC ΑΙωΝΑ ΤΕΤΗΡΗΤΑΙ

Quadro 2.1 Transcrição e comparação de quatro manuscritos gregos da Epístola de Judas

v	Papiro de Bodmer VII (séc. III)	Códice Sinaítico (séc. IV)	Códice Vaticano (séc. IV)	Códice Alexandrino (séc. V)
10	ΟΥΤΟΙ ΔΕ ΟCΑ ΜΕΝ ΟΥΚ ΥΑΔΕΙΝ ΒΛΑCΦΗΜΟΥCΙΝ ΟCΑ ΔΕ ΦΥCΙΚωC ωC ΤΑ ΑΛΟΓΑ ΖωΑ ΕΠΕΙCΤΑΝΤΑΙ ΕΝ ΤΟΥΤΟΙC ΦΘΕΙΡΟΝΤΑΙ	ΟΥΤΟΙ ΔΕ ΟCΑ ΜΕΝ ΟΥΚ ΟΙΔΑCΙΝ ΒΛΑCΦΗΜΟΥCΙΝ ΟCΑ ΔΕ ΦΥCΙΚωC ωC ΤΑ ΑΛΟΓΑ ΖωΑ ΕΠΙCΤΑΝΤΑΙ ΕΝ ΤΟΥΤΟΙC ΦΘΕΙΡΟΝΤΑΙ	ΟΥΤΟΙ ΔΕ ΟCΑ ΜΕΝ ΟΥΚ ΟΙΔΑCΙΝ ΒΛΑCΦΗΜΟΥCΙΝ ΟCΑ ΔΕ ΦΥCΙΚωC ωC ΤΑ ΑΛΟΓΑ ΖωΑ ΕΠΙCΤΑΝΤΑΙ ΕΝ ΤΟΥΤΟΙC ΦΘΕΙΡΟΝΤΑΙ	ΟΥΤΟΙ ΔΕ ΟCΑ ΜΕΝ ΟΥΚ ΟΙΔΑCΙΝ ΒΛΑCΦΗΜΟΥCΙΝ ΟCΑ ΔΕ ΦΥCΙΚωC ωC ΤΑ ΑΛΟΓΑ ΖωΑ ΕΠΙCΤΑΝΤΑΙ ΕΝ ΤΟΥΤΟΙC ΦΘΕΙΡΟΝΤΑΙ
11	ΟΥΑΙ ΑΥΤΟΙ 'ΟΤΙ ΤΗ ΟΔω ΤΟΥ ΚΑΙ| ΕΠΟΡΕΥΘΗCΑΝ ΚΑΙ ΤΗ ΠΛΑΝΗ ΤΟΥ ΒΑLΑΑΚ ΜΕΙCΘΟΥ ΕξΕΧΥΘΗCΑΝ ΚΑΙ ΤΗ ΑΝΤΙΛΟΓΕΙΑ ΤΟΥ ΚΟΡΕ ΑΠωΛΟΝΤΟ	ΟΥΑΙ ΑΥΤΟΙC ΟΤΙ ΤΗ ΟΔω ΤΟΥ ΚΑΙΝ ΕΠΟΡΕΥΘΗCΑΝ ΚΑΙ ΤΗ ΠΛΑΝΗ ΤΟΥ ΒΑLΑΑΜ ΜΙCΘΟΥ ΕξΕΧΥΘΗCΑΝ ΚΑΙ ΤΗ ΑΝΤΙΛΟΓΕΙΑ ΤΟΥ ΚΟΡΕ ΑΠωΛΟΝΤΟ	ΟΥΑΙ ΑΥΤΟΙC ΟΤΙ ΤΗ ΟΔω ΤΟΥ ΚΑΙΝ ΕΠΟΡΕΥΘΗCΑΝ ΚΑΙ ΤΗ ΠΛΑΝΗ ΤΟΥ ΒΑLΑΑΜ ΜΙCΘΟΥ ΕξΕΧΥΘΗCΑΝ ΚΑΙ ΤΗ ΑΝΤΙΛΟΓΙΑ ΤΟΥ ΚΟΡΕ ΑΠωΛΟΝΤΟ	ΟΥΑΙ ΑΥΤΟΙC ΟΤΙ ΤΗ ΟΔω ΤΟΥ ΚΑΙΝ ΕΠΟΡΕΥΘΗCΑΝ ΚΑΙ ΤΗ ΠΛΑΝΗ ΤΟΥ ΒΑLΑΑΜ ΜΙCΘΟΥ ΕξΕΧΥΘΗCΑΝ ΚΑΙ ΤΗ ΑΝΤΙΛΟΓΙΑ ΤΟΥ ΚΟΡΕ ΑΠωΛΟΝΤΟ

<table>
<tr><td>16</td><td>ΟΥΤΟΙ ΕΙCΙΝ ΓΟΓ΄ΓΥCΤΕ
ΜΕΜΨΙΜΟΙΡΟΙ ΚΑΙ
CΤΟΜΑ ΑΥΤωΝ ΛΑΛΕΙ
ΥΠΕΡΟΓΚΑ
ΘΑΥΜΑΖΟΝΤΕC
ΠΡΟCωΠΑ ωΦΕΛΙΑC
ΧΑΡΕΙΝ</td><td>ΟΥΤΟΙ ΕΙCΙΝ ΓΟΓΓΥCΤΑΙ
ΜΕΜΨΙΜΥΡΟΙ ΚΑΤΑ
ΤΑC ΕΠΙΘΥΜΙΑC ΑΥΤω
ΠΟΡΕΥΟΜΕΝΟΙ ΚΑΙ ΤΟ
CΤΟΜΑ ΑΥΤωΝ ΛΑΛΕΙ
ΥΠΕΡΟΓΚΑ
ΘΑΥΜΑΖΟΝΤΕC
ΠΡΟCωΠΑ ωΦΕΛΙΑC
ΧΑΡΙΝ</td><td>ΟΥΤΟΙ ΕΙCΙΝ ΓΟΓΓΥCΤΑΙ
ΜΕΜΨΙΜΟΙΡΟΙ ΚΑΤΑ
ΤΑC ΕΠΙΘΥΜΙΑC ΑΥΤωΝ
ΠΟΡΕΥΟΜΕΝΟΙ ΚΑΙ ΤΟ
CΤΟΜΑ ΑΥΤωΝ ΛΑΛΕΙ
ΥΠΕΡΟΓΚΑ
ΘΑΥΜΑΖΟΝΤΕC
ΠΡΟCωΠΑ ωΦΕΛΙΑC
ΧΑΡΙΝ</td><td>ΟΥΤΟΙ ΕΙCΙ ΓΟΓΓΥCΤΑΙ
ΜΕΜΨΙΜΥΡΟΙ ΚΑΤΑ
ΤΑC ΕΠΙΘΥΜΙΑC
ΑΥΤωΝ
ΠΟΡΕΥΟΜΕΝΟΙ ΚΑΙ
ΤΟ CΤΟΜΑ ΑΥΤωΝ
ΛΑΛΕΙ ΥΠΕΡΟΓΚΑ
ΘΑΥΜΑΖΟΝΤΕC
ΠΡΟCωΠΑ ωΦΕΛΙΑC
ΧΑΡΙΝ</td></tr>
<tr><td>17</td><td>ΥΜΕΙC ΔΕ ΑΓΑΠΕΤΟΙC
ΜΝΗCΘΕΤΕ ΤωΝ
ΡΗΜΑΤωΝ ΤωΝ
ΠΡΟΕΙΡΗΜΕΝωΝ ΥΠΟ
ΤωΝ ΑΠΟCΤΟΛωΝ ΤΟΥ
ΚΥ΄ ΗΜωΝ ΙΗΥ΄ ΧΡΥ΄</td><td>ΥΜΕΙC ΔΕ ΑΓΑΠΕΤΟΙ
ΜΝΗCΘΗΤΕ ΤωΝ
ΡΗΜΑΤωΝ ΤωΝ
ΠΡΟΕΙΡΗΜΕΝωΝ ΥΠΠΟ
ΤωΝ ΑΠΟCΤΟΛωΝ ΤΟΥ
ΚΥ΄ ΗΜωΝ ΙΥ΄ ΧΥ΄</td><td>ΥΜΕΙC ΔΕ ΑΓΑΠΕΤΟΙ
ΜΝΗCΘΗΤΕ ΤωΝ
ΡΗΜΑΤωΝ ΤωΝ
ΠΡΟΕΙΡΗΜΕΝωΝ ΥΠΟ
ΤωΝ ΑΠΟCΤΟΛωΝ ΤΟΥ
ΚΥ΄ ΗΜωΝ ΙΥ΄ ΧΥ΄</td><td>ΥΜΕΙC ΔΕ ΑΓΑΠΗΤΟΙ
ΜΝΗCΘΗΤΕ ΤωΝ
ΠΡΟCΙ ΡΗΜΕΝωΝ
ΡΗΜΑΤωΝ ΥΠΟ ΤωΝ
ΑΠΟCΤΟΛωΝ ΤΟΥ ΚΥ΄
ΗΜωΝ ΙΥ΄ ΧΥ΄</td></tr>
<tr><td>18</td><td>ΟΤΙ ΕΛΕΓΟΝ ΥΜΙ
ΟΤΙ ΕΠ ΕCΧΑΤΟΥ
ΕCΟΝΤΑΙ ΕΜΠΕΚΤΕ ΚΑΤΑ
ΤΑC ΕΑΥΤωΝ
ΕΠΕΙΘΥΜΙΑC
ΠΟΡΕΥΟΜΕΝΟΙ ΤωΝ
ΑCΕΒΙωΝ</td><td>ΟΤΙ ΕΛΕΓΟΝ ΥΜΙ
ΕΠ ΕCΧΑΤΟΥ ΧΡΟΝΟΥ
ΕCΟΝΤΑΙ ΕΜΠΕΚΤΑΙ
ΚΑΤΑ ΤΑC ΕΠΕΙΘΥΜΙΑC
ΑΥΤωΝ ΠΟΡΕΥΟΜΕΝΟΙ
ΤωΝ ΑCΕΒΕΙω</td><td>ΟΤΙ ΕΛΕΓΟΝ ΥΜΙΝ
ΕΠ ΕCΧΑΤΟΥ ΧΡΟΝΟΥ
ΕCΟΝΤΑΙ ΕΜΠΑΙΚΤΑΙ
ΚΑΤΑ ΤΑC ΕΑΥΤωΝ
ΕΠΕΙΘΥΜΙΑC
ΠΟΡΕΥΟΜΕΝΟΙ ΤωΝ
ΑCΕΒΕΙωΝ</td><td>ΟΤΙ ΕΛΕΓΟΝ ΥΜΙΝ ΟΤΙ
ΕΠ ΕCΧΑΤΟΥ ΤΟΥ
ΧΡΟΝΟΥ ΕΛΕΥCΟΝΤΑΙ
ΕΜΠΕΚΤΑΙ ΚΑΤΑ ΤΑC
ΕΑΥΤωΝ ΕΠΙΘΥΜΙΑC
ΠΟΡΕΥΟΜΕΝΟΙ ΤωΝ
ΑCΕΒΕΙωΝ</td></tr>
</table>

Quadro 2.1 Transcrição e comparação de quatro manuscritos gregos da Epístola de Judas

v	Papiro de Bodmer VII (séc. III)	Códice Sinaítico (séc. IV)	Códice Vaticano (séc. IV)	Códice Alexandrino (séc. V)
14	ΕΠΡΟΦΗΤΕΥCΕΝ ΔΕ ΚΑΙ ΤΟΥΤΟΙC ΕΒΔΟΜΟC ΑΠΟ ΑΔΑΜ ΕΝωΧ ΛΕΓω ΙΔΟΥ ΗΛΘΕΝ ΚC ΕΝ ΑΓΙωΝ ΑΓ ΓΕΛωΝ ΜΥΡΙΑCΙΝ	ΠΡΟΕΠΡΟΦΗΤΕΥCΕΝ ΔΕ ΚΑΙ ΤΟΥΤΟΙC ΕΒΔΟΜΟC ΑΠΟ ΑΔΑΜ΄ ΕΝωΧ ΛΕΓω ΙΔΟΥ ΗΛΘΕΝ Ο ΚC ΕΝ ΜΥΡΙΑCΙΝ ΑΓΙωΝ ΑΓΓΕΛωΝ	ΕΠΡΟΦΗΤΕΥCΕΝ ΔΕ ΚΑΙ ΤΟΥΤΟΙC ΕΒΔΟΜΟC ΑΠΟ ΑΔΑΜ ΕΝωΧ ΛΕΓωΝ ΙΔΟΥ ΗΛΘΕΝ ΚC ΕΝ ΑΓΙΑΙC ΜΥΡΙΑCΙΝ ΑΥ- ΤΟΥ	ΠΡΟΦΗΤΕΥCΕΝ ΚΑΙ ΤΟΥΤΟΙC ΕΒΔΟΜΟC ΑΠΟ ΑΔΑΜ ΕΝωΧ ΛΕΓωΝ ΙΔΟΥ ΗΛΘΕΝ ΚC ΕΝ ΑΓΙΑΙC ΜΥΡΙΑCΙΝ ΑΥΤΟΥ
15	ΠΟΙΗCΑΙ ΚΡΙCΙ ΚΑΤΑ ΠΑΝΤωΝ ΚΑΙ ΕΛΕΓΞΕ ΠΑCΑ ΨΥΧΗΝ ΠΕΡΕΙ ΠΑΝΤωΝ (ΤωΝ) CΚΛΗΡωΝ ωΝ ΕΛΑΛΗCΑΝ ΚΑΤ ΑΥΤΟΥ ΑΜΑΡΤωΛΟΙ ΑCΕΒΕΙC	ΠΟΙΗCΑΙ ΚΡΙCΙΝ ΚΑΤΑ ΠΑΝΤωΝ ΚΑΙ ΕΛΕΓΞΑΙ ΠΑCΑΝ ΨΥΧΗΝ ΠΕΡΙ ΠΑΝΤωΝ ΤωΝ ΕΡΓωΝ ωΝ ΗCΕΒΗCΑΝ ΚΑΙ ΠΕΡΙ ΠΑΝΤωΝ ωΝ ΕΛΑΛΗCΑΝ ΚΑΤ ΑΥΤΟΥ ΑΜΑΡΤωΛΟΙ ΑCΕΒΕΙC	ΠΟΙΗCΑΙ ΚΡΙCΙΝ ΚΑΤΑ ΠΑΝΤωΝ ΚΑΙ ΕΛΕΓΞΑΙ ΠΑΝΤΑC ΤΟΥC ΑCΕΒΕΙC ΠΕΡΙ ΠΑΝΤωΝ ΤωΝ ΕΡΓωΝ ΑCΕΒΗCΑC ΑΥΤωΝ ωΝ ΗCΕΒΗCΑΝ ΚΑΙ ΠΕΡΙ ΠΑΝΤωΝ ΤωΝ CΚΛΗΡωΝ ωΝ ΕΛΑΛΗCΑΝ ΚΑΤ ΑΥΤΟΥ ΑΜΑΡΤωΛΟΙ ΑCΕΒΕΙC	ΠΟΙΗCΑΙ ΚΡΙCΙΝ ΚΑΤΑ ΠΑΝΤωΝ ΚΑΙ ΕΛΕΓΞΑΙ ΠΑΝΤΑC ΤΟΥC ΑCΕΒΕΙC ΠΕΡΙ ΠΑΝΤωΝ ΤωΝ ΕΡΓωΝ ΑCΕΒΕΙΑC ΑΥΤωΝ ωΝ ΗCΕΒΗCΑΝ ΚΑΙ ΠΕΡΙ ΠΑΝΤωΝ ΤωΝ CΚΛΗΡωΝ ωΝ ΕΛΑΛΗCΑΝ ΚΑΤ ΑΥΤΟΥ ΑΜΑΡΤωΛΟΙ Α CΕΒΕΙC

<table>
<tr><td>22</td><td>ΟΥC ΜΕΝ ΕΚ ΠΥΡΟC
ΑΡΠΑCΑΤΕ
ΔΙΑΚΡΙΝΟΜΕΝΟΥC</td><td>ΚΑΙ ΟΥC ΜΕΝ ΕΛΕΑΤΕ
ΔΙΑΚΡΙΝΟΜΕΝΟΥC</td><td>ΚΑΙ ΟΥC ΜΕΝ ΕΛΕΑΤΕ
ΔΙΑΚΡΕΙΝΟΜΕΝΟΥC</td><td>ΚΑΙ ΟΥC ΜΕΝ
ΕΛΕΓΧΕΤΑΙ
ΔΙΑΚΡΕΙΝΟΜΕΝΟΥC</td></tr>
<tr><td>23</td><td>ΔΕ ΕΛΕΕΙΤΕ ΕΝ ΦΟΒω
ΜΕΙCΟΥΝΤΕC ΚΑΙ ΤΟΝ
ΑΠΟ ΤΗC CΑΡΚΟC
ΕCΠΕΙΛωΜΕΝΟΙ
ΧΙΤωΝΑ</td><td>ΟΥC ΔΕ CωΧΕΤΕ ΕΚ
ΠΥΡΟC ΑΡΠΑΖΟΝΤΕC
ΟΥC ΔΕ ΕΛΕΑΤΕ
ΕΝ ΦΟΒω ΜΙCΟΥΝΤΕC
ΚΑΙ ΤΟΝ ΑΠΟ ΤΗC
CΑΡΚΟC
ΕCΠΙΛωΜΕΝΟΝ
ΧΙΤωΝΑ</td><td>CωΖΕΤΕ ΕΚ ΠΥΡΟC
ΑΡΠΑΖΟΝΤΕC ΟΥC ΔΕ
ΕΛΕΑΤΕ
ΕΝ ΦΟΒω ΜΕΙCΟΥΝΤΕC
ΚΑΙ ΤΟΝ ΑΠΟ ΤΗC
CΑΡΚΟC
ΕCΠΙΛωΜΕΝΟΝ
ΧΙΤωΝΑ</td><td>ΟΥC ΔΕ CωΖΕΤΕ ΕΚ
ΠΥΡΟC ΑΡΠΑΖΟΝΤΕC
ΟΥC ΔΕ ΕΛΕΑΤΑΙ
ΕΝ ΦΟΒω
ΜΕΙCΟΥΝΤΕC ΚΑΙ ΤΟΝ
ΑΠΟ ΤΗC CΑΡΚΟC
ΕCΠΙΛωΜΕΝΟΝ
ΧΙΤωΝΑ</td></tr>
<tr><td>24</td><td>Τω ΔΕ ΔΥΝΑΜΕΝω
ΦΙΛΑΖΑΙ CΤΗΡΙΞΑΙ
ΑCΠΕΙΛΟΥ ΑΜωΝΟΥC
ΑΓΝΕΥΟΜΕΝΟΥC
ΑΠΕΝΑΝΤΙ ΤΗC ΔΟΞΗC
ΑΥΤΟΥ ΕΝ ΑΓΑΛΛΙΑCΙ</td><td>Τω ΔΕ ΔΥΝΑΜΕΝω
ΦΥΛΑΖΑΙ ΥΜΑC
ΑΠΤΕCΤΟΥC ΚΑΙ CΤΗCΑΙ
ΚΑΤΕΝωΠΙΟΝ ΤΗC
ΔΟΞΗC ΑΥΤΟΥ
ΑΜωΜΟΥC ΕΝ
ΑΓΑΛΛΙΑCΙ</td><td>Τω ΔΕ ΔΥΝΑΜΕΝω
ΦΥΛΑΞΑΙ ΥΜΑC
ΑΠΤΑΙCΤΟΥC ΚΑΙ
CΤΗCΑΙ ΚΑΤΕΝωΠΙΟΝ
ΤΗC ΔΟΞΗC ΑΥΤΟΥ
ΑΜωΜΟΥC ΕΝ
ΑΓΑΛΛΙΑCΕΙ</td><td>Τω ΔΕ ΔΥΝΑΜΕΝω
ΦΥΛΑΞΑΙ ΥΜΑC
ΑΠΤΑΙCΤΟΥC ΚΑΙ
CΤΗCΑΙ ΚΑΤΕΝωΠΙΟΝ
ΤΗC ΔΟΞΗC ΑΥΤΟΥ
ΑΜωΜΠΤΟΥC ΕΝ
ΑΓΑΛΛΙΑCΕ[Ι</td></tr>
</table>

Quadro 2.1 Transcrição e comparação de quatro manuscritos gregos da Epístola de Judas

v	Papiro de Bodmer VII (séc. III)	Códice Sinaítico (séc. IV)	Códice Vaticano (séc. IV)	Códice Alexandrino (séc. V)
19	ΟΥΤΟΙ ΕΙCΙΝ ΟΙ ΠΟΔΙΟΡΙΖΟΝΤΕC ΨΥΧΙΚΟΙ ΠΝΑ ΜΗ ΕΧΟΝΤΕC	ΟΥΤΟΙ ΕΙCΙΝ ΟΙ ΑΠΟΔΙΟΡΙΖΟΝΤΕC ΨΥΧΙΚΟΙ ΠΝΑ ΜΗ ΕΧΟΝΤΕC	ΟΥΤΟΙ ΕΙCΙΝ ΟΙ ΑΠΟΔΙΟΡΙΖΟΝΤΕC ΨΥΧΙΚΟΙ ΠΝΕΥΜΑ ΜΗ ΕΧΟΝΤΕC	ΟΥΤΟΙ ΕΙCΙΝ ΟΙ ΑΠΟΔΙΟΡΙΖΟΝΤΕC ΨΥΧΙΚΟΙ ΠΝΑ ΜΗ ΕΧΟΝΤΕC
20	ΥΜΙC ΔΕ ΑΓΠΗΤΟΙ ΤΗ ΕΑΥΤωΝ ΑΓΙΟΤΗΤΙ ΠΕΙCΤΙ ΑΝΥΚΟΔΟΜΕΙCΘΗ ΕΝ ΠΝΤΙ ΑΓΙω ΠΡΟCΕΥΧΟΜΕΝΟΙ	ΥΜΕΙC ΔΕ ΑΓΠΗΤΟΙ ΕΠΟΙΚΟΔΟΜΟΥΝΤΕC ΕΑΥΤΟΥC ΑΓΙωΤΑΤΗ ΗΜωΝ ΠΙCΤΙ ΕΝ ΠΝΙ ΑΓΙω ΠΡΟCΕΥΧΟΜΕΝΟΙ	ΥΜΕΙC ΔΕ ΑΓΑΠΗΤΟΙ ΕΠΟΙΚΟΔΟΜΟΥΝΤΕC ΕΑΥΤΟΥC ΤΗ ΑΓΙωΤΑΤΗ ΥΜωΝ ΠΙCΤΕΙ ΕΝ ΠΝΕΥΜΑΤΙ ΑΓΙω ΠΡΟCΕΥΧΟΜΕΝΟΙ	ΥΜΕΙC ΔΕ ΑΓΑΠΗΤΟΙ ΕΠΟΙΚΟΔΟΜΟΥΝΤΕC ΕΑΥΤΟΥC ΤΗ ΑΓΙΟΤΑΤΗ ΥΜωΝ ΠΙCΤΕΙ ΕΝ ΠΝΙ ΑΓΙω ΠΡΟCΕΥΧΟΜΕΝΟΙ
21	ΕΑΥΤΟΙC· · ΕΑΥΤΟΥC ΕΝ ΑΓΑΠΗ ΘΥ ΤΗΡΗCωΜΕΝ ΠΡΟCΔΕΧΟΜΕΝΟΙ ΤΟ ΕΛΕΟC ΤΟΥ ΚΥ ΕΙC ΖΟΗΝ ΗΜωΝ ΙΗΥ ΧΡΥ ΑΙωΝΙΟΝ	ΕΑΥΤΟΥC ΕΝ ΑΓΑΠΗ ΘΥ ΤΗΡΗCΑΤΕ ΠΡΟCΔΕΧΟΜΕΝΟΙ ΤΟ ΕΛΕΟC ΤΟΥ ΚΥ ΗΜωΝ ΙΥ ΧΥ ΕΙC ΖωΗΝ ΑΙωΝΙΟΝ	ΕΑΥΤΟΥC ΕΝ ΑΓΑΠΗ ΘΥ ΤΗΡΗCωΜΕΝ ΠΡΟCΔΕΧΟΜΕΝΟΙ ΤΟ ΕΛΕΟC ΤΟΥ ΚΥ ΗΜωΝ ΙΥ ΧΥ ΕΙC ΖωΗΝ ΑΙωΝΙΟΝ	ΕΑΥΤΟΥC ΕΝ ΑΓΑΠΗ ΘΥ ΤΗΡΗCΑΤΕ ΠΡΟCΔΕΧΟΜΕΝΟΙ ΤΟ ΕΛΕΟC ΤΟΥ ΚΥ ΗΜωΝ ΙΥ ΧΥ ΕΙC ΖωΗΝ ΑΙωΝΙΟΝ

Quadro 2.1 Transcrição e comparação de quatro manuscritos gregos da Epístola de Judas

v	Papiro de Bodmer VII (séc. III)	Códice Sinaítico (séc. IV)	Códice Vaticano (séc. IV)	Códice Alexandrino (séc. V)
25	MONω ΘΩ ΥΜωΝ ΑΥΤω ΔΟΞΑ ΚΡΑΤΟC ΤΙΜΗ ΔΙΑ ΙΗΥ ΚΡΥ ΤΟΥ ΚΥω ΗΜωΝ ΑΥΤω ΔΟΞΑ ΚΑΙ ΜΕΓΑΛωCΥΝΗ ΚΑΙ ΝΥΝ ΚΑΙ ΕΙC ΤΟΥC ΠΑΝΤΑC ΕωΝΑC ΑΜΗΝ	ΜΟΝω Θω CωΤΗΡΙ ΥΜωΝ ΔΙΑ ΙΥ ΚΥ ΤΟΥ ΚΥ ΗΜωΝ ω ΔΟΞΑ ΜΕΓΑΛωCΥΝΗ ΚΡΑΤΟC ΚΑΙ ΕΞΟΥCΙΑ ΠΡΟ ΠΑΝΤΟC ΤΟΥ ΑΙωΝΟC ΚΑΙ ΝΥΝ ΚΑΙ ΕΙC ΤΟΥC ΑΙωΝΑC · ΑΜΗΝ	ΜΟΝω Θω CωΤΗΡΙ ΥΜωΝ ΔΙΑ ΙΥ ΧΥ ΤΟΥ ΚΥ ΗΜωΝ ΔΟΞΑ ΜΕΓΑΛωCΥΝΗ ΚΡΑΤΟC ΚΑΙ ΕΞΟΥCΙΑ ΠΡΟ ΠΑΝΤΟC ΤΟΥ ΑΙωΝΟC ΚΑΙ ΝΥΝ ΚΑΙ ΕΙC ΠΑΝΤΑC ΤΟΥC ΑΙωΝΑC · ΑΜΗΝ	ΜΟ]Νω Θω CΡΙ ΗΜωΝ ΔΙΑ ΙΥ ΧΥ [ΤΟΥ] ΚΥ ΗΜωΝ ΔΟΞΑ ΜΕΓΑΛωCΥ[ΝΗ ΚΡΑΤΟC ΚΑΙ ΕΞΟΥCΙΑ ΠΡΟ ΠΑ[Ν]ΤΟC ΤΟΥ ΑΙωΝΟC ΚΑΙ ΝΥΝ ΚΑΙ [ΕΙC] ΠΑΝΤΑC ΤΟΥC ΑΙωΝΑC · ΑΜΗΝ
	ΙΟΥΔΑ ΕΠΕΙCΤΟΛΗ	ΙΟΥΔΑ	ΙΟΥΔΑ	ΙΟΥΔΑ ΕΠΕΙCΤΟΛΗ
				ΠΡΑΞΕΙC ΤωΝ ΑΓΙωΝ
				ΑΠΟCΤΟΛωΝ
				ΚΑΙ ΚΑ ΘΟ ΧΙ ΚΑΙ

Fonte: elaborado pelo autor, com base manuscritos citados [grifos nossos].

O Quadro 2.1 apresenta de forma suscinta o modo como a Epístola de Judas foi copiada desde o século III até o século V. Nota-se que não houve a preocupação em padronizar o texto, já que as cópias mostram uma grande quantidade de divergências.

Começando pelo título da epístola, o Papiro Bodmer VII apresenta a forma ΙΟΥΔΑ ΕΠΕΙϹΤΟΛΗ (*iouda epeistole*, Epístola de Judas), acrescentando o vocábulo ΕΠΕΙϹΤΟΛΗ (*epeistole*, epístola), em comparação com os códices Sinaítico, Vaticano e Alexandrino, que apresentam no título somente o nome ΙΟΥΔΑϹ (*Ioudas*, Judas), com vários ornamentos.

Ao término da epístola, a forma ΙΟΥΔΑ ΕΠΕΙϹΤΟΛΗ (*iouda epeistole*, Epístola de Judas) aparece escrita centralizada numa linha após o final da carta, com ornamentos na linha debaixo. A mesma forma ΙΟΥΔΑ ΕΠΕΙϹΤΟΛΗ aparece após o final da epístola no Códice Alexandrino, numa seção à parte, com ornamentos que aparecem no final de vários livros e cartas. Além disso, nessa seção, também há a frase ΠΡΑΞΕΙϹ ΤωΝ ΑΓΙωΝ ΑΠΟϹΤΟΛωΝ (*praxeis ton hagion apostolon*, Atos dos santos apóstolos). Os códices Sinaítico e Vaticano apresentam no título e, após o final da epístola, somente a forma ΙΟΥΔΑ (*Iouda*, Judas).

Os versos 1 e 2 não possuem divergências no seu texto, somente as ocorrências dos *nomina sacra* no v.1. No v. 3, existe a ocorrência de ΠΟΙΟΥΜΕΝΟϹ (*poioumenos*, verbo particípio presente nominativo masculino singular) conforme os códices Sinaítico, Vaticano e Alexandrino. O Papiro Bodmer apresenta a ocorrência ΠΟΙΗϹΑΜΕΝΟϹ (*poiesamenos*, verbo particípio aoristo nominativo masculino singular), seguida de ΤΟΥ ΓΡΑΦΙΝ (*tou grafin*), o que é semelhante ao Códice Sinaítico que apresenta ΤΟΥ ΓΡΑΦΕΙΝ (*tou grafein*). Os códices Vaticano e Alexandrino apresentam ΠΟΙΟΥΜΕΝΟϹ ΓΡΑΦΕΙΝ (*poioumenos grafein*), assim como aparece na Nestle-Aland 28ª edição (SBB) e na Quinta edição revisada de O Novo Testamento Grego (SBB).

Algumas ocorrências de variantes entre os manuscritos: Papiro de Bodmer e os códices Sinaítico, Vaticano e Alexandrino

No Papiro Bodmer VII, há uma rasura, feita pelo escriba, para correção de uma palavra no v. 4 (f.50), linha 5, que ele havia copiado de forma incorreta; riscou-a e escreveu outra em seu lugar, conforme comparação com os outros manuscritos da Epístola de Judas. A palavra incorretamente copiada é ~~NOMON~~ (*nomon*, lei), que foi riscada e substituída por HMωN (*hemon*, nosso), em vez da palavra MONON (*monon*, único), que aparece nos demais manuscritos.

Outro erro de escrita foi identificado no f.49, no final do v.3; o escriba iria pular a ordem das palavras na frase e, assim que percebeu, riscou a palavra e a pôs logo à frente na ordem correta. A frase do final do v. 3, como consta no Papiro Bodmer VII, é: ΠΑΡΑΔΟΘΕΙCΗ ~~ΠΕΙCΤΕΙ~~ ΤΟΙC ΑΓΙΟΙC ΠΕΙCΤΕΙ (*paradotheise ~~peistei~~ tois hagiois peistei*, "foi entregue aos santos: a prova"). O escriba usou a palavra ΠΕΙCΤΕΙ (*peistei*, fé, prova), mas percebeu que havia saltado a ordem das palavras na frase, o que o levou a riscá-la e retomar a sequência da escrita. É interessante notar a forma fonética utilizada no códice Sinaítico, a palavra ΠΙCΤΙ (*pisti*), em vez de ΠΕΙCΤΕΙ (*pistei*), conforme o Papiro Bodmer VII, Vaticano e Alexandrino. Diversas outras variações fonéticas ocorrem ao longo da epístola, como:

Quadro 2.2 Variações fonéticas observadas na epístola de Judas

VERS. 5	
Bodmer VII	ΕΓΥΠΤΟΝ (*Egypton*, Egito)
Sinaítico	ΑΙΓΥΠΤΟΝ (*Aigypton*, Egito)
Vaticano e Alexandrino	ΑΙΓΥΠΤΟU (*Aigyptou*, do Egito)
VERS. 6	
Bodmer VII	ΑΠΟΛΕΙΠΟΝΤΑC (*apoleipontas*, que estão abandonando)

Quadro 2.2 Variações fonéticas observadas na epístola de Judas

Sinaítico, Vaticano e Alexandrino	ΑΠΟΛΙΠΟΝΤΑϹ (*apolipontas*, que abandonaram)
VERS. 7	
Bodmer VII	ΕωΝΙΟΥ (*eoniou*, de tempo não-mensurável, eterno)
Sinaítico, Vaticano e Alexandrino	ΑΙωΝΙΟΥ (*aioniou*, de tempo não-mensurável, eterno)
VERS. 8	
Bodmer VII	ΜΕΙΕΝΟΥϹΙΝ (*meienousin*, contaminam)
Sinaítico, Vaticano e Alexandrino	ΜΙΑΙΝΟΥϹΙΝ (*miainousin*, contaminam)
VERS. 9	
Bodmer VII	ΜΟΥϹΕωϹ (*Mouseos*, Moisés)
Sinaítico e Alexandrino	ΜωΥϹΕωϹ (*Mouseos*, Moisés)
Vaticano	ΜωϹΕωϹ (*Moseos*, Moisés)
VERS. 11	
Bodmer VII	ΜΕΙϹΘΟΥ (*meisthou*, da recompensa)
Sinaítico, Vaticano e Alexandrino	ΜΙϹΘΟΥ (*misthou*, da recompensa)
VERS. 21	
Bodmer VII	ΖΟΗΝ (*zoen*, vida)
Sinaítico, Vaticano e Alexandrino	ΖωΗΝ (*zoen*, vida)

No Papiro Bodmer VII, é muito comum o uso do fonema EI (ei) em lugar de I (i), ou a troca de O (o) por ω (ô) e, também, o uso do E (e) em vez de AI (ai), como na palavra *Egito* (v.6). Esses registros fonéticos indicam regionalismo linguístico do grego no Egito em comparação ao grego utilizado em outras localidades. Lá, a língua grega sofreu influências dos idiomas já ali falados, principalmente, o copta, no qual foram escritos os textos de Nag Hammadi.

Os nomes próprios que aparecem na Epístola de Judas também apresentam diferenças fonéticas. Vejamos as divergências e convergências dos nomes próprios que ocorrem nos textos manuscritos da epístola:

Quadro 2.3 Nomes próprios

Palavra	P. Bodmer VII	Códice Sinaítico	Códice Vaticano	Códice Alexandrino
Judas (v.1)	IOYDA, IOYDAC	IOYDA, IOYDAC	IOYDA, IOYDAC	IOYDA, IOYDAC
Tiago (v.1)	IAKωBOY	IAKωBOY	IAKωBOY	IAKωBOY
Egito (v.5)	ΕΓΥΠΤΟΝ	ΑΙΓΥΠΤΟΝ	ΑΙΓΥΠΤΟΥ	ΑΙΓΥΠΤΟΥ
Miguel (v.9)	ΜΙΧΑΗΛ	ΜΙΧΑΗΛ	ΜΕΙΧΑΗΛ	ΜΙΧΑΗΛ
Moisés (v.9)	MOYCEωC	MωYCEωC	MωYCEωC	MωCEωC
Balaão (v.11)	BALAAK	BALAAM	BALAAM	BALAAM
Adão (v.14)	AΔAM	AΔAM	AΔAM	AΔAM
Enoque (v.14)	ENωX	ENωX	ENωX	ENωX

Fonte: Elaborado pelo autor, com base nos manuscritos citados.

Esses nomes próprios da tabela comparativa acima são transcrições dos nomes que ocorrem no manuscrito da Epístola de Judas; parte deles permanecem escritos da mesma forma em todos os manuscritos mencionados e a outra parte possui especificidades fonéticas, talvez até dialetais do tipo de língua grega que era utilizada nos locais onde os referidos manuscritos foram escritos e circulavam.

Interessante notar que, no v.11, o nome que aparece nos códices e demais manuscritos da Epístola de Judas é Balaão (BALAAM), personagem profeta do livro de Números 22-24; no Papiro Bodmer VII, por sua vez, o nome foi registrado como BALAAK (Balaque), que foi o rei de Moabe também no contexto de Números, personagens, portanto, totalmente diferentes. Os manuscritos do Pentateuco em grego o transcrevem como BALAK, não como BALAAK (cf. P. Bodmer VII, f.52).

A seguir, está a transcrição do manuscrito Oxirrinco XXXIV 2684, que é fragmento importante por sua antiguidade e por seu uso particular. Esse manuscrito era uma espécie de amuleto que continha partes da epístola, mais especificamente dos versos 4-5 e 7-8. Possivelmente, esses excertos fariam parte de um conjunto maior que continha os versículos completos; entretanto, só ficou preservado apenas esse fragmento. O Papiro Oxyrhynchus XXXIV (Oxirrinco) está localizado atualmente em Oxford, no *Ashmolean Museum* (Comfort, 2022, p. 105).

Quadro 2.4 Transcrição do P.Oxy.XXXIV 2684 (𝔓78)

Fragmento A recto 1 - (𝔓78)	
Judas 8	**Judas 4**
] CAPKAMENAI MNOYCIN KYPI OTHTA ΔE AΘETOY CI ΔOΞAC ΔE [	]ΓIAN KAI TON MO NON ΔECΠOTHN KAI KN HMωN IN XN [

Fragmento B verso 2 - (𝔓78)	
Judas 4b-5a	**Judas 7b-8a**
] APNOYMENOI YΠO MNHCE ΔE YMAC BOYΛOMAI EIΔO[	] AIωNIOY ΔIKHN YΠEXOYCAI OMωC MENTOI KAI OYTOI ENYΠNIAZOMENOI [

Fonte: Elaborado pelo autor.

Os fragmentos dos versículos apresentados no Quadro 2.4 representam o seguinte texto em português:

> Fragmento A Recto 1
> Versículo 8:
>] profanaram a carne, a soberania rejeitaram[8], e as glórias [
> Versículo 4:
> libertina]gem ao único soberano e senhor nosso, Jesus Cristo [
> Fragmento B Verso 2
> Versículos 4b – 5a
>] negando. E quero vos lembrar, sab[endo
> Versículos 7b – 8a
>] sofrendo a punição do fogo eterno. Ora, contudo, também estes, sonhando [

No fragmento do verso 4, ocorrem dois *nomina sacra* (IN XN – Jesus Cristo); porém, o *nomina sacra* ocorre sem o traço sobre as letras da abreviatura, como normalmente ocorreu nos outros manuscritos consultados para esta pesquisa. Isso indica que esse fragmento não teria sido copiado por um escriba profissional, mas seria uma cópia livre do texto de Judas, possivelmente para uso pessoal como amuleto (Comfort, 2022).

Comparando a transcrição do Papiro Oxirrinco XXXIV com Nestle-Aland 28ª edição, temos:

> Fragmento A Recto 1
>
> P.Oxy.XXXIV (v.8):] CAPKA MENAI MNOYCIN KYPIOTHTA ΔE AΘETOYCI ΔOΞAC ΔE [
> Nestle-Aland (v.8):] σάρκα μὲν μιαίνουσιν κυριότητα δὲ ἀθετοῦσιν δόξας δὲ [
> P.Oxy.XXXIV (v.4):] ΓIAN KAI TON MONON ΔECΠOTHN KAI KN HMωN IN XN [

Nestle-Aland (v.4): ἀσέλ]γειαν καὶ τὸν μόνον δεσπότην καὶ ιον ἡμῶν Ἰησοῦν Χριστὸν [

Fragmento B Verso 2

P.Oxy.XXXIV (v.4-5):] ΑΡΝΟΥΜΕΝΟΙ ΥΠΟΜΝΗCΕ ΔΕ ΥΜΑC ΒΟΥΛΟΜΑΙ ΕΙΔΟ[
Nestle-Aland (v.4-5):] ἀρνούμενοι Ὑπομνῆσαι δὲ ὑμᾶς βούλομαι, εἰδό[τας
P.Oxy.XXXIV (v.7-8):] ΑΙωΝΙΟΥ ΔΙΚΗΝ ΥΠΕΧΟΥCΑΙ ΟΜωC ΜΕΝΤΟΙ ΚΑΙ ΟΥΤΟΙ ΕΝΥΠΝΙΑΖΟΜΕΝΟΙ [
Nestle-Aland (v.7-8):] αἰωνίου δίκην ὑπέχουσαι Ὁμοίως μέντοι καὶ οὗτοι ἐνυπνιαζόμενοι [

Pode-se ver que o fragmento P.Oxy.XXXIV possui indícios de uma redação sem os rigorosos critérios dos escribas profissionais. O papiro, ao que parece, possui um tamanho delimitado (cerca de 2,5 cm x 8,5 cm), com marca de dobra no meio. De fato, o manuscrito parece ter sido utilizado como um tipo de amuleto não tendo feito parte de nenhum códice ou manuscrito maior. Não existem muitas informações sobre esse manuscrito, sabe-se somente que o editor o datou entre o final do século III e início do século IV tendo como base de análise a caligrafia parcialmente cursiva, típica desse período. O editor dos manuscritos de Oxyrhynchus, P. Parsons, não forneceu mais informações nem indicações de textos paralelos (Comfort, 2022, p. 253).

As ocorrências de Nomina Sacra

Nomina sacra (do Latim, nomes sagrados)[9] ou *nomina divina* (do Latim, nomes divinos) são abreviações de nomes ou títulos divinos que aparecem nos manuscritos gregos maiúsculos até o século VIII. Essas abreviaturas de nomes divinos (em grego, ἱερές συντομογραφίες, abreviaturas sagradas) eram, possivelmente, para economizar espaço durante o processo de cópia; entretanto, segundo alguns eruditos, esse fenômeno tinha o objetivo de reverenciar os nomes e títulos divinos (Francisco, 2018, p. 127; Aland; Aland, 2013, p. 81).

Grande parte das pessoas desconhecem os *nomina sacra* porque eles não aparecem nas edições impressas do Novo Testamento grego, que preferem a escrita plena em seus textos. Segundo Comfort (2022, p. 263), os *nomina sacra* também não aparecem em manuscritos judaicos gregos, como nos manuscritos de Qumran, porque teria sido uma comunidade judaica.

Houve uma evolução no uso dos *nomina sacra* pelos primeiros cristãos nos manuscritos. Primeiramente, surgiu a chamada "suspensão", que consistia em escrever as duas primeiras letras do nome e suspender as demais (ex. ΚΥ, ΚΥΡΙΟϹ, κυριος, Senhor). A segunda é chamada de "contração" em que a primeira e a última letra do nome eram escritas, e as demais eram suspensas, o nome era contraído (ex. ΘΥ, ΘΕΟΥ, θεου, Deus). A terceira forma é a contração longa em que somente a primeira, a segunda e a última letras do nome eram escritas (ex. ΧΡΥ, ΧΡΙϹΤΟΥ, Χριστου, Cristo) (Francisco, 2018, p. 129; Comfort, 2022, p. 260; Paroschi, 2012, p. 26).

Uma forma de diferenciar os *nomina sacra* das demais letras e palavras era colocar uma barra sobre o nome; dessa forma, os leitores eram avisados de que aquela determinada palavra era *nomina sacra* e deveria ser lida na forma plena. Não há consenso, até o momento, sobre as origens desse recurso; porém, pode-se rastrear o seu uso a partir do estudo dos manuscritos bíblicos cristãos mais antigos, ainda que não seja possível ter acesso aos manuscritos originais, somente às cópias.

Dos *nomina sacra* relacionados aos manuscritos da Epístola de Judas existem, pelo menos, vinte e duas ocorrências distintas, excetuando as que se repetem, nos quatro principais manuscritos completos de Judas desde o século III até o século V.

Quadro 2.4 *Nomina Sacra* Papiro Bodmer VII

Nomina Sacra	Transcrição	Manuscrito	Datação
IHY XPY	Ιησου Χριστου (de Jesus Cristo)	Papiro Bodmer VII	séc. III
Θω ΠΡΙ	θεω πατρι (a Deus pai)	Papiro Bodmer VII	séc. III
IHY XPω	Ιησου Χριστω (de Jesus Cristo)	Papiro Bodmer VII	séc. III
IHN XPN	Ιησουν Χριστον (Jesus Cristo)	Papiro Bodmer VII	séc. III
ΘC XPC	θεος Χριστος (Deus Cristo)	Papiro Bodmer VII	séc. III
KC	κυριος (Senhor)	Papiro Bodmer VII	séc. III
KYω	κυριω (ao Senhor)	Papiro Bodmer VII	séc. III
ΠΝΑ	πνευμα (espírito)	Papiro Bodmer VII, Códices Sinaítico e Alexandrino	séc. III-IV-V
ΘY	θεου (de Deus)	Papiro Bodmer VII, Códices Sinaítico, Vaticano e Alexandrino	séc. III-V
KN	κυριον (o Senhor)	Papiro Bodmer VII, Códices Sinaítico, Vaticano e Alexandrino	séc. III-V
KY	κυριου (do Senhor)	Papiro Bodmer VII, Códices Sinaítico, Vaticano e Alexandrino	séc. III-V
IN XN	Ιησουν Χριστον (Jesus Cristo)	P.Oxy.XXXIV	séc. III-IV
Θω	θεω (a Deus)	Códices Sinaítico e Vaticano	séc. IV (séc. III)

Quadro 2.4 *Nomina Sacra* Papiro Bodmer VII

Nomina Sacra	**Transcrição**	**Manuscrito**	**Datação**
ΙΥ ΧΥ	Ιησου Χριστου (de Jesus Cristo)	Códices Sinaítico, Vaticano e Alexandrino	séc. IV-V
ΙΥ Χω	Ιησου Χριστω (de Jesus Cristo)	Códices Sinaítico, Vaticano e Alexandrino	séc. IV-V
ΧΝ	χριστον (Cristo)	Códices Sinaítico, Vaticano e Alexandrino	séc. IV-V
ΙΝ	Ιησουν (Jesus)	Códices Vaticano e Alexandrino	séc. IV-V
ΙC	Ιησους (Jesus)	Códices Vaticano e Alexandrino	séc. IV-V

Fonte: elaborado pelo autor.

A amostragem textual desta pesquisa não é suficiente para determinar, de modo mais amplo, as origens do desenvolvimento dos *nomina sacra* na história, mas é suficiente para compreender, de forma mais específica, o desenvolvimento do seu uso dentro das cópias manuscritas da Epístola de Judas.

No Papiro Bodmer VII, o *nomina sacra* mais comum é a contração longa que ocorre quando somente a primeira, a segunda e a última letras do nome são escritas, como ΙΗΥ ΧΡΥ Ιησου Χριστου (v. 1,17, 25), ΙΗΥ ΧΡω Ιησου Χριστω (v. 1), ΙΗΝ ΚΡΝ Ιησουν Χριστον (v. 4), ΧΡC Χριστος (v. 5), ΚΥω κυριω (v. 25), ΧΡΥ Χριστου (v. 21) e ΠΝΑ πνευμα (v. 19). Importante destacar que apenas uma das ocorrências dos *nomina sacra* na Epístola de Judas possui contração longa diferente; ela apresenta a primeira, a penúltima e a última letras do nome: ΠΡΙ πατρι (v. 1).

As demais ocorrências no Papiro Bodmer VII são das contrações da primeira e última letras do nome divino, como descrito no Quadro 4: Θω θεω (v. 1), ΘC θεος (v. 5), KC κυριος (v. 9,14), ΘΥ θεου (v. 4,21), ΚΝ κυριον (v. 4) e ΚΥ κυριου (v. 17,21). Os últimos três *nomina sacra* (ΘΥ, ΚΝ, ΚΥ) também ocorrem nos códices Sinaítico (séc. IV), Vaticano (séc. IV) e Alexandrino (séc. V).

Além dos *nomina sacra* que ocorrem tanto no Papiro Bodmer quanto nos grandes códices, existem outros que aparecem no Códice Sinaítico. Numa ordem de ocorrência, podemos mencionar os seguintes *nomina sacra*: Θω θεω (v.1), ΙΥ ΧΥ Ιησου Χριστου (v. 1), ΙΥ Χω Ιησου Χριστω (v.1) e ΧΝ χριστον (v.4). Estes todos também ocorrem nos códices Vaticano e Alexandrino.

Há dois *nomina sacra* que ocorrem nos códices Vaticano e Alexandrino e são escritos de forma diferente dos que ocorrem no Papiro Bodmer e no Códice Sinaítico: ΙΝ Ιησουν (v. 4) e ΙC Ιησους (v. 5).

O Papiro Oxirrinco P.Oxy.XXXIV 2684, datado do séc. III-IV, apresenta uma ocorrência em seu texto; porém, não aparece o traço na parte de cima das letras. Ela coincide com os códices Sinaítico, Vaticano e Alexandrino, que tendem a diminuir o número de letras nos *nomina sacra*, que normalmente são duas.

É possível perceber que esse recurso se desenvolveu com a função de abreviação dos nomes e títulos divinos dentro dos manuscritos da Epístola de Judas, os quais datam desde o séc. III até o séc. V. Entretanto, temos nesses manuscritos, além da diferença de datação, a diferença de localização e origem. Os papiros P. Bodmer VII e P.Oxy.XXXIV 2684 possuem origem egípcia, numa tradição de escrita distinta daquela dos códices posteriores e, talvez por esse motivo, as diferenças na escrita dos *nomina sacra* apareçam tão evidentes.

Apesar de, em alguns casos, as *nomina sacra* serem úteis para estipular a datação de manuscritos, o seu uso para essa finalidade pode ser muito questionável. Isso porque parte das *nomina sacra* já estava em uso desde o século I EC, o que dificulta utilizá-la para datar manuscritos a partir dos séculos II e III, já que nesse período elas já estavam se estabelecendo como padrão de escrita dos nomes e títulos sagrados (Comfort, 2022, p. 163-165; Ehrman, 2006, p. 117).

No Papiro Bodmer VII também há uma *nomen sacrum* no f.50 que não fazia parte do conjunto usual dos *nomina sacra*: ΑΠΟΙ ανθρωποι (humanos/homens). Nesse caso, a *nomen sacrum* foi usada claramente como forma de economia de espaço no texto, porque não foi usada por nome ou título divino, como em uma locução do tipo "Filho do homem" (Francisco, 2018, p. 133). O uso das abreviações nos nomes e títulos divinos também era, além do motivo religioso/sagrado, para economia de espaço no manuscrito.

Considerações finais

O texto do Novo Testamento é diversificado e possui milhares de manuscritos completos e fragmentados. Eles compõem o que chamamos de *corpus* literário do Novo Testamento, escrito em língua grega. É notório observar que a edição de Nestle-Aland, Novum Testamentum Graece, forma um texto crítico capaz de reunir praticamente todos os manuscritos existentes em notas de seu aparato crítico, e isso foi uma grandiosa contribuição para a pesquisa bíblica baseada nos manuscritos antigos.

Este capítulo teve por objetivo apresentar uma análise paleográfica dos principais manuscritos gregos da Epístola de Judas, buscando trazer, a partir de fontes primárias, contribuições ao seus estudo científico. A epístola, embora seja pequena, possui em sua história um grande conjunto de informações importantes e necessárias para o conhecimento de seu conteúdo, contexto histórico e pensamento teológico.

Obviamente, este capítulo não se deteve em analisar conceitos teológicos ou questões de tradução, temas estes caros aos outros colaboradores desta obra, em suas específicas exposições, mas dedicou-se à materialidade dos manuscritos (codicologia) e à análise da escrita (paleografia). Outrossim, aspectos históricos e arqueológicos também foram abordados para melhor compreensão dos contextos em que os manuscritos foram encontrados e analisados.

Assim, entendemos que os aspectos paleográficos dos manuscritos completos mais antigos da Epístola de Judas mostram que, inicialmente, o texto não foi copiado de forma rigorosa, como se pode notar no manuscrito P. Bodmer VII, em que há muitas divergências com relação aos textos dos códices do século IV e V, que apresentam um trabalho de cópia mais profissional.

O fato é que o Papiro Bodmer VII foi escrito no Egito e, por isso, possui muitas características que podem ser típicas do grego egípcio, como foi apresentado em um dos tópicos deste capítulo. As diferenças fonéticas, quase que padrões em várias palavras, coincidem com a ideia de uma variação dialetal na escrita que, possivelmente, refletia também a fala naquela região e comunidade.

Apesar das divergências redacionais e caligráficas (com o uso misturado de letras semicursivas), os manuscritos possuem convergência textual consistente, desde as cópias mais antigas, como a do Papiro Bodmer VII, até as cópias posteriores (mas ainda também antigas), como os códices Sinaítico (IV), Vaticano (IV) e Alexandrino (V).

Este capítulo forneceu informações consideravelmente importantes para compreender o trabalho de tradução, teologia e história da Epístola de Judas, contribuindo para a expansão do saber acadêmico dessa epístola ao trazer análises feitas a partir de fontes primárias acessadas por meio de fac-símiles disponibilizados por museus universitários europeus (Cambridge e Oxford), projetos independentes e universidades norte-americanas (Michigan).

Referências

ALAND, K.; ALAND, B.

O texto do Novo Testamento: introdução às edições críticas científicas do Novo Testamento Grego bem como à teoria e prática da moderna crítica textual. Tradução de Vilson Scholz. Barueri: Sociedade Bíblica do Brasil, 2013.

BERWANGER, R. LEAL, J. E. F.

Noções de paleografia e diplomática. 3.ed. revista e ampliada. Santa Maria: Editora UFSM, 2008.

Códice Bezae

(MS Nn.2.41). *Codex Bezae*. Disponível em: https://cudl.lib.cam.ac.uk/view/MS-NN-00002-00041/1. Acesso em: 30 jan. 2023

Códice Sinaítico Projeto.

Codex Sinaiticus Project. Disponível em: https://www.codexsinaiticus.org/en/. Acesso em: 17 jan. 2024.

Códice Vaticano.

Vaticanus Codex. Disponível em: https://digi.vatlib.it/view/MSS_Vat.gr.1209. Acesso em: 27 jan. 2023.

Comfort, P. W.

Manuscritos do Novo Testamento: uma introdução à Paleografia e à Crítica Textual. São Paulo: Vida Nova, 2022.

Ehrman, B. D.

Studies in the Textual Criticism of the New Testament. *New Testament Tools and Studies*. Vol. 33. Leiden-Boston: Brill, 2006.

Fehérvári, G. *et al.*

The Kuwait Excavations at Bahnasa/Oxyrhynchus (1985-1987). Final Report. Kuwait Foundation for the Advancement of Sciences. Kuwait: KFAS, 2006.

Francisco, E. F.

Tetragrama, Teônimos e Nomina Sacra: os nomes de Deus na Bíblia. São Paulo: Kapenke, 2018.

Manual da Bíblia Hebraica: introdução ao Texto Massorético. Guia introdutório para a Biblia Hebraica Stuttgartensia. 3.ed. revisada e ampliada. São Paulo: Vida Nova, 2008.

Nestle, E.; Aland, K.

Novum Testamentum Graece. 28. ed. German Bible Society: Sttutgart, 2012.

Papiro Bodmer VII (Judas).

Papyrus Bodmer. Disponível em: https://bodmerlab.unige.ch/constellations/papyri/mirador/1072205366?page=002. Acesso em: 17 jan. 2024.

Rodrigues, U. A.

Codicologia, história e cultura. *Revista de Educação Temática Digital*. Unicamp. Campinas, SP. v .18. n. 3. ju-set 2016, p. 614-627.

Disponível em: https://periodicos.sbu.unicamp.br/ojs/index.php/etd/article/view/8641656/13380. Acesso em: 17 jan. 2024.

PAPIRO DE MICHIGAN.

Michigan Papyrus. Disponível em: https://quod.lib.umich.edu/cgi/i/image/image-idx?c=apis;q1=apis;view=reslist. Acesso em: 17 jan. 2024.

PAROSCHI, W.

Origem e Transmissão do Texto do Novo Testamento. Barueri: Sociedade Bíblica do Brasil, 2012.

TROBISCH, D.

A User's Guide to the Nestle-Aland 28 Greek New Testament. Text-Critical Studies. *Society of Biblical Literature*. n. 9. Atlanta: SBL, 2013.

Notas

1 Atualmente está na 28ª edição.

2 A esse respeito, remeto ao capítulo "Epístola de Judas: Proposta de tradução linear comentada", de Moisés Olímpio-Ferreira.

3 Para saber mais sobre os Papiros de Bodmer e ver os fac-símiles, acesse o *site* da Fundação Martin Bodmer, disponvel em: https://bodmerlab.unige.ch/constellations/papyri. Acesso em: 19 maio 2025.

4 *O Novo Testamento Grego*. 5. ed. revisada. Barueri: SBB, 2018, p. xxii. Também para as datações do Códice Vaticano e do Códice Alexandrino, veja: Comfort, 2022, p. 110-114.

5 Ver: Bodmer Lab. Disponível em: https://bodmerlab.unige.ch/constellations/papyri/mirador/1072205366?page=007. Acesso em: 20 maio 2025.

6 Disponível em: https://www.bodmerlab.unige.ch. Acesso em: 20 maio 2025.

7 Disponível em: https://www.bodmerlab.unige.ch. Acesso em: 20 maio 2025.

8 Moisés Olímpio-Ferreira traduz como "vão invalidando o senhorio".

9 *Nomen sacrum*, "nome sagrado". Forma singular do *nomina sacra*.

3. EPÍSTOLA DE JUDAS: PROPOSTA DE TRADUÇÃO LINEAR COMENTADA

Moisés Olímpio-Ferreira

O objetivo deste capítulo é apresentar a nossa proposta de tradução linear do texto grego da Epístola de Judas, com comentários que justifiquem as nossas escolhas lexicais, levando em consideração os matizes morfológicos, sintáticos e semânticos, tanto no que se refere ao verbo e aos seus traços (nuances de sentido trazidos pelo aspecto e pelo modo do verbo), quanto em relação às alternativas de significado do léxico em seus múltiplos efeitos de sentido, em relação a que as traduções tradicionais existentes em português não se interessam. O cerne deste trabalho, propositalmente, é apenas entregar ao leitor uma "proposta de tradução", sem pretensões de permanência ou de fixidez dos sentidos dela oriundos, justamente porque reconhecemos as dificuldades de transposição de significados entre as línguas[1], tendo em vista a inacessibilidade à enunciação, o desconhecimento de inúmeros dados quanto à interrelação de destinador e destinatários e de seus referentes contextuais, a incompreensão integral dos sentidos pretendidos pelo destinador, a perigosa opacidade da língua e seus efeitos, além do fato de que a produção do *corpus* em estudo se situa remotamente entre os séculos I e II d.C.[2]

Em termos metodológicos, buscamos traduzir o texto linearmente, com análise individual dos versículos, procurando manter, dentro do possível, as características originais de estilo, gramática e semântica. Assim, discutimos e apresentamos, com frequência, alternativas[3] de tradução do léxico em geral e, ao focalizarmos as categorias do aspecto e do modo do verbo, servimo-nos da perífrase, já que, em português (língua-alvo), a marcação formal do aspecto do verbo – entre outros fenômenos –, não aparece no seu tema. Nesta leitura linguística que aqui lançamos, utilizamos os seguintes símbolos:

- parênteses ( ) – opções de tradução que levam em conta as possibilidades de sentido que o léxico proporciona;
- colchetes [ ] – texto omitido apontado pela própria edição crítica;
- {chaves} – termo subentendido (real ou possível).

Reconhecemos que os textos autógrafos não estão mais acessíveis, perderam-se irremediavelmente. Trabalhamos, portanto, com textos recuperados das cópias produzidas ao longo dos séculos; no caso da Epístola de Judas, os pergaminhos mais bem preservados e em sua integralidade datam dos séculos III ou IV EC. Com isso, queremos dizer que não traduzimos "os originais", mas sim a edição crítica que chegou até nós, capaz de nos fornecer uma ampla visão do processo de redação[4]. O texto na língua grega, objeto deste capítulo, é o que nos apresenta a 27ª. edição crítica do *Novum Testamentum Graece,* de Nestle-Aland; não levamos em conta as demais variantes textuais.

ΙΟΥΔΑΣ | JUDAS

1

Ἰούδας Ἰησοῦ Χριστοῦ δοῦλος, ἀδελφὸς δὲ Ἰακώβου, τοῖς ἐν θεῷ πατρὶ ἠγαπημένοις καὶ Ἰησοῦ Χριστῷ τετηρημένοις κλητοῖς·

Judas, escravo de Cristo Jesus, irmão de Tiago, aos chamados (nomeados) que estão no estado de amados em Deus[5] pai e que estão no estado de guardados (velados, cuidados, zelados) em Jesus Cristo;

As condições estruturais do endereçamento, isto é, a introdução (que inclui o nome do destinador e o nome e/ou as referências do destinatário) e a saudação são próprias do gênero epistolar.

Como *introdução,* temos todo o versículo primeiro em que se encontram as devidas apresentações. Por um lado, o destinador: "Judas, escravo de Cristo Jesus, irmão de Tiago"; por outro, os destinatários: "aos chamados", aos quais foram atribuídos dois estados: "que estão na condição de amados em Deus pai" e "que estão na condição de guardados em Jesus Cristo".

Quem é Judas? A qual Judas se refere? Para especificar de quem se trata, o destinador acrescenta: "escravo de Jesus Cristo". Essa indicação, embora possa ser pejorativa de sentido na modernidade (certamente interpretada como uma espécie de fanatismo religioso) portava, à época, tanto valores religiosos (especificação do grupo ao qual pertence, como se pode entender nos escritos neotestamentários) quanto política. Ora, considerando o *status* de Cristo como Deus e Senhor na igreja primitiva, a afirmação dos cristãos de serem "escravos de Cristo" poderia ser entendida como sinal de alta traição a César. De fato, pôr-se sob outro senhor, senão o imperador; sob outro filho de Deus, senão o imperador; sob outro salvador, senão o imperador, era incorrerer em crime contra o Estado (Crossan; Reed, 2007), o que nos faz pensar que o uso neotestamentário possa não ter tido um sentido tão figurado como hoje interpretamos. Δοῦλος refere-se, em sentido geral, ao "escravo", à pessoa submissa ao trabalho obediente a um "senhor" (κύριος), como em Marcos 12.9, Lucas 12.43 etc., ou a um "déspota" (δεσπότης), "senhor absoluto de sua casa"[6] (Tito 2.9), dono, proprietário, chefe de Estado, e mesmo ao Imperador. "Escravo" (δοῦλος) ocorre em diversas relações: entre os escravos e seus senhores, entre os romanos (e entre os povos conquistados) e César, entre Judas e Cristo[7], entre aquele que erra e o erro (Romanos 6.16), entre aquele que obedece e o bom-anúncio (Romanos 6. 16, 17, 20) etc.

Judas se identifica, ainda, como "irmão de Tiago", que se acredita ser referência direta ao líder da Igreja de Jerusalém, ao irmão de Jesus[8]. Embora ele mesmo não tenha confirmado algum parentesco com Jesus, referências a seu respeito e a Tiago são feitas, direta e indiretamente, em outros autores do Novo Testamento (Mateus 13.55; Marcos 6.3; 1 Coríntios 9.5; Gálatas 1.19), que estabelecem relação familiar entre os três. Apesar de uma ala de pesquisadores se contentar com o nome Judas para identificar a autoria da epístola, não há evidências externas que a comprove; pelo contrário, como nos diz Carneiro, após apresentar razões para o seu posicionamento: "é mais provável que a epístola seja pseudonímica, ou seja, alguém ligado ao círculo apostólico a escreveu, assumindo o nome de um líder ligado diretamente a Jesus e a Tiago".[9]

Entre as formas gramaticais deste versículo, destacamos dois particípios (ἠγαπημένοις e τετηρημένοις), que são adjetivos verbais, isto é, verbos que assumem a função nominal adjetiva. O particípio é forma extraordinariamente rica e de uso intenso na língua grega, por poder assumir, ao mesmo tempo, tanto as funções de verbo quanto as de nome; em termos semânticos, essa forma nominal permite uma significação mais concreta e delimitada ao verbo, isto é, a adjetivação adquire sentido mais forte do que o de um adjetivo comum, uma vez que o aspecto *perfectum* dá a ela um caráter definitivo, acabado, completo, de estado.

Tanto ἠγαπημένοις ({aos} *amados*) quanto τετηρημένοις ({aos} *guardados*) possuem, por um lado, na condição de *formas nominais* dos verbos ἀγαπάω (*eu amo*) e τηρέω (*eu guardo, vigio*), as marcas de caso (dativo – ideia de dação, atribuição), de número (plural) e de gênero (masculino) e, por outro, nas de *forma verbal*, as de aspecto[10] (*perfectum*) e de voz (passiva). Interessa-nos aqui, por sua força semântica, a categoria aspecto: o *perfectum* é o traço verbal que indica o término da ação, o seu encerramento: "É o resultado presente de um ato que terminou. Sem conotação temporal nem espacial externa ou delimitada" (Murachco, 2007, p. 239); porta, portanto, a ideia do efeito no presente de uma ação realizada no passado; é referência a uma ação completa, acabada, concluída.

Assim, ἠγαπημένοις e τετηρημένοις correspondem a adjetivos que apontam para os caracteres de apresentação e de qualificação dos destinatários da epístola. Essas formas indicam aqueles que se encontram em certo *estado*, em determinada *condição* no presente enunciativo, resultante dos processos de *amar* e de *guardar* já concluídos: "aos que estão no estado de amados", "aos que estão no estado de guardados". A voz passiva, em que se encontram, reforça essa ideia resultativa.

Em que *lugar* se concretiza esses estados? A resposta de Judas é dada pelas locuções adverbiais de lugar, introduzidas pela preposição ἐν (indicadora de ideia espacial estática): ἐν θεῷ πατρί (*em Deus pai*) e Ἰησοῦ Χριστῷ ({em} *Jesus Cristo*). Deus-pai é a pessoa-lugar/o lugar-pessoa em que o processo de *amar* se realizou e se tornou completo; Jesus Cristo é a pessoa-lugar/ o lugar-pessoa em que o processo de *guardar* se realizou e se tornou completo. Em ambos os casos, não há a ideia de "estar sendo amado/guardado" no presente, em algum processo contínuo e atualizado; em vez disso, trata-se de condições, de situações em que se está: de estados presentes pós-conclusão, em algum ponto no passado, das ações de *amar* e de *guardar*. Assim, ao dirigir-se a seus destinatários – "aos chamados" (τοῖς... κλητοῖς) –, Judas fez menção, com expressões justapostas, desses dois estados que lhes atribui: por um lado, o "estado de amados (ἠγαπημένοις) em Deus", por outro, o "estado de guardados (τετηρημένοις) em Jesus Cristo". Quanto a τοῖς... κλητοῖς (*aos chamados*), trata-se de um adjetivo simples (κλητός, ἡ, όν – chamado) substantivado (por estar acompanhado de artigo), constitutivamente deverbal de καλέω (*eu chamo*).

2

ἔλεος ὑμῖν καὶ εἰρήνη καὶ ἀγάπη πληθυνθείη.
{oxalá/quem dera que/que}[11] *misericórdia (compaixão, piedade) e paz e amor pudesse ser multiplicado para vós!*

O versículo 2 é a *saudação*. Chamamos a atenção sobre o verbo πληθυνθείη. Πληθύνω, (*eu aumento, multiplico, torno abundante*) está conjugado no aspecto aoristo, modo optativo, voz passiva.

O aoristo indica a ação verbal pura, não delimitada, não qualificada, simples. Não marca duração da ação, não possui processo verbal eclodido e não traz sobre si a categoria tempo externo (passado, presente, futuro): a sua ação é pontual. Esse aspecto fundamenta a ideia de ação como evento em si, não havendo ênfase alguma sobre sua continuidade ou conclusão no tempo. Construído geralmente sobre a sua raiz, o verbo no aoristo indica apenas uma mera menção do fato, uma lembrança do ato.

Por sua vez, entre os sentidos do modo optativo, temos o de fato possível, o de anseio pela possibilidade, o de expressão de possibilidade, o de atenuação de afirmação, o de desejo como mera operação do espírito, o de desejo não realizável ou próximo da irrealidade (o enunciador expressa dúvida sobre a realização do desejo, expondo-o como mera possibilidade). Em português, a tradução[12] do optativo pode ser realizada pelo futuro do pretérito do indicativo e pelo pretérito imperfeito do subjuntivo, associados ou não a locuções formuladas com o verbo *poder*.

É com toda essa carga semântica que encontramos πληθυνθείη, neste trabalho traduzido pelo imperfeito do subjuntivo, associado ao verbo *poder* (que traz à superfície do texto a ideia de possibilidade), mais as interjeições de vivo desejo "oxalá/quem dera" ou, ainda, o intensificador expletivo "que": "{oxalá/quem dera que/

que}... pudesse ser multiplicada". Para expressar a ideia integral do modo optativo, foi necessário o uso de perífrase. Não há ideia de ação contínua ("oxalá pudesse estar sendo multiplicada" – próprio do aspecto *infectum* ou *inacabado*), nem de ação concluída ("oxalá pudesse ter sido acabado o ato de ser multiplicada" – próprio do aspecto *perfectum* ou *perfeito*): o aoristo πληθυνθείη é a mera menção do ato verbal em si.

A concordância do verbo, que possui sujeito composto por núcleos ligados por série aditiva enfática encadeada por καί (ἔλεος... καὶ εἰρήνη καὶ ἀγάπη), embora não seja a mais comum, foi construída com o verbo no singular[13]. A nossa tradução acompanhou-a[14]. De fato, o que temos em 1.2 é uma silepse de número em que o verbo concorda com cada um dos núcleos, enfatizando-os individualmente, portanto:

- {que} *misericórdia [...] pudesse ser multiplicada para vós*
- {que} *paz [...] pudesse ser multiplicada para vós*
- {que} *amor pudesse ser multiplicado para vós*

3

Ἀγαπητοί, πᾶσαν σπουδὴν ποιούμενος γράφειν ὑμῖν περὶ τῆς κοινῆς ἡμῶν σωτηρίας ἀνάγκην ἔσχον γράψαι ὑμῖν παρακαλῶν ἐπαγωνίζεσθαι τῇ ἅπαξ παραδοθείσῃ τοῖς ἁγίοις πίστει,

Amados, fazendo toda diligência (pressa, presteza, empenho) {para} entrar no ato de vos escrever a respeito da comum salvação de nós, tive necessidade {de} vos escrever, chamando{-vos} ao lado (exortando{-vos}) {para} estardes lutando com intensidade sobre a que, uma única vez, foi entregue aos santos: a prova

No versículo 3, encontramos três formas verbais no particípio: ποιούμενος (de ποιέω: *eu faço*), παρακαλῶν (de παρακαλῶ: *eu chamo ao lado, exorto, encorajo*) e παραδοθείσῃ (de παραδίδωμι: *eu dou, entrego, concedo*). As duas primeiras estão no aspecto *infectum*; a terceira, no aoristo. Como já dissemos, o particípio não é um modo, mas uma das formas nominais do verbo (a outra é o infinitivo). Como verbo, ele tem aspecto, número e voz; na função de verbo-adjetivo, participa do gênero, do caso e do número do substantivo a que está associado. Quanto à categoria tempo, como afirma Murachco (2007, p. 274): "O particípio não tem tempo próprio, mas sim tempo relativo", ou seja, no *infectum*, indica ação contínua e simultânea em relação ao tempo do verbo principal; no *aoristo*, indica tempo relativo de anterioridade pontual em relação ao verbo principal; no *perfectum*, indica a ação concluída, acabada, terminada: um estado (apenas ideia aspectual, sem noção temporal); no *futuro*, indica posterioridade, sendo, geralmente, complemento de verbos de movimento ou de intenção. Noutros termos, cada aspecto possui suas formas participiais com cargas semânticas diferentes, sempre com tempo relativo e nunca absoluto.

Assim, tanto ποιούμενος quanto παρακαλῶν, na qualidade de adjetivos, estão no nominativo singular, tendo nítida concordância com o "eu" sujeito do verbo da oração principal "tive" (ἔσχον). Isso significa que ambas as formas se referem diretamente ao sujeito da ação, numa função predicativa: "{eu}, fazente de toda diligência [...]" e "{eu}, exortante {para} lutardes [...]".

No aspecto *infectum*, em todos os seus modos e as suas formas nominais, a ação apresenta-se em processamento, ainda não concluída, em movimento. Nele há um tempo interno que é contínuo, progressivo, cursivo, iterativo e, por isso, há a ideia de hábito, de frequentatividade. A ênfase dada recai sobre o desenvolvimento da ação, de modo que o sujeito agente é apresentado de forma dinâmica, iniciando e dando continuidade ao processo verbal. Assim, na condição de verbos no *infectum*, ποιούμενος e παρακαλῶν não só mantêm relação de continuidade, mas também de tempo relativo de simultaneidade com ἔσχον: "{eu} tive [...], fazendo/enquanto fazia/ao mesmo tempo em que ia fazendo [...]" e "{eu} tive [...], exortando/enquanto exortava/ao mesmo tempo em que ia exortando [...]". Em termos gramaticais, apenas ἔσχον (aspecto aoristo, modo indicativo, voz ativa de ἔχω: *eu tenho*) é o verbo principal do versículo e, em torno dele, giram essas duas formas nominais. Por outro lado, como o aoristo[15] indica a ação verbal pura, não delimitada, não qualificada, simples, ἔσχον (*tive*) é menção de ato passado, uma ação pontuada na narração, sem desenvolvimento. O tempo passado que ele assume no excerto é apenas relativo ao quadro narrativo em que está inserido, já que o aoristo não tem tempo próprio, em qualquer de seus modos e de suas formas nominais. O modo verbal, como diz Murachco (2007), é o εἶδος do verbo, isto é, a aparência, a forma exterior em que se apresenta; o modo indicativo de ἔσχον lhe atribui, por exemplo, a noção de afirmação de um dado, seja a partir de uma realidade objetiva, seja a partir da interpretação que o destinador lhe dá (realidade subjetiva), o que não implica, portanto, haver necessária coincidência em relação à compreensão que o destinatário tem a respeito desse dado. Noutros termos, o indicativo porta "proposições enunciativas em que há uma declaração, uma afirmação", que podem ser objetos das realidades objetiva e subjetiva (Murachco, 2007, p. 244). Como se percebe pelo contexto, o modo indicativo em "tive necessidade" refere-se a um dado de realidade subjetiva.

Por sua vez, o particípio παραδοθείσῃ concorda em caso, gênero e número com τῇ πίστει ({*sobre*} *a fé/a prova*), a quem adjetiva. Como verbo, está no aoristo (com tempo relativo de anterioridade) e na voz passiva (*que foi concedida/entregue*). A sua tradução em português equivale a uma oração adjetiva relativa. Observe-se ainda que παραδοθείσῃ não indica uma condição permanente de concessão: não se trata de um particípio *perfectum*, como vimos em 1.1. (ἠγαπημένοις, τετηρημένοις). É apenas a menção de um ato realizado, sem ênfase alguma sobre sua continuidade ou sua conclusão no tempo; não se está fazendo referência a um estado concluído em que a πίστις tenha sido concedida.

O versículo tem também três verbos na forma nominal do infinitivo: γράψαι, γραφειν e ἐπαγωνίζεσθαι. O primeiro está no aoristo, e os demais, no *infectum*. Apesar de γράψαι e γράφειν serem geralmente traduzidos da mesma forma nas versões bíblicas existentes em português, elas possuem diferenças formais e semânticas em grego. Como dissemos, no *infectum* as ações (que já começaram e continuam, que estão começando no momento da enunciação ou que iniciarão imediatamente e continuarão) são vistas com dinamicidade, em desenvolvimento, em continuidade a partir do momento de seu início e, por isso, para γράφειν, temos: "estar/entrar no ato de vos escrever"; por sua vez, γράψαι, no aoristo, indica a ação em si, uma referência ao ato de escrever, de modo que a simples tradução por "escrever" reflete a mera menção desse ato. No versículo, "tive" – ἔσχον e "escrever" – φράψαι são dois atos puros, isolados, ações pontuais, ἀόριστοι (aoristos) sem indicação de duração ou de estado. Evidentemente, a expressão verbalmente construída por aoristos – "ἀνάγκην ἔσχον γράψαι ὑμῖν" – aponta para o fazer enunciativo em si: "tive necessidade {de} escrever para vós". Por o infinitivo ser uma forma nominal, isto é, por poder assumir o papel de verbo-substantivo, a função de γράψαι é complemento nominal do acusativo ἀνάγκην que, em português, é preciso estar antecedido de preposição, o que explica "[...] necessidade {de} escrever para vós [...]".

Por sua vez, γράφειν (*começar e continuar a escrever*) é complemento do acusativo σπουδήν, com indicação de finalidade, consequência, destinação de uma ação: "[...] fazendo toda diligência {para, a fim de, com o objetivo de, com a intenção de} entrar no ato de vos escrever [...]". Aqui o *infectum* do infinitivo aponta para a entrada e continuidade no ato.

Falemos de ἐπαγωνίζεσθαι. Trata-se de verbo composto de ἐπί + ἀγωνίζω > ἐπαγωνίζω (*eu luto sobre/em cima de*). Por estar no infinitivo, ἐπαγωνίζεσθαι significa "lutar sobre/em cima de"; respeitando o seu aspecto *infectum,* temos: "estar lutando sobre/em cima de". O seu complemento no caso locativo é τῇ [...] πίστει: "{para} estar lutando sobre/ em cima da/ na prova".

A partir dessas premissas, assim esquematizamos as ações verbais e suas relações:

tive necessidade {de} vos *escrever*
[ἀνάγκην ἔσχον γράψαι ὑμῖν]

→ *fazente/fazendo* toda diligência [πᾶσαν σπουδὴν ποιούμενος]
{para} *entrar no ato de vos escrever* a respeito da comum
salvação de nós [γράφειν ὑμῖν περὶ τῆς κοινῆς ἡμῶν σωτηρίας]

→ *exortante/exortando* [παρακαλῶν]
{para} *lutardes sobre...* a prova [ἐπαγωνίζεσθαι τῇ...πίστει],
que foi concedida uma única vez aos santos
[ἅπαξ παραδοθείσῃ τοῖς ἁγίοις]

Chamamos ainda a atenção para a relação semântica existente entre o verbo e o seu complemento. Considerando ἐπαγωνίζεσθαι τῇ πίστει semanticamente equivalente a ἀγωνίζεσθαι ἐπί[16] τῇ πίστει, temos: "estar lutando sobre a/em cima da/na prova". A ideia de ἐπί com locativo é a de apoio por inteiro, contato pleno, absoluta superposição, que nada tem a ver com as traduções tradicionais[17] em português. Geralmente encontramos "exortar-vos a batalhar *pela* fé" que, em português, tanto pode significar "lutar *em favor da* fé" (ideia de proteção, defesa, benefício) – interpretação usual e equivocada das exegeses do texto –, quanto "lutar *com a* fé" (relação instrumental "por meio de", "com", "por"). Entretanto o texto grego não dá suporte a nenhuma dessas leituras. O sentido é "estar lutando ἐπί", ou seja, "em cima da, sobre a fé", tendo-a como base, como apoio de contato pleno e não em favor dela (como guerreiros em batalha por uma causa), nem com ela (como combatentes que a usam como instrumento de defesa)[18]. Gramaticalmente, nada justifica essas leituras em grego; se, por um lado, ἐπί é preposição semanticamente associável aos casos locativo, genitivo e acusativo a fim de salientar ideias que lhes são naturais (a noção instrumental "por meio de, com, por" não faz parte desse grupo), por outro lado, o sentido "em favor de" se constrói com ὑπέρ + genitivo[19].

Outra ideia que podemos extrair da composição ἐπί + ἀγωνίζεσθαι é que, considerando que a preposição-advérbio tem ideia de "acréscimo, superposição" (Murachco, 2007, p. 572), o sentido desliza naturalmente para "profundo, intenso", como ocorre, por exemplo, em ἐπιδιωκω (*eu persigo intensamente*), ἐπικατάρατος (*maldito sobremaneira*), ἐφάπαξ (*uma vez por todas*), etc., o que nos permite também entender ἐπαγωνίζεσθαι como "estar lutando intensamente".

Chama ainda a nossa atenção a palavra πίστις. O que seria essa πίστις, na qual apoiados, os destinatários são exortados a "lutar com intensidade"? O que seria essa πίστις concedida "uma única vez"? Vale a pena lembrar que a πίστις foi concedida "uma única vez" em termos de quantidade e não de qualidade de ação; a ação de conceder foi única (sentido esse carregado pelo advérbio), mas não há noção de ato completamente concluído, o que nos poderia ter sido dito caso o particípio do verbo παραδίδωμι estivesse no *perfectum*.

Não nos parece que πίστις esteja sendo empregada como conjunto de convicções, sistema de crenças e valores doutrinários, soma das doutrinas cristãs, sistema de ensino apostólico, ou mesmo estado psicológico subjetivo de convicção, crença, confiança, fidelidade. Ora, a *fé* no bom-anúncio, a seu modo, remonta a eras pré-Jesus, segundo lemos em Hebreus 4.2[20], não estando, portanto, restrita a um ato hápax. Sendo assim, como definir πίστις? Em que momento ela teria sido *entregue aos santos*? Trata-se de questões que, de fato, ainda não foram abordadas com clareza, deixando sempre a critério do leitor as possíveis sugestões interpretativas.

É importante esclarecer de antemão que o termo πίστις não possui um único sentido (fenômeno comum nas línguas naturais, tendo em vista que o sentido é determinado pelos contextos sócio-históricos), como nos faz supor equivocadamente as traduções da Bíblia em português. Com sentidos advindos de πείθομαι (*eu me convenço, tenho confiança, creio, obedeço*), πίστις porta diversas possibilidades semânticas correlatas: *convicção, confiança, crença, fé, crédito, credibilidade, fidelidade, compromisso, pacto, caução, penhor de boa fé, garantia*. A nossa sugestão é o que termo seja traduzido como *prova, evidência,* que é um de seus possíveis significados. Apresentamos abaixo, entre muitos outros, alguns exemplos da literatura em que esse sentido é atestado:

Ἐπίσταμαι δὲ καὶ τάδε, ὦ ἄνδρες δικασταί, ὅτι εἰ μὲν ἐμοῦ κατεμαρτύρουν οἱ μάρτυρες, ὥς τι ἀνόσιον γεγένηται ἐμοῦ παρόντος ἐν πλοίῳ ἢ ἐν ἱεροῖς, αὐτοῖς γε τούτοις ἰσχυροτάτοις ἂν ἐχρῶντο, καὶ **πίστιν** τῆς αἰτίας ταύτην σαφεστάτην ἀπέφαινον, τὰ σημεῖα τὰ ἀπὸ τῶν θεῶν·
[...] Sei também estas coisas, ó senhores juízes, que, se as testemunhas testificassem contra mim que, estando eu presente em uma embarcação ou em templos, algo ímpio tivesse acabado de ocorrer, servir-se-iam delas com o maior vigor e mostrariam essa *prova* – {como} os sinais que vêm dos deuses – {como} a mais evidente da culpa. [...] (Antifonte, *Sobre o assassinato de Herodes*, 5.84, [tradução e grifos nossos]).

[...] ἐπεί, εἴπερ εἴη που αὐτὴ καθ'αὑτὴν συνηθροισμένη καὶ ἀπηλλαγμένη τούτων τῶν κακῶν ὧν σὺ νυνδὴ διῆλθες, πολλὴ ἂν εἴη ἐλπὶς καὶ καλή, ὦ Σώκρατες, ὡς ἀληθῆ ἐστιν ἃ σὺ λέγεις· ἀλλὰ τοῦτο δὴ ἴσως οὐκ ὀλίγης παραμυθίας δεῖται καὶ **πίστεως**, ὡς ἔστι τε ψυχὴ ἀποθανόντος τοῦ ἀνθρώπου καί τινα δύναμιν ἔχει καὶ φρόνησιν.
[...] pois se ela {a alma} realmente pudesse estar em algum lugar, reunida quanto a si mesma e livre desses males que tu agora mesmo expuseste, haveria muita e boa esperança, ó Sócrates, de que as coisas que tu dizes sejam verdadeiras; contudo, quanto a isso, é necessário precisamente não pequena ação de persuasão e de *prova* de que a alma do homem que morreu continua existindo e que tem alguma força e pensamento. (Platão, *Fédon*, 70b, [tradução e grifos nossos])

Μετὰ τούτου καὶ περὶ τῶν ἀμφισβητησίμων ἀγωνιζόμεθα καὶ περὶ τῶν ἀγνοουμένων σκοπούμεθα· ταῖς γὰρ **πίστεσιν** αἷς τοὺς ἄλλους λέγοντες πείθομεν, ταῖς αὐταῖς ταύταις βουλευόμενοι χρώμεθα [...].

Com ele (o discurso, a palavra), também entramos em disputa a respeito das coisas controversas e examinamos as coisas desconhecidas, pois pelas *provas* persuadimos os outros quando falamos, e dessas tais nos servimos ao deliberar [...]. (Isócrates, *Nícoles*, 3.8, [tradução e grifos nossos])

ἡ δὲ ῥητορικὴ περὶ τοῦ δοθέντος ὡς εἰπεῖν δοκεῖ δύνασθαι θεωρεῖν τὸ πιθανόν, διὸ καί φαμεν αὐτὴν οὐ περί τι γένος ἴδιον ἀφωρισμένον ἔχειν τὸ τεχνικόν. τῶν δὲ **πίστεων** αἱ μὲν ἄτεχνοί εἰσιν αἱ δ' ἔντεχνοι. ἄτεχνα δὲ λέγω ὅσα μὴ δι' ἡμῶν πεπόρισται ἀλλὰ προϋπῆρχεν, οἷον μάρτυρες βάσανοι συγγραφαὶ καὶ ὅσα τοιαῦτα, ἔντεχνα δὲ ὅσα διὰ τῆς μεθόδου καὶ δι' ἡμῶν κατασκευασθῆναι δυνατόν, ὥστε δεῖ τούτων τοῖς μὲν χρήσασθαι, τὰ δὲ εὑρεῖν. τῶν δὲ διὰ τοῦ λόγου ποριζομένων **πίστεων** τρία εἴδη ἔστιν· αἱ μὲν γάρ εἰσιν ἐν τῷ ἤθει τοῦ λέγοντος, αἱ δὲ ἐν τῷ τὸν ἀκροατὴν διαθεῖναί πως, αἱ δὲ ἐν αὐτῷ τῷ λόγῳ διὰ τοῦ δεικνύναι ἢ φαίνεσθαι δεικνύναι.
A Retórica, porém, a respeito do que foi dado, parece, por assim dizer, ser capaz de observar (teorizar) o que é persuasivo e, por isso, afirmamos que ela não porta técnica em relação a algum gênero propriamente delimitado. Das *provas*, umas são não-técnicas, outras são técnicas. Entendo as não-técnicas como aquelas que não foram preparadas por nós, mas preexistem, como testemunhos, torturas, contratos e coisas assim; por outro lado, as técnicas são as que podem ser preparadas por método e por nós mesmos, de modo que é necessário, de um lado, servir-se daquelas e, por outro, encontrar estas. Há três formas de *provas* que são fornecidas por meio do discurso: umas estão no caráter daquele que fala; outras, na ação de dispor o ouvinte de alguma maneira; outras, no próprio discurso, por meio do demonstrar ou do parecer demonstrar. (Aristóteles, *Retórica*, 1355b35, [tradução e grifos nossos])

E assim, refazemos as questões: que *prova* (πίστις) teria sido essa e quando ela teria sido "entregue uma única vez aos santos"?

Investiguemos, antes de expor nossa opinião, o uso de ἅπαξ (*uma única vez*). Há poucas ocorrências no Novo Testamento desse advérbio; há apenas quatorze: uma em 2 Coríntios, Filipenses, 1 Tessalonicenses e 1 Pedro; oito em Hebreus; duas em Judas. Em composição com ἐπί (ἐφάπαξ, *uma vez por todas*), encontramos cinco: uma em Romanos e em 1 Coríntios, três em Hebreus. Chamaremos a atenção para algumas que nos permitirão construir um quadro de referências capaz de dar, ainda que na condição de proposições, respostas às questões que levantamos. Vamos aos textos:

> εἰ δὲ ἀπεθάνομεν σὺν Χριστῷ, πιστεύομεν ὅτι καὶ συζήσομεν αὐτῷ,
> εἰδότες ὅτι Χριστὸς ἐγερθεὶς ἐκ νεκρῶν οὐκέτι ἀποθνήσκει, θάνατος αὐτοῦ οὐκέτι κυριεύει.
> ὃ γὰρ ἀπέθανεν, τῇ ἁμαρτίᾳ ἀπέθανεν ἐφάπαξ· ὃ δὲ ζῇ, ζῇ τῷ θεῷ.
> Se morremos com Cristo, estamos confiantes de que também viveremos com ele,
> sabedores de que Cristo, tendo sido acordado (erguido) dentre os mortos, não mais morre; a morte não mais o domina,
> pois, quanto ao que ele morreu, morreu *uma vez por todas* para o erro (pecado); e, quanto ao que ele vive, vive para Deus. (Romanos 6.8-10, [tradução e grifos nossos]).

> Τοιοῦτος γὰρ ἡμῖν καὶ ἔπρεπεν ἀρχιερεύς, ὅσιος, ἄκακος, ἀμίαντος, κεχωρισμένος ἀπὸ τῶν ἁμαρτωλῶν καὶ ὑψηλότερος τῶν οὐρανῶν γενόμενος,
> ὃς οὐκ ἔχει καθ' ἡμέραν ἀνάγκην, ὥσπερ οἱ ἀρχιερεῖς, πρότερον ὑπὲρ τῶν ἰδίων ἁμαρτιῶν θυσίας ἀναφέρειν ἔπειτα τῶν τοῦ λαοῦ· τοῦτο γὰρ ἐποίησεν **ἐφάπαξ** ἑαυτὸν ἀνενέγκας.
> Desse tipo, pois, um sacerdote também nos convinha, sagrado, não mau (inocente), impoluto, no estado de separado

dos errantes (pecadores) e que se tornou mais elevado do que os céus,
o qual não tem necessidade de cada dia – como os sumo-sacerdotes – fazer primeiramente subir sacrifícios em favor dos próprios erros (pecados) e, em seguida, pelos do povo; na verdade, fez isso *uma vez por todas*, tendo feito subir {em sacrifício} a si mesmo. (Hebreus 7.26-27, [tradução e grifos nossos]).

Χριστὸς δὲ παραγενόμενος ἀρχιερεὺς τῶν γενομένων ἀγαθῶν διὰ τῆς μείζονος καὶ τελειοτέρας σκηνῆς οὐ χειροποιήτου, τοῦτ᾽ ἔστιν οὐ ταύτης τῆς κτίσεως,
οὐδὲ δι᾽αἵματος τράγων καὶ μάσχων διὰ δὲ τοῦ ἰδίου αἵματος εἰσῆλθεν **ἐφάπαξ** εἰς τὰ ἅγια αἰωνίαν λύτρωσιν εὑράμενος.
Cristo, porém, tendo-se apresentado {como} sumo-sacerdote das boas coisas que vieram a ser por meio da maior e da mais perfeita tenda (tabernáculo), não feita por mãos, isto é, não desta criação,
nem por meio de sangue de bodes e de novilhos, mas por meio do próprio sangue, entrou *uma vez por todas* nos lugares sagrados, tendo-se achado {como} eterno pagamento de soltura (resgate, redenção[21]). (Hebreus 9.7, 11-12, [tradução e grifos nossos]).

[...] οὐ γὰρ εἰς χειροποίητα εἰσῆλθεν ἅγια Χριστὸς, ἀντίτυπα τῶν ἀληθινῶν, ἀλλ᾽ εἰς αὐτὸν τὸν οὐρανὸν, νῦν ἐμφανισθῆναι τῷ προσώπῳ τοῦ θεοῦ ὑπὲρ ἡμῶν·
οὐδ᾽ ἵνα πολλάκις προσφέρῃ ἑαυτὸν, ὥσπερ ὁ ἀρχιερεὺς εἰσέρχεται εἰς τὰ ἅγια κατ᾽ ἐνιαυτὸν ἐν αἵματι ἀλλοτρίῳ,
ἐπεὶ ἔδει αὐτὸν πολλάκις παθεῖν ἀπὸ καταβολῆς κόσμου·
νυνὶ δὲ **ἅπαξ** ἐπὶ συντελείᾳ τῶν αἰώνων εἰς ἀθέτησιν [τῆς] ἁμαρτίας διὰ τῆς θυσίας αὐτοῦ πεφανέρωται.
καὶ καθ᾽ ὅσαν ἀπόκειται τοῖς ἀνθρώποις **ἅπαξ** ἀποθανεῖν, μετὰ δὲ τοῦτο κρίσις.

> οὕτως καὶ ὁ Χριστὸς **ἅπαξ** προσενεχθεὶς εἰς τὸ πολλῶν ἀνενεγκεῖν ἁμαρτίας ἐκ δευτέρου χωρὶς ἁμαρτίας ὀφθήσεται τοῖς αὐτὸν ἀπεκδεχομένοις εἰς σωτηρίαν.
> [...] pois Cristo não entrou nos lugares sagrados feitos por mãos, antítipos dos verdadeiros – pelo contrário, no próprio céu, {para} agora manifestar-se à face de Deus em favor de nós –,
> nem mesmo onde ele ofereça a si mesmo muitas vezes – como o sumo-sacerdote entra nos lugares sagrados cada ano em sangue alheio –,
> uma vez que seria necessário ele padecer muitas vezes desde a fundação do mundo. Agora, entretanto, *uma única vez*, na completude dos tempos-eônicos, ele se manifestou para abolição [do] erro (pecado) por meio do seu sacrifício.
> E conforme o quanto jaz por completo aos homens morrerem *uma única vez* e depois disso {o} juízo,
> assim também o Cristo, tendo se oferecido *uma única vez*, {para} o ato de levar para cima (carregar) os erros (pecados) de muitos, pela segunda vez, sem erro (pecado), haverá de ser visto por aqueles que o aguardam ansiosamente para salvação. (Hebreus 9.24-28, [tradução e grifos nossos]).

> ἐν ᾧ θελήματι ἡγιασμένοι ἐσμὲν διὰ τῆς προσφορᾶς τοῦ σώματος Ἰησοῦ Χριστοῦ **ἐφάπαξ**.
> Καὶ πᾶς μὲν ἱερεὺς ἕστηκεν καθ᾽ἡμέραν λειτουργῶν καὶ τὰς αὐτὰς πολλάκις προσφέρων θυσίας, αἵτινες οὐδέποτε δύνανται περιελεῖν ἁμαρτίας.
> Οὗτος δὲ **μίαν** ὑπὲρ ἁμαρτιῶν προσενέγκας θυσίαν εἰς τὸ διηνεκὲς ἐκάθισεν ἐν δεξιᾷ τοῦ θεοῦ,
> τὸ λοιπὸν ἐκδεχόμενος ἕως τεθῶσιν οἱ ἐχθροὶ αὐτοῦ ὑποπόδιον τῶν ποδῶν αὐτοῦ.
> na qual vontade estamos no estado de santificados por meio da oferenda (sacrifício) do corpo de Jesus Cristo {feita} *uma vez por todas*.

> E todo sacerdote põe-se de pé cada dia, cumprindo os serviços e oferecendo os mesmos sacrifícios muitas vezes, que jamais têm poder {para} remover erros (pecados); Mas ele, tendo oferecido *um único* sacrifício por erros (pecados), assentou-se para sempre à direita do Deus, aguardando quanto ao resto, até que os seus inimigos sejam postos {por} escabelo dos seus pés. (Hebreus 10.10-13, [tradução e grifos nossos]).

> ὅτι καὶ Χριστὸς **ἅπαξ** περὶ ἁμαρτιῶν ἔπαθεν, δίκαιος ὑπὲρ ἀδίκων, ἵνα ὑμᾶς προσαγάγῃ τῷ θεῷ θανατωθεὶς μὲν σαρκὶ ζῳοποιηθεὶς δὲ πνεύματι.
> Porque também Cristo – que, por um lado, foi condenado à morte em carne e, por outro, foi feito vivo em espírito – sofreu *uma única vez* acerca de erros (pecados); um justo em favor dos injustos, para vos conduzir a Deus. (1 Pedro 3.18, [tradução e grifos nossos]).

É facilmente perceptível pelas referências acima a enorme insistência sobre a singularidade do evento *morte de Cristo*; a ênfase persistente, com nítido objetivo de marcá-lo de modo decisivo – "uma única vez" (ἅπαξ), "uma vez por todas" (ἐφάπαξ) – põe em evidência o seu caráter irrevogavelmente único: não ocorreu antes e jamais ocorrerá novamente, sem implicar ao verbo qualquer ideia perfectiva: o destaque está sobre a quantificação. É a partir da constatação dessa crença da igreja primitiva que nos parece possível entender que o evento ocorrido "uma única vez" (ἅπαξ) em Judas pode ser justamente a "prova" (πίστις)[22] sólida entregue aos santos "uma única vez" (ἅπαξ), em cima da qual eles devem permanecer. Como destacamos nas traduções, para além de Paulo e Pedro, é o escritor da epístola aos Hebreus (cf. 10.13) que faz uso frequente do advérbio, além de se servir do numeral μίαν (*uma*) para tratar do sacrifício único de Cristo (Hebreus 10.12). Haveria, de fato, outra "prova" maior para os fundamentos da fé cristã do que a morte de Cristo, "entregue aos santos uma única vez"? Isso pode explicar a razão de o particípio παραδοθείσῃ (*que foi entregue* – v. 3) estar no aoristo (ato pontual) e não no *perfectum* (ato concluído, um estado), já que a ação da morte de Cristo foi pontual, haja vista o sepulcro vazio. Com isso, pretendemos justificar a nossa opção de tradução: "chamando{-vos} ao lado {para} estardes lutando com intensidade sobre a que, uma única vez, foi entregue aos santos: a prova".

4

παρεισέδυσαν γάρ τινες ἄνθρωποι, οἱ πάλαι προγεγραμμένοι εἰς τοῦτο τὸ κρίμα, ἀσεβεῖς, τὴν τοῦ θεοῦ ἡμῶν χάριτα μετατιθέντες εἰς ἀσέλγειαν καὶ τὸν μόνον δεσπότην καὶ κύριον ἡμῶν Ἰησοῦν Χριστὸν ἀρνούμενοι.

pois alguns humanos (algumas pessoas) se infiltraram (deslizaram-se) sub-repticiamente – aqueles que há muito tempo estão previamente inscritos para esse juízo –, sacrílegos que estão transportando a graça de nosso Deus para dentro da libertinagem (impudência) e que estão negando o único soberano e senhor[23] *de nós, Jesus Cristo.*

A conjunção γάρ (*pois*) "é a partícula anafórica explicativa por excelência" (Murachco, 2007, p. 634), ou seja, tem a função de introduzir uma explicação a respeito do que acabou de ser dito. Para justificar a necessidade de sua mensagem de persuasão, "[...] exortando-vos para estardes lutando com intensidade em cima da prova, que uma única vez foi entregue aos santos", Judas insere suas razões após γάρ. Desse modo, o versículo 4 porta os motivos de os destinatários da epístola deverem se manter em "intensa luta apoiados na prova".

A forma προγεγραμμένοι é um particípio *perfectum*, na voz média, de προγράφω (*eu escrevo primeiro, exponho antes, anuncio de antemão*). Precedida pelo artigo οἱ, essa forma nominal assume o estatuto de substantivo numa função apositiva explicativa do sujeito: τινες ἄνθρωποι, οἱ προγεγραμμένοι... (*alguns humanos, aqueles que estão previamente inscritos...*). Por sua natureza verbal, προγεγραμμένοι aceita a modificação de πάλαι (*há muito tempo*). Trata-se de um estado claramente concretizado na forma substantiva, produto de um ato verbal concluído: "aqueles que há muito tempo estão na condição de previamente inscritos". Se, por um lado, o "deslizamento furtivo" de alguns é enunciado por Judas de forma bem genérica (verbo παρεισέδυσαν no aoristo, com sujeito ἄνθρωποι, *seres humanos*), por outro lado, a caracterização que deles nos é dada é bem rica. Importam mais as características do que seus portadores? É o que parece.

Os particípios no *infectum* são μετατιθέντες (de μετατίθημι: *eu coloco entre, transporto, troco, mudo, substituo, altero, transformo*) e ἀρνούμενοι (de ἀρνοῦμαι: *eu refuto, nego*); ambos os particípios se referem a ações contínuas atribuídas ao sujeito gramatical "alguns humanos (τινες ἄνθρωποι, em sentido genérico, *humanos, pessoas – homens e mulheres*), que estão transportando [...] e que estão negando [...]". Em μετατιθέντες, é notória a composição verbal que equivale a τιθέντες μετά + complemento; o advérbio-preposição μετά, associado ao acusativo, segundo Murachco (2007, p. 588), indica "movimento, mudando de um para outro, entrada num (outro) grupo; mudança de posição interna e externa; transformação com ideia temporal de sequência e posterioridade, sucessão (depois de)", o que exatamente temos em "[...] χάριτα μετατιθέντες εἰς ἀσέλγειαν [...]", "mudam a posição/ transportam a graça para dentro da libertinagem". Neste excerto, εἰς ἀσέλγειαν, no acusativo, indica a direção "para dentro" dessa mudança de posição; a preposição εἰς comprova esse movimento.

Tanto μετατιθέντες quanto ἀρνούμενοι referem-se a atos que mantêm tempo relativo de simultaneidade com o verbo principal παρεισέδυσαν (de παρεισδύνω: *eu deslizo furtivamente, esgueiro sub-repticiamente*). Ou seja: ao mesmo tempo em que "alguns humanos (homens e/ou mulheres) se infiltraram furtivamente", eles "vão transportando[...] e vão negando[...]". Ambos os particípios têm função predicativa em relação ao sujeito "alguns humanos" e, por isso, concordam com ele em gênero (masculino), número (plural) e caso (nominativo): são "transportantes/transformantes e negantes"; e, na condição de verbo, têm seus complementos: "vão transportando *a graça* [...] e vão negando *o único soberano e senhor, Jesus Cristo*".

Do verbo παρεισέδυσαν, que está no aoristo, 3ª. pessoa do plural, modo indicativo, voz ativa, cujo sujeito é τινες ἄνθρωποι, podemos notar a possibilidade de duas traduções: *i.* "infiltraram-se sub-repticiamente", uma referência a um fato já ocorrido em tempo passado relativo ao quadro narrativo; não se pode, porém, confundir essa opção com a noção do aspecto *perfectum*; ou *ii.* "infiltram-se sub-repticiamente", como simples menção de um fato fora do tempo, não enquadrado, atemporal, indicando uma ação indefinida, que pode ocorrer a qualquer tempo; por sua vez, é importante saber que não se trata de verbo no *infectum*, como esta opção poderia sugerir.

Em linhas gerais, o que se pode depreender é que somente lutando com afinco, superposicionado na prova concedida uma única vez, é que será possível resistir a esses humanos que buscam libertinar a graça de Deus e negar a soberania singular de Cristo e seu senhorio. A ideia é a de que só é possível se defender desses ataques se a base-suporte de quem luta for o ato único salvífico de Cristo.

5

Ὑπομνῆσαι δὲ ὑμᾶς βούλομαι, εἰδότας [ὑμᾶς] πάντα, ὅτι [ὁ] κύριος ἅπαξ λαὸν ἐκ γῆς Αἰγύπτου σώσας τὸ δεύτερον τοὺς μὴ πιστεύσαντας ἀπώλεσεν,

Estou querendo vos lembrar – sabedores (conhecedores) [vós] de todas as coisas (estando [vós] no estado de saber todas as coisas) – que [o] senhor, uma vez tendo salvado {o} povo da terra do Egito, fez perecer, em seguida, os que não creram,

No *infectum*, temos βούλομαι (*eu quero, desejo*), verbo da oração principal, indicando que o destinatário se encontra na ação de desejar: "{eu} estou no ato de desejar". Como complemento, há o infinitivo aoristo ὑπομνῆσαι (de ὑπομιμνῄσκω: *eu faço lembrar, lembro, advirto*), na função de oração subordinada substantiva objetiva direta reduzida de infinitivo: "estou desejando lembrar". Como o infinitivo é forma nominal e não modo verbal, a função de substantivo não lhe é incomum na sintaxe grega[24] (e mesmo na da Língua Portuguesa!). O aspecto aoristo de ὑπομνῆσαι indica a ação em si de lembrar, é a menção pura do ato, visto como um todo pontual de trazer à memória dos destinatários certo ato.

Por sua natureza verbal transitiva, o infinitivo tem também o seu complemento; neste caso, dois:

a. o pronome pessoal ὑμᾶς (*vos*), no caso acusativo: lembrar--*vos*;
b. a oração subordinada: ὅτι [ὁ] κύριος [...] ἀπώλεσεν (*que* [o] *senhor* [...] *fez perecer*).

A conjunção integrante ὅτι (*que*), que encabeça a oração subordinada, levou a frase a ser construída com verbo na forma finita no indicativo[25] e sujeito no nominativo, ainda que ela seja complemento do verbo ὑπομνῆσαι (*lembrar*). Em português, teríamos objeto indireto para a pessoa e objeto direto para a coisa: "lembrar a alguém alguma coisa". Em grego, porém, quando o verbo exprime duas ações, uma sobre a pessoa e outra sobre a coisa, esta última assume o caso acusativo de relação[26]. É o que Murachco (2007, p. 102) exemplifica com: "διδάσκω τινά τι: *eu ensino algo a alguém* pode ser entendido como *eu ensino alguém em (relação a) alguma coisa*". No caso do versículo em análise, a oração subordinada, ainda que construída sem a morfologia explícita do acusativo, assume a função de complemento do infinitivo, num sentido de "lembrar alguém em relação a alguma coisa", ou seja, "estou desejando lembrar-vos quanto aos que o senhor fez perecer [...]".

Ainda na oração principal, destacamos o aposto explicativo do pronome ὑμᾶς: εἰδότας [ὑμᾶς] πάντα. O particípio εἰδότας (de εἶδον: *vejo, vi*, com forma οἶδα na flexão do indicativo do aspecto *perfectum*: *eu sei* [porque vi]) está naturalmente no acusativo plural em razão de o seu referente "vos" também estar no mesmo caso e número: ὑπομνῆσαι δὲ ὑμᾶς [...]. O seu aspecto *perfectum* nos conduz ao estado de ação concluída: "estando [vós] na condição de saber/sois sabedores/conhecedores", o que põe em destaque a condição dos destinatários como conhecedores dos eventos: eles não podiam, segundo a perspectiva do destinador, alegar desconhecimento a respeito do que ele estava dizendo. Esse fato é talvez indício interno a respeito de quem seriam os possíveis leitores da epístola, já que se alude a evento veterotestamentário já conhecido de antemão, situação essa que se repete em vários momentos no texto.

O verbo principal da oração subordinada "ὅτι [ὁ] κύριος ἅπαξ λαὸν ἐκ γῆς Αἰγύπτου σώσας τὸ δεύτερον τοὺς μὴ πιστεύσαντας ἀπώλεσεν" é ἀπώλεσεν (de ἀπόλλυμι: *eu faço perecer, destruo, arruíno*), no aspecto aoristo. É uma referência a um ato pontualmente realizado no passado, também conhecido pelos destinatários sabedores: "o senhor [...] *destruiu (fez perecer)*".

Com ideia de tempo relativo de anterioridade em relação a ἀπώλεσεν, temos o particípio no aoristo σώσας (de σῴζω: *eu salvo, preservo, ponho ao abrigo*): "*tendo salvado* [...] fez perecer [...]", ou seja, uma ação anterior à outra; o referente-agente de σώσας é o mesmo de ἀπώλεσεν, isto é, [ὁ] κύριος (*[o] senhor*), o que explica estar no nominativo, masculino, singular.

O outro particípio, acompanhado de advérbio de negação (μή) e substantivado pelo artigo τούς, em τοὺς μὴ πιστεύσαντας é complemento objeto direto de ἀπώλεσεν: "[o] senhor fez perecer *os que não tendo crido/ os que não creram*". É notório também que a ideia de sucessão temporal entre a primeira parte [ὁ] κύριος [...] σώσας e a segunda τοὺς μὴ πιστεύσαντας ἀπώλεσεν é marcada por τὸ δεύτερον: "O senhor, tendo salvado [...], *em seguida* (em segundo lugar), fez perecer os que não creram". É interessante notar o uso de ὁ κύριος tanto para Jesus (τὸν μόνον δεσπότην καὶ κύριον ἡμῶν Ἰησοῦν Χριστὸν, *o único soberano e senhor de nós, Jesus Cristo* – v. 4) quanto para YHWH[27], que libertou o povo judeu da escravidão egípcia (v. 5). Certamente essa aproximação não foi por acaso, mas expressa o pensamento cristão do destinador a respeito da divindade de Cristo, de sua importância como *prova* cabal concedida por Deus. A voz passiva de παραδοθείσῃ (*que foi entregue* – v. 3), sem explicitação do agente, é indicador de que o referente-agente é YHWH. É curioso que o termo "senhor" (אֲדֹנָי, *adonai*) no Antigo Testamento é título usual substitutivo para ler o tetragrama hebraico (יהוה), tradição em que os autores do Novo Testamento certamente se inspiraram para fazer referência direta a Cristo.

6

ἀγγέλους τε τοὺς μὴ τηρήσαντας τὴν ἑαυτῶν ἀρχὴν ἀλλὰ ἀπολιπόντας τὸ ἴδιον οἰκητήριον εἰς κρίσιν μεγάλης ἡμέρας δεσμοῖς ἀϊδίοις ὑπὸ ζόφον τετήρεκεν

e {os} *mensageiros (anjos) – os que não guardaram a origem de si mesmos; pelo contrário, que abandonaram a própria habitação – para julgamento de grande dia, com prisões eternas, sob escuridão,* {*o senhor*} *concluiu o ato de guardá-*{los} *(guardou e permanecem guardados).*

Para além da condenação dos que não creram mesmo após terem sido salvos da escravidão (v. 5), o destinador ainda fornece novo exemplo, agora aplicado à desvalorização do que se é. O primeiro grupo, no v. 5, refere-se aos judeus descrentes por ocasião do êxodo hebreu do Egito, evento registrado no Antigo Testamento. O segundo, neste versículo, faz alusão a seres espirituais que não valorizaram o seu *statu quo ante*, cujas peripécias certamente inspiradas na obscura e brevíssima narrativa de Gênesis 6.2 e 4, foram aventadas em *Enoque*, livro apócrifo da literatura escatológica-apocalíptica judaica, às quais o destinador confere legitimidade ao fazer-lhe referências em diversos momentos. Os descrentes, ὁ κύριος – referência a YHWH – destruiu; os mensageiros envilecedores, ele aprisionou sob escuridão para julgamento. Assim, na oração principal, encontramos o indicativo *perfectum* τετήρηκεν (*completou/concluiu o ato de guardar*), cujo sujeito gramatical se encontra no versículo anterior (v. 5): ὁ κύριος. O seu complemento é o acusativo ἀγγέλους: "{o senhor} concluiu o ato de guardar {os} *mensageiros/anjos*". Trata-se de ação completada cujos resultados perduram até o presente da enunciação (do destinador e dos destinatários), ou seja, os mensageiros estavam aprisionados e continuavam nesse estado.

A partir dessa estrutura simples – verbo e complemento –, o versículo passa a descrever ἀγγέλους. Para isso, o destinador se serve do particípio aoristo substantivado (no acusativo, masculino, plural, ou seja, com o mesmo valor sintático de seu referente), negado por advérbio: τοὺς μὴ τηρήσαντας (*os que não tendo guardado/ os que não guardaram*), marcando tempo relativo de anterioridade em relação a τετήρηκεν, verbo da oração principal, o que sugere um efeito de sentido de causa-consequência: "{porque} não guardaram a origem de si mesmos, {o senhor os} guardou completamente em prisões". Τοὺς μὴ τηρήσαντας, como expressão nominal, tem função de aposto explicativo de ἀγγέλους: "mensageiros, *os que não guardaram...*"; na condição de verbo, ele equivale a uma oração subordinada adjetiva, com complemento no acusativo (τὴν...ἀρχὴν) acompanhado de adjunto adnominal no genitivo (ἑαυτῶν): "mensageiros, os que não guardaram *a origem de si mesmos* (τὴν ἑαυτῶν ἀρχὴν)".

Outro particípio nas mesmas condições nominais é ἀπολιπόντας, de ἀπολείπω (*eu deixo, abandono*), no particípio aoristo, acusativo, masculino, plural – características com o mesmo valor sintático de seu referente ἀγγέλους. Sem advérbio de negação, a descrição de ἀγγέλους é agora afirmativa: "que tendo abandonado/ que abandonaram"; mantendo também a sua natureza verbal, ἀπολιπόντας é completado por: τὸ ἴδιον οἰκητήριον (*a própria habitação* – complementos acusativos). Somadas essas características temos:

os que não guardaram a origem de si [τοὺς μὴ τηρήσαντας τὴν ἑαυτῶν ἀρχὴν]
pelo contrário (em vez disso) [ἀλλὰ]

mensageiros/anjos
[ἀγγέλους]

que abandonaram a própria habitação [ἀπολιπόντας τὸ ἴδιον οἰκητήριον]

Chama a nossa atenção os usos do verbo τηρέω (*eu vigio, monto guarda, guardo*). A primeira ocorrência está associada aos "mensageiros/anjos *que não guardaram* (τηρήσαντος) a origem de si mesmos"; a segunda, à condição prisional desses mesmos mensageiros, que κύριος *guardou* (τετήρεκεν) em prisões. O primeiro tem os sentidos de "proteger, preservar, vigiar para defender, zelar por" (que também encontramos no versículo 21); o segundo, por sua vez, porta as ideias de "manter guardado, vigiar para não fugir, aprisionar". No versículo 13, o verbo reaparece para fazer alusão à "escuridão", mas com o sentido de "reservar para, conservar para, manter para". Trata-se de um jogo polissêmico bem interessante construído pela epístola.

As informações que se seguem esclarecem tanto as *condições* da prisão: δεσμοῖς ἀϊδίοις (*com prisões eternas*) ὑπὸ ζόφον (*sob escuridão*), quanto a sua *finalidade*: εἰς κρίσιν μεγάλης ἡμέρας (*para julgamento de grande dia*).

7

ὡς Σόδομα καὶ Γόμορρα καὶ αἱ περὶ αὐτὰς πόλεις τὸν ὅμοιον τρόπον τούτοις ἐκπορνεύσασαι καὶ ἀπελθοῦσαι ὀπίσω σαρκὸς ἑτέρας, πρόκεινται δεῖγμα πυρὸς αἰωνίου δίκην ὑπέχουσαι.

como Sodoma e Gomorra e as cidades em torno delas {que}, *de modo semelhante a esses, tendo-se prostituído e tendo ido atrás de outra carne, foram* {e estão} *colocadas à frente* {como} *exemplo, estando postas sob pena de fogo de tempo--eônico (tempo não mensurável)*[28].

O conector ὡς (*como*), em associação à expressão adverbial τὸν ὅμοιον τρόπον τούτοις (*de modo semelhante a esses* [referência aos *mensageiros/anjos*]), introduz, em outra relação de comparação, um novo exemplo de condenação, a fim de comprovar o *modus faciendi* do "senhor" (κύριος > אֲדֹנָי > יהוה): o castigo dos mensageiros (v. 6) não foi uma situação excepcional; pelo contrário, Sodoma, Gomorra e as cidades circunvizinhas estão postas como δεῖγμα (*modelo, exemplo*) de aplicação de juízo condenatório, ou seja, elas, segundo o destinador, "jazem à {nossa} frente" (πρόκειται, verbo no indicativo *perfectum*, 3ª. pessoa do plural, que indica ato concluído, completo e, no contexto, permanente em relação aos destinatários), isto é, elas estão na condição de completa e permanentemente expostas como exemplos de pena análoga à dos mensageiros/anjos de *Enoque*, ou seja, sob a "pena de fogo de tempo-eônico" (πυρὸς αἰωνίου δίκην). A voz de πρόκειται pode ser média ou passiva; considerando, porém, a relação de comparação que está sendo construída, a passividade da ação é mais adequada: as cidades foram (e continuam) postas à frente por alguém que não é outro senão κύριος (explicitado no v. 5), o mesmo agente condenador tanto de ἀγγέλους (v. 6) quanto de τοὺς μὴ πιστεύσαντας (v. 5)

O verbo da oração principal é πρόκειται e, com tempo passado em relação a ele, encontramos dois particípios aoristos: ἐκπορνεύσασαι (de ἐκπορνεύω: *eu me prostituo*) e ἀπελθοῦσαι (de ἀπῆλθον: *eu vou/fui embora*), que concordam em caso (nominativo), gênero (feminino) e número (plural) com os seus referentes Σόδομα καὶ Γομορρα καὶ αἱ περὶ αὐτὰς πόλεις. Metonimicamente, foram as cidades que realizaram as ações: "que se prostituíram/tendo-se prostituído" (ἐκπορνεύσασαι) e "que foram/tendo ido" (ἀπελθοῦσαι), que são atos em tempo relativo de anterioridade quanto ao de terem sido "colocadas à frente como exemplo". Outro particípio, mas no *infectum*, agora em tempo relativo de simultaneidade quanto a πρόκειται, é ὑπέχουσαι (de ὑπέχω: *tenho sob, ponho sob, submeto*). Encontra-se nas mesmas condições morfológicas (nominativo, feminino, plural), já que tem os mesmos referentes de ἐκπορνεύσασαι e de ἀπελθοῦσαι, isto é, "Sodoma e Gomorra e as cidades em torno delas".

Esquematicamente, os tempos das ações podem assim ser representados:

relação de anterioridade:

Sodoma, Gomorra e as cidades em torno delas [Σόδομα καὶ Γόμορρα καὶ αἱ περὶ αὐτὰς πόλεις]
- tendo se prostituído [ἐκπορνεύσασαι]
- e tendo ido atrás de outra (diferente) carne [καὶ ἀπελθοῦσαι ὀπίσω σαρκὸς ἑτέρας]

oração principal:

foram e estão expostas {como} exemplos [πρόκειται δεῖγμα]

↕

relação de simultaneidade:

estando postas sob punição de fogo de tempo-eônico [πυρὸς αἰωνίου δίκην ὑπέχουσαι]

8

Ὁμοίως μέντοι καὶ οὗτοι ἐνυπνιαζόμενοι σάρκα μὲν μιαίνουσιν κυριότητα δὲ ἀθετοῦσιν δόξας δὲ βλασφημοῦσιν. *De fato, de modo semelhante, também esses ensonhantes*[29] *(que vivem em sonhos), por um lado, vão contaminando* {a} *carne e, por outro lado, vão invalidando (depreciando, desprezando) senhorio (autoridade) e vão difamando boas reputações (glórias).*

O advérbio de modo ὁμοίως (*semelhantemente, igualmente*) introduz novo recurso de comparação (como ὡς – v. 7), que é raciocínio que apela a uma estrutura que aproxima os "alguns humanos" (τινες ἄνθρωποι – v. 4) aos agentes dos três exemplos de condenação e de castigo apresentados nos versículos 5 a 7. A partícula μέντοι (*de fato, certamente*) realça o caráter realístico – segundo o viés do destinador – dos cotejos propostos entre os eventos.

É evidente, todavia, que esse recurso não passa de um argumento que tem apenas aparência de rigor inquestionável, já que as relações referentes às constatações apresentadas como fatos não passam de presunções, de crenças do destinador. Ora, como não se está diante de dados comprováveis, se está, apenas, de fato, no âmbito de ato retórico.

É certo, porém, que não se pode negar a força persuasiva do raciocínio, haja vista que o argumento pode ter tido, como ponto de partida, a adesão dos destinatários às mesmas crenças de que parte Judas, dando-lhe eficácia, portanto. Nessa "pesagem" comparativa que busca definir qualitativamente "alguns homens/seres humanos", o efeito é tanto o de desqualificação pela equivalência de identidades, quanto o de ilustração de aplicação de uma mesma regra (a condenação) aos que agem de modo semelhante.

É destacável também que as similitudes são apenas recuperáveis por aproximação sugestiva e nada mais. Por exemplo, os atos de sonhar e de profanar a carne – argumentos baseados em precedentes, no caso, nos habitantes das cidades punidas com a destruição – referem-se exatamente a quê? Que característica negativa o particípio "ensonhantes" (ἐνυπνιαζόμενοι) estaria atribuindo a "alguns humanos" (τινες ἄνθρωποι – v. 4)? Que condição pecaminosa seria essa de estar "em sonhos"? Seria equivalente a delirar? Por outro lado, seria a "profanação da carne" (σάρκα μὲν μιαίνουσιν – v.8) algo equivalente à "prostituição" (ἐκπορνεύσασαι – v. 7)? E "prostituição" estaria no sentido de sexualidade ou no de idolatria?[30] Noutros termos, ir atrás de "outra carne" (σαρκὸς ἑτέρας – v. 7) seria equivalente a desejar um corpo de mesmo sexo ou a praticar a idolatria? E neste sentido, a que tipo de idolatria estaria o texto se referindo: à idolatria de oferenda literal de carne a ídolos que ainda estaria sendo feita pelos infiltrados ou, figuradamente, às ações consideradas pecaminosas de mesmo nível de prostituição? O fato é que de "alguns humanos" se diz haver profanação da carne (σάρκα μὲν μιαίνουσιν), comparáveis aos habitantes das cidades destruídas, mas sem sabermos os pesos dessa comparação. Se entendermos que o destinador, em sua referência a Gênesis 18 e 19, apresenta como causa condenatória a homossexualidade[31], podemos, então, concluir que os infiltrados sub-repticiamente na comunidade cristã seriam homossexuais e ensinavam esse comportamento? Não há dúvidas de que isso seja improvável.

Plausível, porém, seria entendermos essas referências da epístola como críticas à combinação dos ritos do judaísmo com a crença cristã, o que judeus cristãos (herdeiros dos judaizantes do século I?)[32] e/ou gentios cristãos simpatizantes[33] do judaísmo praticavam e ensinavam às comunidades, contra os quais Paulo já havia fortemente feito, a seu tempo, oposição, em razão de questionarem a salvação unicamente pela "prova" (πίστις), argumentando que a graça estaria vinculada a tradições, a preceitos religiosos da exterioridade ritual do judaísmo[34]. Se assim pudermos entender as referências[35], eles seriam os "sacrílegos que transportam a graça de nosso Deus para a libertinagem e que negam o único soberano e senhor de nós, Jesus Cristo" (v. 4); os que, comparativa e figuradamente, "não creram" (v. 5), como os judeus pós-libertação da escravidão do Egito, e que "não guardaram a origem de si mesmos, mas abandonaram a própria habitação" (v. 6), como os mensageiros; eles seriam semelhantes aos que "se prostituíram" e foram "atrás de outra carne" (v. 7), como os habitantes de Sodoma e Gomorra; e, porque vivem "em sonhos", eles seriam os que "profanam a carne", "invalidam autoridade" e "difamam" (v. 8).

O fato é que as proposições interpretativas (mesmo a nossa) são consequências das muitas indefinições da epístola. A nítida precariedade de dados tem a ver não só com os possíveis questionamentos a que a epístola não responde, mas também com as obscuridades textuais de outras naturezas. Ora, apesar das alusões bem específicas (mas *en passant*) veterotestamentárias e à literatura apócrifa e, ainda, da informação textual de que os leitores eram plenamente "sabedores de todas as coisas" (εἰδότας [ὑμᾶς] πάντα – v. 5), é possível apenas supor os destinatários, e nada mais do que isso. Nenhuma referência exclusiva – seja a uma região, a grupos ou a pessoas – está indicada no texto. Até a expressão introdutória indicadora de destinatários "aos chamados que estão no estado de amados" (v.1) é vasta demais, sem a delimitação esperada, o que contraria a própria condição estrutural do gênero epístola, sobretudo numa situação em que o destinador quer se mostrar gravemente preocupado com uma situação concreta, situada em determinada localidade, envolvendo certa comunidade e certos agentes.

Podemos ainda questionar: a quem o destinador se refere efetivamente ao falar dos que "difamam boas reputações" (δόξας[36])? Como isso ocorria? Seria referência a alguma oposição aos considerados reputáveis líderes cristãos de alguma comunidade, assim como os judeus rebeldes fizeram com Moisés no deserto (v. 5)? Ou "δόξας" se refere às *glórias* de seres não-humanos gloriosos (o texto não oculta a sua crença nesses entes, a partir da legitimação do livro de *Enoque*) aos quais os "alguns humanos" estariam difamando? Se assim for, a quais e como? Seria, ainda, o termo "δόξας" uma referência às *opiniões* (sentido este também abarcado pela mesma palavra)? Que *opiniões*, então, estariam sendo difamadas? De quem seriam elas? O "senhorio" (κυριότητα) em "depreciação/invalidação" seria o de Cristo (v. 4), assim como os "mensageiros/anjos" envileceram o do "senhor" (κύριος > אדֹנִי] > יהוה)? Essas são algumas possíveis questões que estão além de nossa análise linguística, mas que já trazem à tona algumas dimensões frágeis de toda leitura que hoje se faça da epístola.

É nítido que, quanto a "alguns humanos" – objeto de profundas críticas pelo destinador –, nada há de especificador, nem mesmo quanto a gênero masculino ou feminino! Se, por um lado, o texto parece indicar pessoas precisas por sua constante e rica adjetivação, dando-nos a impressão de que se trata de gente conhecida, por outro lado, nada há que as indique com precisão. Que razão há para esse mistério todo em torno dos destinatários e de seus infiltrados sub-repticiamente? Qualquer tentativa de explicação para esse fenômeno não passará de conjecturas, o que é muito comum na literatura produzida sobre a Epístola de Judas! É assim que o texto se constrói sob total vagueza de referências. Argumentar em bases apenas sugestivas diante de um leitor inespecífico, conclamando-o a uma peleja contra "alguns" de modo tão precário é-lhe condição estrutural. Entretanto, como Patzia (1984) sugere em relação à Epístola aos Efésios, seria possível presumir que se trata também de carta circular que o autor pretendia que fosse lida em várias igrejas, explicando, assim, a natureza tão genérica de Judas quanto aos destinatários?[37]

Todavia, é possível ainda irmos muito ir além nas problematizações do texto. Podemos pôr em questão: o que significa efetivamente transportar a graça para a libertinagem (v. 4)? O que se entende por libertinagem? O que se inclui nela especificamente? Ademais, o próprio conceito de "πίστις entregue uma vez aos santos" (v. 3) é depreendido apenas por hipóteses e não por clareza textual, como já pudemos notar, quando defendemos a leitura que fizemos do termo. De todo modo, as interpretações dadas ao longo da história cristã são apenas possibilidades significativas, que nos dão a falsa e/ou a tão precária estabilidade de sentido.

O particípio ἐνυπνιαζόμενοι (*sonhantes, que vivem em sonhos*), de ἐνυπνιάζω, está no nominativo, masculino, plural, concordando morfologicamente com o sujeito οὗτοι (*esses*) dos verbos μιαίνουσιν (de μιαίνω, *sujo, profano, contamino*), ἀθετοῦσιν (de ἀθετέω, *ponho de lado, desrespeito, deprecio, violo, rejeito, invalido*) e βλασφημοῦσιν (de βλασφημέω, *difamo, calunio, maldigo, blasfemo*). Como adjetivo, o particípio assume a função de aposto de οὗτοι (pronome dêitico anafórico que tem como referente τινες ἄνθρωποι do v. 4[38]): "esses, ensonhantes /que vivem em sonhos...".

Por sua natureza verbal, ἐνυπνιαζόμενοι está no *infectum*, indicando ação em continuidade e simultaneidade de ação em relação ao tempo dos verbos principais; está na voz média, indicando que o seu agente, envolvido na ação, não sai do ato verbal: não se diz que "esses sonham *algo*", mas, simplesmente: "esses, que sonham/ que vivem em sonhos...", ação intransitiva; corresponde, em português, a uma oração subordinada adjetiva apositiva. Μιαίνουσιν, ἀθετοῦσιν e βλασφημοῦσιν estão no indicativo *infectum*, 3ª. pessoa do plural, voz ativa: "estão contaminando, estão depreciando, estão difamando" (ações presentes e contínuas), e é em relação a esses três atos que o particípio ἐνυπνιαζόμενοι também se relaciona, com tempo relativo de simultaneidade:

esses {< alguns humanos} [οὗτοι < τινες ἄνθρωποι]
ensonhantes (que vivem em sonhos) [ἐνυπνιαζόμενοι]

→ estão contaminando {a} carne [σάρκα μὲν μιαίνουσιν]
estão depreciando senhorio [κυριότητα δὲ ἀθετοῦσιν]
estão difamando boas reputações (glórias) [δόξας δὲ βλασφημοῦσιν]

No Novo Testamento, além de Judas, ἐνυπνιάζω encontra-se apenas em *Atos dos Apóstolos* 2.17, integrado a uma passagem que cita Joel 3.1-5: "[...] e os mais velhos dentre vós em sonhos sonharão", seja como forma de referência metafórica positiva à esperança (ter ainda sonhos, apesar da idade avançada, indica *projetar futuro*) que até os mais velhos haveriam de ter, seja como ação denotativa de contato humano efetivo com o divino por meio de sonhos (ter visões), cuja possibilidade faz parte de crenças das religiões primitivas. O certo é que *Judas* se serve de sentido metafórico e, de modo diferente de Atos dos Apóstolos, remete negativamente a alguma espécie de ilusão sedutora, de fantasia delirante que conduz à profanação da conduta; entretanto, a clareza de sentido, como se percebe, não é o seu forte.

9

Ὁ δὲ Μιχαὴλ ὁ ἀρχάγγελος, ὅτε τῷ διαβόλῳ διακρινόμενος διελέγετο περὶ τοῦ Μωϋσέως σώματος, οὐκ ἐτόλμησεν κρίσιν ἐπενεγκεῖν βλασφημίας ἀλλὰ εἶπεν· ἐπιτιμήσαι σοι κύριος.

Miguel, o chefe dos mensageiros – quando disputante com o divisor (separador, desuniante, difamador, acusador, diabo), ia discutindo a respeito do corpo de Moisés – não ousou trazer julgamento de blasfêmia (difamação, calúnia), mas disse: {oxalá/ quem dera o} *senhor te punisse (castigasse, condenasse).*

Soa-nos estranhamente o uso de βλασφημία nesse contexto. De fato, "blasfêmia" tem como sinônimos "maldição", "calúnia", "difamação", "injúria", "maledicência", e todo esse conjunto de termos remete ao sentido de afirmações geralmente falsas com o objetivo de detratar alguém/algo: o que blasfemante poderia ter sido dito por Miguel? Se o referente, já de saída, é denominado "διάβολος" (*divisor, difamador, acusador, diabo*) pelo próprio destinador, cujo sentido já de *per si* é depreciativo, o que contra ele poderia ter sido dito de natureza ainda mais insultuosa? Além disso, "blasfêmia" é insulto calunioso contra alguém/algo considerado sagrado, digno de respeito ou de reverência; teria o *diabo* esse *statu quo* para Miguel? Se houver uma aproximação entre "blasfêmia" e "punição", nos vem a seguinte questão: em que sentido o ato de trazer juízo punitivo, positivamente considerado por Miguel se feito por κύριος, seria ato blasfemo se feito pelo arcanjo?

Para além dessas questões, a pretensa disputa pelo corpo de Moisés, fruto de apocalíptica judaica imaginosa, só poderia ter algum efeito argumentativo se os leitores partilhassem a mesma crença, o que reforça ainda mais a identidade judaica (e/ou de desconvertidos do judaísmo) dos possíveis destinatários.

O particípio διακρινόμενος (de διακρίνω, *eu distingo, separo, julgo, examino para decidir, disputo para decidir, hesito, duvido*) concorda com o seu referente Μιχαήλ em gênero (masculino), número (singular) e caso (nominativo), assumindo, assim como ὁ ἀρχάγγελος, a função de aposto:

Miguel [Μιχαήλ] → o chefe dos mensageiros/anjos [ὁ ἀρχάγγελος]
Miguel [Μιχαήλ] → disputante [διακρινόμενος]

Esse particípio marca simultaneidade temporal e ação em continuidade em relação a διελέγετο, de διαλέγω (*eu discuto, converso, debato*), que está na 3ª. pessoa do singular, pretérito imperfeito do indicativo, voz média, *infectum*: "quando/ao mesmo tempo em que era disputante (ὅτε διακρινόμενος)... ia discutindo (διελέγετο)". Em conjunto, essas duas ações, "disputante... discutia", constroem um período subordinado de sentido temporal, com valor de simultaneidade em relação ao verbo ἐτόλμησεν (3ª. pessoa do singular, voz ativa, indicativo, aoristo de τολμάω: *eu ouso, tenho coragem*): "Miguel [...], quando disputante... ia discutindo, não ousou [...]"; o aoristo marca a menção simples do ato, sem continuidade, sem completude. Para διακρινόμενος, na qualidade de adjetivo-verbal, há o complemento nominal τῷ διαβόλῳ: "com o divisor/diabo"; para διελέγετο, há a locução circunstancial de assunto περὶ τοῦ Μωϋσέως σώματος: "a respeito do corpo de Moisés".

O verbo ἐπενεγκεῖν (infinitivo, aoristo, voz ativa de ἐπήνεγκον[39]: *eu trago, aporto*) está na função de complemento verbal: οὐκ ἐτόλμησεν ἐπενεγκεῖν – "não ousou *trazer*" –, na qualidade de simples enunciado de ação trazida à narração. Isso é possível, porque o infinitivo é também uma das formas nominais do verbo (a outra é o particípio), de maneira que ἐπενεγκεῖν é substantivo verbal, indeclinável, neutro, no acusativo singular, complemento de ἐτόλμησεν, ao passo que, como verbo, tem o seu próprio complemento: ἐπενεγκεῖν κρίσιν – "trazer *julgamento*". A palavra βλασφημίας, no genitivo singular, é adjunto adnominal de κρίσιν: "julgamento *de calúnia*".

Produzindo o efeito de recriação da enunciação (como se o destinador a tivesse presenciado), há a delegação de voz ao arcanjo em discurso direto, introduzido por *verbum dicendi* (ἀλλὰ εἶπεν·) – "mas disse: {oxalá/quem dera o} senhor te repreendesse/punisse". A conjunção ἀλλά (*mas, ao contrário*) aponta para a oposição em relação ao enunciado anterior: em vez de pronunciar um julgamento difamatório contra o "divisor" (διάβολος), o arcanjo, opostamente (ἀλλά), expõe um desejo (ainda que não realizável ou próximo da irrealidade), um anseio pela possibilidade do ato, por meio de ἐπιτιμήσαι (verbo, 3ª. pessoa do singular, voz ativa, optativo, aoristo), para cuja tradução nos servimos da interjeição de vivo desejo "oxalá/quem dera", associada ao pretérito imperfeito do subjuntivo da língua portuguesa.

10

Οὗτοι δὲ ὅσα μὲν οὐκ οἴδασιν βλασφημοῦσιν, ὅσα δὲ φυσικῶς ὡς τὰ ἄλογα ζῷα ἐπίστανται, ἐν τούτοις φθείρονται.
Esses, por um lado, vão blasfemando em relação às coisas quantas eles não concluíram o ato de saber; por outro, em relação às coisas quantas {eles}*, por natureza, concluíram o ato de saber, como os animais irracionais vão-se corrompendo (se estragando) em tais coisas.*

O referente do dêitico anafórico οὗτοι é τινες ἄνθρωποι (v. 4): "Esses {= alguns humanos}". Se, por um lado, οὐκ οἴδασιν[40] (3ª. pessoa do plural, indicativo, voz ativa, *perfectum*) remete literalmente à condição de não saber pela condição de não ver (mas é um *ver* que é mais percepção da mente do que visão do olho), então, eles não chegaram a concluir o ato de ver > perceber > conceber na mente e, por isso, "não sabem" (οὐκ οἴδασιν); por outro lado, ἐπίστανται (3ª. pessoa do plural, indicativo, voz média, *perfectum*[41]) remete à condição de saber por conhecimento experiencial, prático: "sabem empiricamente" (ἐπίστανται), por natureza. Embora o verbo que os traduz em português seja o mesmo, em grego possuem cargas semânticas distintas, como acabamos de apontar. Em função do aspecto *perfectum*, ambos indicam noção de estado: "não completaram o ato mentalmente percebido de saber (οὐκ οἴδασιν) > não sabem" e "completaram o ato experiencial de saber (ἐπίστανται) > sabem".

Como se percebe, o versículo é continuação da crítica feroz, servindo-se da figura da analogia. É possível cogitar duas possibilidades de tradução para a parte "b" do versículo 10: *a*. "por outro lado, em relação às coisas quantas {eles} sabem por natureza, vão-se corrompendo nelas como os animais irracionais": esta primeira opção constrói uma analogia entre "alguns humanos" e "os animais irracionais", enfatizando a corrupção dos "esses" segundo os padrões dos animais irracionais: assim como os animais não têm freios da razão para o que cometem – são irracionais –, de mesmo modo fazem "esses", ainda que, contrariamente, saibam, por natureza, como devem agir; ou *b.* "por outro lado, em relação às coisas quantas {eles} sabem por natureza – assim como os animais irracionais {também sabem por natureza} –, vão-se corrompendo nelas": aqui a ideia sugerida é a de que "os animais irracionais" agem segundo aquilo que conhecem "por natureza" (φυσικῶς), enquanto "esses", diferentemente, embora também tenham conhecimento em relação ao que lhes é natural, não agem como deveriam, mas se corrompem.

Os dois verbos no *infectum* βλασφημοῦσιν e φθείρονται (3ª. pessoa do plural, modo indicativo) expressam ações em desenvolvimento: "vão blasfemando, estão no ato de blasfemar"; "vão-se corrompendo, estão no ato de se corromper". Pela voz verbal ativa, βλασφημοῦσιν apenas indica que o sujeito pratica a ação; a voz média de φθείρονται, por sua vez, caracteriza o envolvimento do sujeito no ato verbal que, em português, pode manifestar-se pela reflexibilidade: "corrompem-se" (o sujeito é ativo na voz média, mas ele não sai do ato verbal – a ação praticada pelo sujeito recai sobre ele mesmo).

O jogo de aspectos verbais é claro: se, por um lado, οἴδασιν e ἐπίστανται remetem a estados de *saber* do sujeito οὗτοι, por outro lado, βλασφημοῦσιν e φθείρονται remetem a ações inacabadas, em que cabem as ideias de hábito, iteração, frequência do mesmo referente no momento da enunciação do destinador. Os "esses" estão no ato de blasfemar (*infectum*) contra aquilo que completamente não sabem (*perfectum*) e vão-se corrompendo (*infectum*) mesmo já tendo completado o ato de saber empiricamente (*perfectum*) o que lhes é natural.

A conexão com o versículo anterior está no fato de que, enquanto nem mesmo Μιχαὴλ (v. 9), o arcanjo, teria ousado pronunciar blasfêmias de julgamento contra ὁ διάβολος, os τινες ἄνθρωποι (v. 4), por sua vez, o fazem contra aquilo/aqueles que desconhecem (v. 8); e mais, corrompem-se conscientemente quanto ao que empírica e naturalmente sabem, agindo como animais sem raciocínio. Algumas questões advêm naturalmente: corrompem-se por suas ações fora da razão, agindo como se fossem animais irracionais, apesar de, por natureza, empiricamente conhecerem como agir (e do que concretamente se está falando, não sabemos)? Ou se corrompem quanto a algo mais ligado a seus instintos naturais (φυσικῶς), como a prostituição, assim como os animais irracionais se corrompem? Observe-se que os elementos concretos dessa comparação (que a tornaria clara) não estão apresentados no texto.

As partículas pospositivas enclíticas μὲν... δὲ... estabelecem o paralelismo dos dois segmentos colocados no mesmo plano, em uma relação equivalente a: "de um lado... de outro lado...".

O pronome relativo ὅσα (de ὅσος, η, ον – *quanto*) presente nas expressões paralelas ὅσα μὲν... ὅσα δὲ... está no acusativo, neutro, plural; por se tratar de um acusativo de relação, não completa verbo transitivo, de modo que o traduzimos como "em relação às coisas quantas".

A expressão neutra locativa ἐν τούτοις (*em tais coisas*) está ligada a ὅσα δὲ φυσικῶς (*por outro lado, em relação às coisas quantas por natureza*), mas o texto também não nos esclarece a que esses termos concreta e especificamente se referem.

11

Οὐαὶ αὐτοῖς, ὅτι τῇ ὁδῷ τοῦ Κάϊν ἐπορεύθησαν καὶ τῇ πλάνῃ τοῦ Βαλαὰμ μισθοῦ ἐξεχύθησαν καὶ τῇ ἀντιλογίᾳ τοῦ Κόρε ἀπώλοντο.

Ai para eles, porque pelo caminho de Caim andaram, e pelo erro do prêmio (remuneração) de Balaão deixaram-se com-

pletamente cair (derramaram-se, precipitaram-se), e pela contestação (contradição) de Coré pereceram completamente.

O versículo 11 inicia-se com a interjeição de lamento οὐαί (*ai!*), numa clara expressão de sofrimento, de tristeza, de infortúnio, não do destinador que enuncia, mas por este atribuído hipoteticamente aos, segundo ele, malditosos οὗτοι (*esses* {= alguns humanos}): οὐαὶ αὐτοῖς (*ai para eles!* > *ai deles!*). A conjunção ὅτι introduz a causa da calamidade: "porque pelo caminho de Caim andaram". Trata-se de comparação advinda da intertextualidade com Gênesis 4, que narra o fratricídio de Abel. O destinador não explicita a história nem as razões do assassinato, certamente porque o destinatário as conhecia, o que reforça a sua identificação com judeus cristãos e/ou com simpatizantes do judaísmo.

É provável que a aproximação entre οὗτοι e Κάϊν esteja sendo feita em função das motivações interiores preexistentes de cada um e não das práticas em si resultantes delas em cada caso. Tendo em vista que Caim agiu por desejos pessoais obscuros para a apresentação de sua oferta a Deus e, por inveja (e ódio a Abel e a Deus por sua rejeição), para a eliminação de seu irmão, é possível que Judas esteja associando essas características aos tais "alguns humanos". O "ai para eles" advém da crença de que, se Deus tanto recusou a oferta de Caim por suas motivações, quanto o castigou por seu ato criminoso, de modo similar Deus também não deixará os "esses" impunes. Como se percebe, entretanto, mesmo que os dados sejam apresentados como constatações, as relações que se pretende estabelecer entre eles são constituídas por mera pretensão subjetiva do destinador. E, de fato, não há nem mesmo clareza quanto à aproximação dos dados, seus limites, seus componentes. O que há é uma simples afirmação: "pelo caminho de Caim andaram", sem mais desenvolvimentos, sem evolução do pensamento que possa dar pistas seguras do que efetivamente se pretende avizinhar.

Outra expressão de mesmo porte é τῇ πλάνῃ τοῦ Βαλαὰμ μισθοῦ ἐξεχύθησαν (*pelo erro do prêmio de Balaão deixaram-se cair*). É uma nova aproximação, também em linguagem metafórica, a partir de mais uma história veterotestamentária (Números 22 a 24). Trata-se de referência a uma figura misteriosa, a um vidente gentio (o homem "de olhos abertos" – segundo ele mesmo se autodenomina, Números 24.3) chamado Balaão, que mantinha ofício de profeta de YHWH. Números 22 e 23 apresentam, sem ressalvas, constantes diálogos que ele mantinha com o Deus dos judeus, revelando franco acesso à divindade; no capítulo 24, versículo 2, diz-se que o Espírito de Deus veio sobre ele para profetizar. Além das referências veterotestamentárias, o texto de 2 Pedro 2.15-16 também o chama profeta, embora, como faz Judas, claramente o considere como exemplo a ser rejeitado.

Apesar de ter recebido oferta de recompensa para amaldiçoar os israelitas, Balaão não o faz. De início, o rei moabita Balaque manda uma comitiva especial para chamá-lo e oferecer-lhe "preços de encantamentos" (Números 22.7), mas após consulta a Deus, o vidente recebe a orientação para não os acompanhar e para não atender o seu pedido (v. 12). Nova tentativa é realizada; agora, porém, com comitiva ainda mais honrada e com preço maior: "grandemente te honrarei" – *v.*17; Balaão faz nova consulta a Deus que muda a sua ordem: "[...] levanta-te, vai com eles; todavia, farás o que eu te disser" (v. 20).

Nesse processo de negociação entre ele e as comitivas reais, é interessante a produção de nítida contradição narrativa, com a inserção de eventos ficcionais: ora, de início, o próprio Deus lhe havia dito para acompanhar os enviados moabitas (v. 20), mas, em seguida, após ele ter partido para se encontrar com Balaque, surge a informação: "e a ira de Deus acendeu-se, porque ele se ia" (v. 22), ou seja, inexplicavelmente procura impedi-lo por meio de um anjo, sem nenhuma emenda à sua própria ordem do versículo 20, como se, de repente, tivesse sido descoberta alguma intenção de Balaão, contrária ao que o divino lhe daria para dizer, o que, porém, não tem suporte textual, já que, em momento algum, ele parece pronto para amaldiçoar o povo.

Possivelmente o autor (ou um redator posterior?) introduz essa situação para dar azo à construção de realidade fantasiosa que intercala a narrativa principal: aparece um anjo em posição de guerra – espada à mão –, que, de início, se põe à frente da jumenta que carrega o vidente (bizarramente, o animal é o único que, de imediato, o vê!), a qual, espancada por Balaão, sem causar estranhamentos ou sobressaltos (seja ao próprio Balaão, seja a seus dois servos, seja à comitiva de Balaque, que, por sinal, desaparecem totalmente da narração nesse momento), passa a dialogar com ele, nitidamente como em uma fábula. "Abertos" os seus olhos, o profeta vê o anjo, que lhe diz: "Eis que eu saí para ser teu adversário, porquanto o teu caminho é perverso diante de mim" (v. 32) e "se ela (a jumenta) não se desviasse de diante de mim, na verdade que eu agora te haveria matado" (v. 33). O fato é que Balaão havia recebido autorização (erro seu de interpretação?) e assume o seu erro não intencional: "Então Balaão disse ao anjo do Senhor: Pequei, porque não sabia que estavas neste caminho para te opores a mim; e agora, se parece mal aos teus olhos, voltarei" (v. 34).

Após esse recheado mítico-religioso que cria ambiente fabuloso (sonho? visão? delírio? êxtase? ou, num viés mais psicológico, uma tentativa de representar simbolicamente algum estado subjetivo conflituoso do adivinho? ou, ainda talvez, uma indicação de que as autorizações divinas dadas – antes e depois desses eventos intercalados – não passaram de uma falsa voz divina, [mas, se era uma farsa religiosa, por que a ordem continuou pró-israelitas? por que impactou Balaão a ponto de não aceitar o suborno? e, mais, por que tanta preocupação em torno dos augúrios de um pseudo-profeta?]), a ordem de ir a Balaque, já outrora dada, é – pasme-se – repetida no v. 35 (tornando sem sentido a atividade de impedimento – com risco de morte a Balaão – pretendida pelo anjo, embora 2 Pedro 2.15-16 entenda que tenha sido o diálogo com o animal que mudou a insensatez do profeta, para o que não há em Números comprovação textual), fazendo a narrativa retomar o seu rumo, deixando os contraditórios elementos intercalados com a função de produzir um efeito narrativo sem muita clareza.

Poder-se-ia entender que Balaão, ao receber as propostas de Balaque, consultou a Deus uma segunda vez quanto ao que dizer à nova comitiva moabita, o que seria uma suposta indicação de que, interiormente inconstante, ele já estava propenso a aceitar as recompensas moabitas em detrimento ao que YHWH já lhe havia ordenado a fazer: não ir a Balaque, não amaldiçoar Israel. Deus já lhe havia dado as orientações e não havia nada mais a consultar. Essa leitura é até interpretativamente mais atraente, mas tem contra ela o fato de que o texto não lhe dá suporte e que o próprio Deus altera a sua ordem primeira quanto a não ir com os enviados do rei. Não poderia também ter mudado de ideia quanto à maldição? Se no v. 12 está claramente dito: "Não irás com eles, nem amaldiçoarás a este povo, porquanto é bendito", no v.20, o grau de certeza já não é o mesmo (pelo menos, para Balaão): "levanta-te, vai com eles; todavia, farás o que eu te disser", tanto quanto no v.35: "Vai-te com estes homens; mas somente a palavra que eu falar a ti, esta falarás". Disso se pode deduzir que Balaão não conhecia antecipadamente o que haveria de dizer, senão após ter chegado efetivamente aos lugares de onde proclamaria a bênção (ou a maldição!).

Inicialmente, foi à região dos "altos a Baal"; depois de oferecer sacrifícios, ele se aparta de Balaque para se encontrar com o Senhor (YHWH) em um lugar alto – Números 22.41–23.1-3. Retorna e apenas transmite bênçãos a respeito de Israel. O rei, insatisfeito, leva-o, então, ao cume de Pisga, de onde os israelitas poderiam novamente ser vistos. Novos sacrifícios são realizados e Balaão sai ao encontro do Senhor. A resposta divina foi clara: "Eis que recebi mandado de abençoar; pois ele tem abençoado, e eu não o posso revogar" (23.20). À insistência de Balaque, ele diz: "Não te falei eu, dizendo: Tudo o que o Senhor falar isso farei?" (v. 26). Vão, então, ao cume Peor: "porventura bem parecerá aos olhos de Deus que dali mo amaldiçoes" (v. 27). Novos altares e novos sacrifícios. Dessa vez, porém, o profeta não sai à busca de resposta, pois que ele já havia compreendido que "bem parecia aos olhos do Senhor que abençoasse a Israel" (24.1). A partir disso, "veio sobre ele o Espírito de Deus" (v. 2) e, vendo o acampamento dos israelitas, profere, pela terceira vez, bênçãos e anuncia a destruição que Israel futuramente provocará a diversos povos.

Na narrativa, é nítido que, em nenhum momento, Balaão renunciou ao que havia recebido para dizer, apesar de toda a insistência e profundo descontentamento de Balaque. A grande recompensa que o aguardava foi, de fato, recusada. Ora, se ele não sabia exata e previamente o que dizer e se havia recebido, por duas vezes autorização divina para ir até Balaque (contrariamente à primeira ordem), que indicação há de que ele já estava propenso às vantagens financeiras por consultar a Deus quanto ao que dizer? Talvez a única forma de lhe atribuir o erro da "remuneração de injustiça" (μισθὸν ἀδικίας – segundo Pedro), ou o do "erro da remuneração" (τῇ πλάνῃ... μισθοῦ – segundo Judas) seja por meio do fato de ter feito ele mais de uma consulta, esperando talvez que, por seu interesse particular, de repente, Deus pudesse mudar de ideia (como já havia acontecido). Como se vê, contudo, trata-se de uma interpretação tênue dos acontecimentos, cuja comprovação depende de conhecimento prévio dos aspectos psicológicos, éticos, motivacionais do filho de Beor, os quais certamente não estavam à disposição do escritor de Números e muito menos de Pedro e de Judas.

Entretanto se, por um lado, esse aspecto não é tão evidente e fiável, por outro lado, o erro que pode ser imputado a Balaão é ainda maior se considerarmos que ele ensinou os moabitas a como provocar a ira de Deus contra os israelitas (Números 31.16), ou seja, a dar a estes o acesso às mulheres de Moabe para que, consequentemente, fossem por elas levados à prostituição, a sacrifícios e rituais idólatras (Números 25.1-3). Certamente os seus conselhos dados a Balaque lhe renderam grandes recompensas e podem, de fato, nos indicar o seu verdadeiro erro e injustiça (Apocalipse 2.14 fala sobre a "doutrina de Balaão"). Ao fim, ele acabou sendo morto pelo exército de Israel, assim como parte dos moabitas, seu rei e príncipes (Números 31.1-8).

Como se percebe, Judas faz uma alusão concentrada a esses eventos que, provavelmente conhecidos por seus destinatários, deveriam remeter as consciências de seus leitores aos resultados catastróficos. Contudo, a aproximação que ele pretende fazer entre os "esses" e Balaão não é, de fato, evidente. Estariam os "alguns humanos" fazendo atividades prejudiciais a alguma comunidade cristã em troca de benefícios do governo? Estariam eles incitando os cristãos à prostituição e à idolatria? Textualmente, não se sabe. Embora não seja possível identificar com clareza o alcance do que se pretende dizer, Apocalipse 2.14 (nitidamente baseado em Números 31.16) afirma que algo estava acontecendo na comunidade de Pérgamo que lembrava as atitudes de Balaão, mas a que exatamente a crítica se refere nesse contexto também é, a nós leitores modernos, obscuro.

O terceiro personagem a que Judas faz referência é Coré: καὶ τῇ ἀντιλογίᾳ τοῦ Κόρε (*e pela contestação de Coré*). A ênfase se dá sobre a rebelião que Coré (pertencente à linhagem levítica, responsável pela administração de tudo que envolvia o tabernáculo sagrado) – com Datã e Abirão – liderou contra o poder político de Moisés e sacerdotal de Arão[42]. Segundo o livro de Números, somando as pessoas diretamente envolvidas (em torno de 250) com as que posteriormente se revoltaram com o castigo impingido a Coré e aos seus, morreram quase 15.000 pessoas. De acordo com o relato veterotestamentário, o agente dessas mortes todas foi o próprio YHWH, por meio da abertura da terra que os engoliu e também por praga. *Judas* relembra o castigo dizendo: ἀπώλοντο (*pereceram completamente*).

Os verbos ἐπορεύθησαν, ἐξεχύθησαν e ἀπώλοντο (no indicativo, 3ª. pessoa do plural, voz média[43], aoristo) vêm, respectivamente, de πορεύω (*eu ando, vou*), ἐκχέω (*eu derramo, deixo cair, verto, despejo*) e ἀπόλλυμι (*eu pereço, morro*). Como temos afirmado, por estarem no aoristo, trata-se de ações não delimitadas, não qualificadas, sem marca de duração; são referências a ações pontuais trazidas à memória (enumeração de atos isolados que pontuam o fio narrativo) por meio de proposições enunciativas que, por estarem todas no modo indicativo, portam afirmações a respeito de realidades nitidamente vistas subjetivamente (ainda que em tom de certeza, de objetividade), ou seja, são declarações pontuais a partir do ponto de vista do destinador a respeito de realidades que ele pretende que sejam aceitas à sua maneira. Por estarem todos os verbos na voz média, eles indicam que o sujeito "esses" é ativo e permanece envolvido nas ações, todas semanticamente intransitivas: "andaram" (ἐπορεύθησαν), "deixaram-se cair/precipitaram-se" (ἐξεχύθησαν), "pereceram" (ἀπώλοντο).

Para mais um ponto linguístico, gostaríamos de chamar a atenção. Os verbos ἐξεχύθησαν e ἀπώλοντο são formas compostas por preposição-advérbio e raiz verbal. De fato, todas as preposições gregas são antigos advérbios com significado de base espacial, concreto ou abstrato; são palavras invariáveis de significado espacial que, por metáfora, passaram a ser associadas à noção de tempo. Trata-se de unidades autônomas, semanticamente independentes, de tal modo que, mesmo acopladas a verbos, por exemplo, a sua significação não é esvaziada; na verdade, a significação final é produto da somatória dos significados próprios de cada uma das duas partes[44]: a partir de ἐκ (*de dentro para fora*, em sentido denotativo ou conotativo) mais a forma verbal, temos ἐκ-χέω (*eu despejo de dentro para fora> derramo*; na voz média: *derramo-me, precipito-me*); a partir de ἀπό (*a partir de, que vem de, que se afasta de, desde, de*) mais a forma verbal, temos ἀπ-όλλυμι (*eu faço perecer a partir de> destruo, arruíno;* na voz média: *pereço, destruo-me, arruíno-me*). Por denominação formal e descritivista, as gramáticas chamam esses advérbios de preposições (= posicionadas antes) e, mais recentemente, prevérbios (= antes de verbos), meramente em razão de sua localização.

Além desses sentidos, chama a nossa atenção ainda outros que desses advérbios também advêm, com significados fundidos ao do verbo[45]. De ἐκ-, além do sentido próprio de "de dentro para fora", há ainda as ideias de: *a.* início abrupto da ação, como em ἐκγελάω (*irrompo em gargalhada, caio na risada*); *b.* acabamento, esgotamento da ação, como em ἐκπίνω (*eu bebo até o fim)*, ἐκμανθάνω (*eu aprendo completamente*), ἐκπονέω (*eu executo, completo o trabalho*) etc. Por sua vez, além da ideia de afastamento, de separação, a preposição-advérbio ἀπό pode ainda ser vista com as ideias de: *a.* renúncia, demissão, desistência do ato verbal, como em ἀπολαμβάνω (*eu afasto, abandono, perco*), ἀποτυγχάνω (*eu não consigo, não atinjo, erro o alvo*), ἀπολέγω (*eu renuncio, recuso*) etc.; *b*. esgotamento do ato verbal desde o ponto de partida, como em ἀποκτείνω (*eu mato completamente, esgoto o ato de matar*), ἀποθνῄσκω (*eu morro completamente*), ἀποδείκυμι (*eu mostro completamente*), ἀπαιτέω (*eu peço até o fim, exijo*) etc. Interessam-nos o sentido "b" dessas preposições-advérbios – o de *esgotamento do ato verbal* – de modo que traduzimos ἐξεχύθησαν como "deixaram-se cair/precipitaram-se completamente" e ἀπώλοντο como "pereceram/arruinaram-se completamente", que são sentidos possíveis aos verbos e ao contexto.

Pelo aspecto verbal, os verbos fazem referência a ações que não estão efetivamente acontecendo no momento da enunciação, mas que ocorreram em algum ponto do passado (por isso, o uso do pretérito perfeito em português) e, nesse sentido, o aoristo assume a noção de passado relativo por estar enquadrado em processo narrativo. Em termos argumentativos válidos para a epístola, a ideia fundamental é a da analogia. Assim como Caim, Balaão e Coré foram todos, cada um a seu tempo, castigados exemplarmente, assim também os "esses" serão.

Em acréscimos insistentes, para além de todas as demais comparações negativas anteriores, Judas insere os "esses" tanto entre os que "andaram *pelo caminho* de Caim", quanto entre os que "se deixaram cair *pelo erro* do prêmio de Balaão" e entre os que "pereceram *pela contradição* de Coré" (entendendo as formas τῇ ὁδῷ, τῇ πλάνῃ e τῇ ἀντιλογίᾳ com sentido de *modo/maneira*, que é próprio ao caso grego instrumental em que se encontram esses termos).

12

Οὗτοί εἰσιν οἱ ἐν ταῖς ἀγάπαις ὑμῶν σπιλάδες συνευωχούμενοι ἀφόβως, ἑαυτοὺς ποιμαίνοντες, νεφέλαι ἄνυδροι ὑπὸ ἀνέμων παραφερόμεναι, δένδρα φθινοπωρινὰ ἄκαρπα δὶς ἀποθανόντα ἐκριζωθέντα.

Esses são os escolhos nos ágapes[46] *de vós, que se vão regalando sem temor (ousadamente, atrevidamente), que vão pastoreando a si mesmos, nuvens sem água que sob o efeito de (por) ventos vão sendo levadas, árvores de outono sem frutos, que duas vezes morreram completamente, que foram arrancadas pela raiz.*

O pronome anafórico οὗτοι (*esses*), que abre o versículo 12, é nova referência a τινες ἄνθρωποι do versículo 4. Os particípios συνευωχούμενοι (de συνευωχέομαι, *eu me regalo, faço festa, banqueteio-me junto com*) e ποιμαίνοντες (de ποιμαίνω, *eu pastoreio*) são novas qualificações a seu referente: "esses {alguns humanos} que estão se regalando, que vão se pastoreando...". Ambos os particípios estão no nominativo, masculino, plural, morfologicamente concordando com οὗτοι. Quanto à natureza verbal, no *infectum* (ação em continuidade, em progresso), enquanto συνευωχούμενοι está na voz média (indicando que o referente, envolvido na ação, não sai do ato verbal; é ato intransitivo) e modificado pelo advérbio de modo ἀφόβως (*sem temor, ousadamente, atrevidamente*), ποιμαίνοντες, na voz ativa, recebe a ideia de reflexividade do pronome ἑαυτούς (*se mesmos*) que tem a função de objeto direto (o que justifica estar no caso acusativo). Os dois particípios equivalem em português a adjuntos adnominais formados por orações adjetivas:

esses [οὗτοί] → que se vão regalando atrevidamente [συνευωχούμενοι ἀφόβως]
→ que vão pastoreando a si mesmos [ἑαυτοὺς ποιμαίνοντες]

Ou por simples adjetivos:

esses [οὗτοί] → regalantes atrevidos [συνευωχούμενοι ἀφόβως]
→ pastoreantes de si mesmos [ἑαυτοὺς ποιμαίνοντες]

Metaforicamente, esses "rochedos, escolhos" (σπιλάδες) à flor da água são armadilhas que oferecem perigos à "navegação" da comunidade, já que estão inseridos nas refeições conjuntas realizadas pelos cristãos: "nos ágapes de vós" (ἐν ταῖς ἀγάπαις ὑμῶν), o que certamente provocava "naufrágios" espirituais. Ou seja, trata-se de pessoas inseridas na comunidade, infiltradas nela, participantes dos momentos mais íntimos de comunhão.

De fato, uma série substancial de predicativos metafóricos – simples e oracionais – são atribuídos ao sujeito gramatical:

esses [οὗτοί] {
regalantes atrevidos [συνευωχούμενοι ἀφόβως]
pastoreantes de si mesmos [ἑαυτοὺς ποιμαίνοντες]
nuvens [νεφέλαι]
árvores [δένδρα]

O substantivo νεφέλαι, com valor de predicativo do sujeito, está acompanhado de adjuntos adnominais constituídos de adjetivo simples e de oração adjetiva:

nuvens [νεφέλαι] {
sem água [ἄνυδροι]
que sob o efeito de ventos vão sendo levadas [ὑπὸ ἀνέμων παραφερόμεναι]

O particípio παραφερόμεναι (*que vão sendo levadas*) está no *infectum* e na voz passiva; está no nominativo, feminino, plural, concordando com νεφέλαι, tanto quanto o adjetivo simples ἄνυδροι. A expressão ὑπὸ ἀνέμων é o agente da ação de παραφερόμεναι sobre νεφέλαι: "nuvens que vão sendo levadas *por ventos*". A expressão formada por ὑπό + genitivo (ὑπὸ ἀνέμων, *sob o efeito de/por ventos*) é a estrutura grega canônica para construir o agente da passiva. Nessa condição,

> o sujeito não domina, não exerce, não desencadeia o ato verbal; ele não é ativo, não é o agente; ele é passivo, paciente, receptor, inerte. [...] O ato verbal é desencadeado *fora, distante* do sujeito, por um agente, sob a ação de uma força externa e recai sobre o sujeito, que é o centro, o assunto da oração, que *recebe, aceita, sofre* o ato verbal. O grego tem consciência desse *espaço imaginário* percorrido pelo ato verbal, desde o ponto em que foi desencadeado *sob o efeito de* – ὑπό – dessa força, desse agente: genitivo espacial (lugar de onde). (Murachco, 2007, p. 107).

Judas poderia ter-se servido também do caso instrumental: ἀνέμῳ παραφερόμεναι (*que vão sendo levadas pelo vento*), mas o sentido seria outro. Observe-se, contudo, que, em português, a tradução seria exatamente a mesma, de modo que o sentido na língua-alvo fica incerto. De fato, o instrumental é comum nas construções com seres não dotados de vontade própria, como é o caso de "ventos"[47]. Todavia, se, em certas condições, é possível que um ser dotado de vontade seja posto em situação de instrumento (como um soldado que obedece cegamente a seu comandante, um mero instrumento), assim também um ser sem vontade própria poderia, excepcionalmente, ser alçado, em sentido metafórico, ao *status* de agente dotado de vontade. É o que ocorre em *Judas* 12, ainda que metaforicamente. Teria essa escolha sintática uma intenção semântica? Assim como "nuvens secas" é qualidade de "esses alguns humanos", seriam os "ventos" uma referência também figurada a doutrinas/procedimentos/comportamentos estranhos às crenças comuns ao destinador e aos destinatários?

O substantivo δένδρα, também com valor de predicativo do sujeito, está acompanhado de adjuntos adnominais constituídos de adjetivos simples e de orações adjetivas:

árvores [δένδρα] {
- de outono, outonais [φθινοπωρινά]
- sem frutos, infrutíferas [ἄκαρπα]
- que morreram duas vezes completamente[δὶς ἀποθανόντα]
- que foram inteiramente arrancadas pela raiz [ἐκριζωθέντα]

Tanto as formas adjetivas simples (φθινοπωρινά e ἄκαρπα) quanto os particípios (ἀποθανόντα e ἐκριζωθέντα) estão no nominativo, neutro, plural, concordando com o seu referente δένδρα. Dos quatro adjuntos, dois são particípios aoristos, um na voz ativa: ἀποθανόντα (de ἀποθνήσκω, *eu morro completamente*) e outro na voz passiva: ἐκριζωθέντα (de ἐκριζόω, *eu desenraízo, arranco pela raiz, extirpo*).

Ambos os particípios são compostos por preposição-advérbio que intensifica os sentidos das raízes verbais. No caso de ἀποθανόντα, de ἀπό+θαν, como comentamos no versículo 11, além da ideia de afastamento, de separação, ἀπό porta ainda a noção de esgotamento do ato verbal desde o ponto de partida, o que explica a nossa tradução de ἀποθανόντα por "que morreram completamente".

O mesmo fenômeno ocorre com ἐκ, que também constrói a ideia de acabamento, esgotamento da ação, como em ἐκριζωθέντα (de ἐκ+ριζόω): "que foram arrancadas até o fim, pela raiz". É nítido que o autor se serve de predicativos de sentidos metafóricos para representar οὗτοι negativamente.

13

κύματα ἄγρια θαλάσσης ἐπαφρίζοντα τὰς ἑαυτῶν αἰσχύνας, αστέρες πλανῆται οἷς ὁ ζοφος τοῦ σκότους εἰς αἰῶνα τετήρηται.

{são} *ondas selvagens de mar, que vão espumejando intensamente as vergonhas de si mesmas; astros errantes (vagantes) para os quais a escuridão da treva foi* {e permanece} *guardada para tempo-eônico (não-mensurável).*

O versículo 13 é, em tom raivoso, continuação da série de predicativos metafóricos pejorativos atribuídos a οὗτοι. O verbo *ser* (εἰσιν) presente no versículo 12 continua subentendido nas demais descrições. Desse modo, esses "alguns seres humanos" são "ondas" (κύματα) e "astros" (ἀστέρες). Os dois predicativos do sujeito estão acompanhados de adjuntos adnominais simples ou de orações adjetivas:

ondas [κύματα] <
- selvagens/bravias/turbulentas de mar [ἄγρια θαλάσσης]
- que vão espumejando intensamente as vergonhas de si mesmas [ἐπαφρίζοντα τὰς ἑαυτῶν αἰσχύνας]

O particípio ἐπαφρίζοντα (de ἐπαφρίζω, *espumo sobre*) está no nominativo, neutro, plural, concordando morfologicamente com κύματα. No *infectum* e na voz ativa, o particípio refere-se a uma ação em continuidade feita por seu referente; o advérbio-preposição ἐπί em composição com a forma verbal φρίζω, porta a ideia de acréscimo, de força a mais, é intensificação da ação: "vão espumejando intensamente".

O segundo predicativo do sujeito é ἀστέρες (astros), ao qual se acrescenta o adjunto adnominal πλανῆται (vagantes/errantes). A esses astros que vagam errantemente lhes está destinada a escuridão no tempo-eônico (εἰς αἰῶνα). O verbo τετήρηται está na 3ª. pessoa do singular, concordando com o sujeito ὁ ζόφος (*a escuridão*); está na voz passiva e no aspecto *perfectum* que indica ação concluída, resultado de um ato que terminou, estado cujos resultados perduram até o presente da enunciação: a "esses", que são "astros vagantes" – sem rumo certo – "foi completado o ato de ser guardado {e ainda permanecer guardado} o negrume da treva para (para dentro de, por) tempo-eônico".

14

Προεφήτευσεν δὲ καὶ τούτοις ἕβδομος ἀπὸ Ἀδὰμ Ἑνὼχ λέγων· ἰδοὺ ἦλθεν κύριος ἐν ἁγίαις μυριάσιν αὐτοῦ
Profetizou também a esses o sétimo a partir de Adão, Enoque, dizendo (dizente): Vê (eis aqui), o senhor chegou no meio das santas miríades dele

Judas toma como argumento de autoridade uma citação atribuída a Enoque, considerado o "sétimo a partir de Adão", descendente de Sete, na genealogia do livro de Gênesis, o qual teria sido transladado por Deus sem passar pela morte (Gênesis 5.24).

Os verbos no aoristo προεφήτευσεν (de προφητεύω, *eu digo antes, faço presságio, profetizo*) e ἦλθεν (de ἦλθον, *eu vim, cheguei*; verbo que só tem aoristo, associado pelos dicionários a ἔρχομαι), apenas indicam uma mera menção de fatos, uma lembrança de atos, mesmo quando um deles apenas seja em potência (ἦλθεν), respectivamente a respeito dos sujeitos Ἑνὼχ e κύριος. O modo indicativo em que estão porta a noção de afirmação subjetiva tanto em *Judas*, que associa os efeitos da citação a οὗτοι, quanto em *Enoque*, que faz presságios de uma majestosa chegada do Messias em glória; são pontos de vista particulares. O verbo que introduz a citação direta é λέγων (de λέγω, *eu digo*, no particípio *infectum* que concorda com Ἑνὼχ: masculino, nominativo, singular), é *verbum dicendi*.

O pronome τούτοις (*a esses*) é complemento no dativo (atribuição) de προεφήτευσεν, pelo qual Judas interliga os eventos de sua época aos profetizados por Enoque, isto é, Enoque fala também aos τινες ἄνθρωποι (v.4). O antigo advérbio καὶ, em seu sentido forte "também", reforça essa ideia: καὶ τούτοις: "também a esses". Como a vinda do Messias em toda a sua glória ainda não ocorreu, as profecias de Enoque atingem todas as gerações até o evento.

O termo κύριος (*senhor*), no livro apócrifo, é referência direta a YHWH. Como já dissemos, o termo "senhor" (אֲדֹנָי, *adonai*), na cultura do povo judeu, é título usual substitutivo para ler o tetragrama hebraico (יהוה), tradição em que os autores do Novo Testamento certamente se inspiraram para fazer referência direta a Cristo.

A forma ἰδοὺ (*vê*) é imperativo médio de 2ª. pessoa de εἶδον (*eu vi*), outro verbo que só tem aoristo, cujo uso se petrificou com sentido de advérbio que aponta para algo ou alguém próximo daquele que enuncia: "eis! eis aqui! aqui está!"

O substantivo feminino μυριάσιν (locativo plural de μυριάς, άδος, ἡ) significa literalmente "dez mil, a miríade". Entretanto, no universo simbólico judaico, é referência ao incontável, à quantidade imensa e indeterminada. Considerando o adjetivo feminino ἁγίαις, "santas" – (locativo plural de ἅγιος, α, ον) -, que qualifica μυριάσιν, é possível apreender de que se fala de seres que não pertencem ao mundo natural conhecido, entre os quais, segundo Enoque, chegará YHWH.

15

ποιῆσαι κρίσιν κατὰ πάντων καὶ ἐλέγξαι πᾶσαν ψυχὴν περὶ πάντων τῶν ἔργων ἀσεβείας αὐτῶν ὧν ἠσέβησαν καὶ περὶ πάντων τῶν σκληρῶν ὧν ἐλάλησαν κατ᾽αὐτοῦ ἁμαρτωλοὶ ἀσεβεῖς.

{para} *executar julgamento contra todos e* {para} *culpar (acusar, reprovar) toda alma quanto a todas as obras de impiedade deles que impiamente cometeram e quanto a todas as coisas duras que ímpios pecadores tagarelaram contra ele.*

O versículo 15, ainda sob o tom de ameaça condenatória, revela os eventos que sucederão à chegada gloriosa de κύριος:

- executar julgamento contra todos [ποιῆσαι κρίσιν κατὰ πάντων];
- culpar toda alma quanto a todas as obras de impiedade deles que impiamente cometeram e quanto a todas as coisas duras que ímpios pecadores tagarelaram contra ele

> [ἐλέγξαι πᾶσαν ψυχὴν περὶ πάντων τῶν ἔργων ἀσεβείας αὐτῶν ὧν ἠσέβησαν καὶ περὶ πάντων τῶν σκληρῶν ὧν ἐλάλησαν κατ᾽αὐτοῦ ἁμαρτωλοὶ ἀσεβεῖς].

Nessas duas situações, os verbos no infinitivo aoristo ποιῆσαι (de ποιέω, *eu faço, executo*) e ἐλέγξαι (de ἐλέγχω, *eu acuso, culpo, censuro*), como formas nominais, estão no caso acusativo, com ideia de finalidade, consequência, destinação da ação: "a fim de executar, culpar". Embora dispensada em grego, em português é preciso servir-se, sobretudo, da preposição *para* ou de uma locução prepositiva como *a fim de*. Nessa condição nominal, ambos são complementos do verbo ἦλθεν (v. 14): "o senhor chegou {para/ a fim de} executar... e {para/ a fim de} culpar/reprovar...". Em sua natureza verbal, porém, ambos têm complemento direto: "executar *julgamento*" (ποιῆσαι κρίσιν), "culpar *toda alma*" (ἐλέγξαι πᾶσαν ψυχήν); esses complementos, κρίσιν e πᾶσαν ψυχήν, estão naturalmente no caso acusativo. O termo κρίσιν é seguido por complemento nominal: κατὰ πάντων (*contra todos*); o verbo ἐλέγξαι, além do complemento direto πᾶσαν ψυχήν, possui também dois adjuntos adverbiais introduzidos por περί seguido de genitivo, interligados pela conjunção καί:

culpar/reprovar toda alma [ἐλέγξαι πᾶσαν ψυχήν]
→ a respeito de/quanto a/em relação a/acerca de todas as obras de impiedade deles que impiamente cometeram [περὶ πάντων τῶν ἔργων ἀσεβείας αὐτῶν ὧν ἠσέβησαν]
e [καὶ]
→ a respeito de/quanto a/em relação a/acerca de todas as duras coisas que ímpios pecadores tagarelaram contra ele [περὶ πάντων τῶν σκληρῶν ὧν ἐλάλησαν κατ᾽αὐτοῦ ἁμαρτωλοὶ ἀσεβεῖς]

Como é possível notar no interior do primeiro adjunto adverbial, há uma oração adjetiva, introduzida pelo pronome relativo ὧν (*que*), cujo referente, no caso genitivo, é πάντων τῶν ἔργων ἀσεβείας αὐτῶν na oração: τῶν ἔργων ἀσεβείας αὐτῶν ὧν ἠσέβησαν... *(das obras de impiedade deles que impiamente cometeram...)*. O verbo ἠσέβησαν (de ἀσεβέω, *eu profano, cometo impiedade*) está na 3ª. pessoa do plural, indicativo aoristo, voz ativa, com agente implícito: eles – αὐτοί.

Paralelamente, o mesmo fenômeno encontra-se no segundo adjunto adverbial. Também introduzido pelo pronome relativo ὧν (*que*), cujo referente, também no caso genitivo, é πάντων τῶν σκληρῶν na oração: πάντων τῶν σκληρῶν ὧν ἐλάλησαν (*de todas as coisas duras que tagarelaram...*). O verbo, nas mesmas condições de ἠσέβησαν, é ἐλάλησαν (de λαλέω, *eu tagarelo, digo*), com as diferenças de que o seu sujeito gramatical está explícito: ἁμαρτωλοὶ ἀσεβεῖς (*ímpios pecadores*) e de que um adjunto adverbial de contrariedade o acompanha: κατ᾽αὐτοῦ (*contra ele*), cujo referente é κύριος (*senhor*) do versículo 14. Ambos os adjuntos adverbiais insistem em ações censuradas, de maneira que os seus agentes serão julgados e considerados culpados na vinda gloriosa do senhor.

16

Οὗτοί εἰσιν γογγυσταὶ μεμψίμοιροι κατὰ τὰς ἐπιθυμίας ἑαυτῶν πορευόμενοι, καὶ τὸ στόμα αὐτῶν λαλεῖ ὑπέρογκα, θαυμάζοντες πρόσωπα ὠφελείας χάριν.

Esses são murmuradores, queixosos da sorte, andantes segundo as ardentes paixões de si mesmos; e a boca deles vai tagarelando coisas desmesuradamente inchadas, manifestando admiração de rostos graças à vantagem (ao lucro).

Como nos versículos 8, 10 e 12, é o pronome dêitico anafórico οὗτοι (*esses*) que abre o texto. A referência é sempre a τινες ἄνθρωποι (*alguns humanos*, v.4), para os quais surge uma nova lista de atribuições pejorativas, introduzidas por εἰσιν (*são*), verbo que só tem *infectum* e que indica "a entrada e permanência no ato ou no estado" (Murachco, 2007, p. 407):

• murmuradores [γογγυσταί]

- queixosos da sorte [μεμψίμοιροι]
- andantes/ que vão andando segundo as ardentes paixões de si mesmos [κατὰ τὰς ἐπιθυμίας ἑαυτῶν πορευόμενοι]

Duas qualificações são dadas por meio dos adjetivos γογγυσταί e μεμψίμοιροι, e uma por meio do particípio πορευόμενοι, que é forma nominal adjetiva. Todas, porém, concordam com o seu referente οὗτοι, já que estão no masculino, nominativo, plural. A diferença é que para πορευόμενοι (de πορεύομαι, *eu vou, passo, ando*), por sua natureza também verbal, há ainda o adjunto adverbial: "segundo as ardentes paixões de si mesmos" (κατὰ τὰς ἐπιθυμίας ἑαυτῶν); o seu aspecto *infectum* dá a πορευόμενοι a ideia de ação em continuidade: "andantes, que estão andando". No interior na expressão, a presença de ἐπί na composição de ἐπιθυμίας intensifica o sentido, o que justifica a nossa tradução "ardentes paixões" que, sendo de si mesmos (ἑαυτῶν), apontam a cobiça, a ambição, a avidez de οὗτοι.

No período καὶ τὸ στόμα αὐτῶν λαλεῖ ὑπέρογκα (*e a boca deles vai falando coisas além do volume*), destacamos o indicativo *infectum* de λαλεῖ (de λαλέω, eu *tagarelo, digo*), que traduzimos como "vai tagarelando" para dar-lhe a ideia de continuidade. O adjetivo ὑπέρογκα (substantivado, na função de complemento objeto direto) está no neutro (o que justifica a nossa tradução que se serve do termo "coisa"), composto por ὑπέρ (preposição) + ὄγκος (substantivo). Assim, à ideia de "massa, tumor, inchaço" (ὄγκος) é associada a de *além, acima de* (περί), intensificando o sentido: "coisas inchadas acima da medida; coisas muito grossas, desmesuradas", o que, em linguagem figurada, pode estar fazendo referência ao modo arrogante e jactancioso de οὗτοι contra κύριος, ou à forma como eles se serviam da bajulação dos ricos como indica a parte final do versículo: "admiradores de rostos graças ao lucro" (θαυμάζοντες πρόσωπα ὠφελείας χάριν). O particípio *infectum* θαυμάζοντες (de θαυμάζω, *eu me espanto, admiro*), como adjetivo, está no nominativo, masculino, plural, pois é característica direta de οὗτοι; como verbo, possui πρόσωπα na condição de complemento objeto direto no acusativo plural e ὠφελείας χάριν (*graças ao lucro, à vantagem*) como locução adverbial de causa.

17

ὑμεῖς δέ, ἀγαπητοί, μνήσθητε τῶν ῥημάτων τῶν προειρημένων ὑπὸ τῶν ἀποστόλων τοῦ κυρίου ἡμῶν Ἰησοῦ Χριστοῦ
Vós, porém, amados, lembrai{-vos} *das palavras que foram previamente* {e estão} *ditas pelos apóstolos do senhor de nós Jesus Cristo,*

O destinador volta a dirigir-se diretamente ao grupo chamado "vós" (ὑμεῖς), apresentado no versículo 1 como os "chamados que estão no estado de amados em Deus pai e que estão no estado de guardados em Jesus Cristo" e nada mais, sem nomes, sem região, sem determinação específica de público. Aqui, quebrando a longa descrição de οὗτοί, os destinatários são retomados por pronome pessoal e por aposto: ὑμεῖς δέ, ἀγαπητοί: "vós, amados". A partícula δὲ reforça essa ideia de oposição, de contraste, de ruptura de referente textual.

O versículo 17 abre espaço às palavras "dos apóstolos do senhor Jesus Cristo" (τῶν ἀποστόλων τοῦ κυρίου...Ἰησοῦ Χριστοῦ). Até então, a mensagem se fundamentava em referências veterotestamentárias e em textos correntes à época, posteriormente considerados apócrifos. Chama a nossa atenção o fato de que Judas não se serve de προφητεύω (*eu digo antes, faço presságio, profetizo*) para se referir às palavras apostólicas, como fez ao referir-se aos presságios de Enoque; para ele, eram prenúncios, palavras ditas anteriormente, que tinham cumprimento naquele momento, naquela situação. Adjetivando τῶν ῥημάτων, a epístola usa προειρημένων (de προεῖρω, *eu digo antes, prenuncio*), que é um particípio no neutro, genitivo, plural (concordando com o gênero, número e caso de ῥημάτων [de ῥῆμα: *palavra dita*]), que está na voz passiva: "que foram previamente ditas". O aspecto *perfectum* dá a προειρημένων a condição de estado: "das palavras que foram previamente {e estão} ditas".

Para trazer à memória de seus leitores tais palavras (a distância temporal sugerida entre a enunciação do destinador e as palavras apostólicas preditas sugere que os apóstolos não estavam mais vivos e, portanto, a epístola não teria sido escrita no primeiro século, nem tampouco por Judas, irmão de Jesus; o verbo ἔλεγον, no versículo 18, reforça essa sugestão), o destinador se serve do verbo μνήσθητε (de μιμνήσκω, *eu trago à memória, lembro*) que, no imperativo, estabelece, não necessariamente uma ordem, mas um diálogo com os destinatários; mas não só: *lembrai* é também uma maneira pela qual o enunciador imprime a sua vontade, visão e intenção. Nesse sentido, o imperativo "passa ao receptor uma realidade vista à maneira pela qual ele quer que o receptor a aceite" (Murachco, 2007, p. 244), esperando conduzi-lo a seus objetivos. O modo imperativo não possui tempo absoluto, mas simplesmente a categoria aspecto; por estar no aoristo, μνήσθητε porta a noção do ato em si, da menção do fato, indicando a recomendação genérica, afirmativa e total.

18

ὅτι ἔλεγον ὑμῖν· [ὅτι] ἐπ᾽ἐσχάτου [τοῦ] χρόνου ἔσονται ἐμπαῖκται κατὰ τὰς ἑαυτῶν ἐπιθυμίας πορευόμενοι τῶν ἀσεβειῶν.
que diziam para vós [que], no fim [do] tempo-mensurável (tempo crônico), haverá zombadores que, segundo as próprias ardentes paixões das coisas ímpias, vão andando.

A que exatamente se refere o advérbio-preposição "πρό-" (*antes, na frente de, diante de, previamente*) na expressão "τῶν ῥημάτων τῶν προειρημένων" (*das palavras que foram previamente ditas* – v.17) nos é revelado no versículo 18. Segundo o destinador, essas *palavras* já tinham sido dirigidas pelos apóstolos a seus destinatários: ὅτι ἔλεγον ὑμῖν (*que* [os apóstolos] *diziam para vós*); provavelmente na forma epistolar, se o texto de Judas não for do 1º. século. O pretérito imperfeito em que está ἔλεγον (de λέγω, *eu digo, falo, afirmo*) é tempo externo passado; por seu aspecto ser naturalmente o *infectum*, o verbo aponta para uma ação durativa no passado, sem que haja continuidade no momento da enunciação: "diziam, iam dizendo". O modo indicativo, associado ao aspecto e ao tempo, refere-se a uma afirmação de um ato iterativo, em continuidade no passado, com duração temporal externa incerta, isto é, a uma ação que ainda estava em desenvolvimento, iniciada e terminada em algum ponto do passado sem extensão no presente.

Chama a nossa atenção a expressão ἐπ᾽ἐσχάτου [τοῦ] χρόνου (*no fim [do] tempo*) em que χρόνος (*o tempo móvel e mensurável, crônico*) faz nítida oposição a αἰωνίου (v. 7) e αἰῶνα (v. 13) (de αἰών, *o tempo-eônico, o tempo não-mensurável, o tempo-sempre*). Enquanto χρόνος foi aplicado ao momento histórico em que viviam os interlocutores da epístola, αἰών e seus derivados referiram-se a ações fora do tempo mensurável.

Fundamentado em discursos apostólicos proferidos no passado, o destinador se serve do substantivo ἐμπαῖκται (*zombadores, escarnecedores*, de ἐμπαίκτης) e da oração com valor de adjetivo: κατὰ τὰς ἑαυτῶν ἐπιθυμίας πορευόμενοι τῶν ἀσεβειῶν (*que, de acordo com as próprias ardentes paixões das coisas ímpias, vão andando*). A quem *Judas* cita? Ainda que não de forma *ipsis litteris*, encontramos a mesma ideia, com termos semelhantes, em 2 Pedro 3.3:

> τοῦτο πρῶτον γινώσκοντες ὅτι ἐλεύσονται ἐπ᾽ἐσχάτων τῶν ἡμερῶν [ἐν] ἐμπαιγμονῇ ἐμπαῖκται[48] κατὰ τὰς ἰδίας ἐπιθυμίας αὐτῶν πορευόμενοι
> Isso primeiramente conhecendo que virão, no fim dos dias, [em] zombaria, zombadores que andam segundo as próprias ardentes paixões deles.

No interior da oração adjetiva κατὰ τὰς ἑαυτῶν ἐπιθυμίας πορευόμενοι τῶν ἀσεβειῶν, encontramos o particípio πορευόμενοι (de πορεύομαι, *eu vou, ando*), no nominativo, masculino, plural, concordando com o seu referente ἐμπαῖκται (*zombadores, escarnecedores*), a quem qualifica; no *infectum*, por sua natureza verbal, ele indica uma ação continuada: "que vão andando/ que estão andando" e está modificado pela locução adverbial de conformidade: κατὰ τὰς ἑαυτῶν ἐπιθυμίας τῶν ἀσεβειῶν (*segundo/de acordo com as próprias ardentes paixões das coisas ímpias*). Desse modo, as palavras apostólicas ratificam o que foi dito no versículo 16.

19

Οὗτοί εἰσιν οἱ ἀποδιορίζοντες, ψυχικοί, πνεῦμα μὴ ἔχοντες.
Esses são os que estão provocando divisões, viventes de alma natural (sensoriais), que não têm espírito.

Temos visto que a epístola porta uma longa descrição, com séries de substantivos, adjetivos, orações adjetivas, verbos e orações adverbiais que revelam características que o destinador condena em οὗτοι. É uma epístola condenatória. Essa insistência é técnica de desvalorização pela ênfase, que busca guiar os destinatários na direção daquilo que Judas quer fazer depreciar. É recurso que soma dados a favor de uma mesma ideia, que os põe em evidência a fim de atingir a mente e a sensibilidade por meio da produção de intimidade que os leitores passam a ter com o ponto de vista que se quer fazer adotar.

No versículo 19, esse processo é encerrado com nova série de manifestações de expressa reprovação. A partir do referente οὗτοι (*esses*), novos predicativos do sujeito são introduzidos pelo verbo εἰσιν (*são*):

- os que estão provocando divisões [οἱ ἀποδιορίζοντες]
- viventes de alma natural / sensoriais [ψυχικοί]

- que não têm espírito [πνεῦμα μὴ ἔχοντες]

O particípio ἀποδιορίζοντες (de ἀποδιορίζω, *eu delimito, separo, divido*) está substantivado pelo artigo οἱ (*os*). O referente é οὗτοι, o que justifica a sua morfologia: nominativo, masculino, plural. O aspecto *infectum* lhe dá o tempo interno de ação em continuidade: "os que vão provocando divisões".

Nas mesmas condições, mas sem artigo, temos ἔχοντες (de ἔχω, *eu tenho*). Por sua natureza verbal, está precedido de advérbio de negação μή (*não*) e de complemento objeto direto πνεῦμα (*espírito*) que está no acusativo, neutro, singular: "não tendo espírito", "que não têm espírito", "que existem sem ter espírito". O que isso significa? Sem dizê-lo, é provável que *Judas* esteja fazendo oposição entre ψυχή e πνεῦμα, ao estilo paulino: se, por um lado, οὗτοι possuem e vivem pela ψυχή (daí, eles são ψυχικοί), por outro lado, não têm πνεῦμα. Noutros termos, eles vivem sob a força da sensorialidade instintiva, animal, carnal, natural, não tendo ligação alguma com as coisas espirituais, não são πνευματικοί e, por isso, não as compreendem:

> ὁ δὲ πνευματικὸς ἀνακρίνει [τὰ] πάντα, αὐτὸς δὲ ὑπ᾽οὐδενὸς ἀνακρίνεται.
> o pneumático discerne todas as coisas, mas ele por ninguém é discernido. (1 Coríntios 2.15)

Essa distinção provavelmente é a mesma que se encontra em Tiago 3.15: ἡ σοφία... ψυχική, *a sabedoria natural* em oposição à que vem *de cima*: ἄνωθεν, entendendo este advérbio como referência à dimensão espiritual.

20

ὑμεῖς δέ, ἀγαπητοί, ἐποικοδομοῦντες ἑαυτοὺς τῇ ἁγιωτάτῃ ὑμῶν πίστει, ἐν πνεύματι ἁγίῳ προσευχόμενοι

Vós, porém, amados, que vão edificando (edificantes) a vós mesmos sobre a vossa prova santíssima, que vão orando (orantes) em espírito santo,

Após a sua nova parte acusativa contra οὗτοι / τινες ἄνθρωποι, Judas se dedica, agora, nos versículos 20 a 23, a dar orientações a seus destinatários (ὑμεῖς, *vós*), que lhe são ἀγαπητοί (*amados*). A estrutura de abertura deste versículo repete a do 17.

Como adjetivos que predicam ὑμεῖς, encontramos os particípios ἐποικοδομοῦντες e προσευχόμενοι, ambos no nominativo, masculino, plural, concordando com o seu referente:

vós [ὑμεῖς] → que vão edificando / edificantes [ἐποικοδομοῦντες]
vós [ὑμεῖς] → que vão orando / orantes [προσευχόμενοι]

O complemento de ἐποικοδομοῦντες (de ἐποιδοκομέω, *eu construo sobre, edifico*) é ἑαυτούς (pronome reflexivo no acusativo, masculino, plural: *a si mesmos*), que faz recair a ação do particípio sobre o agente ὑμεῖς: "edificantes a vós mesmos".

Entendemos que o destinador mantém aquele mesmo sentido que defendemos no v.3 para πίστει. Se no v.3, a ideia é a de "estardes lutando com intensidade sobre aquela que, uma única vez, foi entregue aos santos: a prova", no v. 20, é a de que os destinatários estão "edificando a vós mesmos sobre a prova santíssima de vós" (ἐποικοδομοῦντες ἑαυτοὺς τῇ ἁγιωτάτῃ ὑμῶν πίστει). Aqui temos um novo exemplo de duplo complemento, um para o verbo e outro para o advérbio-preposição: ἑαυτοὺς é complemento no acusativo plural do verbo οἰδοκομέω, e τῇ ἁγιωτάτῃ ὑμῶν πίστει é o do advérbio-preposição ἐπί.

O particípio προσευχόμενοι está na voz média e é intransitivo. Acompanha-o o adjunto adverbial de lugar ἐν πνεύματι ἁγίῳ. Cabe ressaltar que o espírito santo não é um modo de orar, como poderia sugerir a expressão "orar em espírito", mas é um lugar em que se ora. A preposição ἐν (*em*) enfatiza bem a noção espacial. Algumas traduções entendem ἐν πνεύματι ἁγίῳ como referência ao Espírito Santo; sigo, porém, a interpretação textual natural de que a oração deve ser feita em espírito santo. Se os destinatários, em oposição aos infiltrados, têm "espírito" (πνεῦμα), que a oração deles ocorra em um espírito santo: "orantes em um espírito santo".

21

ἑαυτοὺς ἐν ἀγάπῃ θεοῦ τηρήσατε προσδεχόμενοι τὸ ἔλεος τοῦ κυρίου ἡμῶν Ἰησοῦ Χριστοῦ εἰς ζωὴν αἰώνιον.

a vós mesmos, em amor de Deus, guardai, recebentes (enquanto ides recebendo) a misericórdia (piedade, compaixão) do senhor de nós, Jesus Cristo, para vida de tempo-eônico (de tempo não-mensurável),

22

καὶ οὓς μὲν ἐλεᾶτε διακρινομένους,

e aos duvidantes/que causam separações (que estão duvidando/disputando, que estão em dúvida/em disputa), entrai {e permanecei} *no ato de tratar com misericórdia (piedade, compaixão);*

23

οὓς δὲ σῴζετε ἐκ πυρὸς ἁρπάζοντες, οὓς δὲ ἐλεᾶτε ἐν φόβῳ μισοῦντες καὶ τὸν ἀπὸ τῆς σαρκὸς ἐσπιλωμένον χιτῶνα.

a uns, puxantes com força (puxando com força) de dentro de fogo, entrai {e permanecei} *no ato de estar preservando (salvando); a outros, em temor, entrai* {e permanecei} *no ato de estar tendo misericórdia (piedade, compaixão), odiantes (odiando) até a túnica que foi* {e que está} *no estado de manchada a partir da carne.*

A partir do v. 21, além dos particípios, Judas se serve também das formas verbais no modo imperativo. Como já dissemos, esse modo não é necessariamente uma ordem, mas o estabelecimento de um diálogo direto com os destinatários, um modo persuasivo de imprimir – sem dizer "eu", mas com forte presença – a vontade, a visão e a intenção do destinador. De fato, o uso desse modo verbal é recurso que favorece e intensifica o efeito de presença, em razão da relação pessoal implicada. No v.21, temos τηρήσατε (de τηρέω, *eu guardo, monto guarda, vigio*), no aspecto aoristo, que é exortação genérica, afirmativa, que aspira à atualização imediata da ação de "guardar", no sentido de "proteger, preservar, vigiar para defender, zelar por". O complemento direto de τηρήσατε é ἑαυτούς (pronome reflexivo no acusativo, masculino, plural: *a si mesmos*) que faz recair a ação do verbo sobre o agente ὑμεῖς: "guardai a vós mesmos".

Quando o imperativo está no *infectum*, a ênfase e o efeito de presença do destinador é ainda maior: é a situação de ἐλεᾶτε (v. 22 e 23) e σῴζετε (v. 23). O desejo enfático do destinador é ainda mais veemente, pois se manifesta de modo insistente: quer que os destinatários sejam persuadidos a agir de certa maneira e que permaneçam na ação. De maneira ingressivo-durativa (própria do *infectum*), Judas expressa a sua aspiração, o seu profundo rogo e súplica e, talvez, a ordem que implica uso de força de significativa pressão *éthica*[49] sobre os destinatários. O fato é que a implicação pessoal é inegável, o que concorre para a formação de alto grau de sentimento de presença, já que o modo e o aspecto verbal situam as ações no início imediato e na sua permanente atualização. Essas escolhas morfossintáticas não são por acaso; de fato, o destinador deseja que os seus leitores deem início às ações e que nelas permanecem continuamente; quer que, sem demora, eles entrem nas ações e mantenham-se nelas em progressão permanente:

- v. 22 e 23 – ἐλεᾶτε (de ἐλεέω, *eu tenho piedade*): entrai (e permanecei) no ato de estar tendo piedade. O sujeito é ὑμεῖς (*vós*, v.20); os seus complementos estão no acusativo plural: οὓς...διακρινομένους (v. 22) e οὓς (v. 23);
- v. 23 – σῴζετε (de σῴζω, *ponho ao abrigo, preservo, salvo*): entrai (e permanecei) no ato de estar salvando. O sujeito é ὑμεῖς (v. 20); o seu complemento no acusativo plural é o pronome relativo οὓς, e o seu adjunto adverbial é ἐν φόβῳ.

Quanto aos particípios, temos quatro no *infectum*: προσδεχόμενοι (v. 21, de προσδέχομαι, *eu admito, aceito, recebo*), διακρινομένους (v.22, de διακρίνω, *eu distingo, separo, julgo, examino para decidir, disputo para decidir, hesito, duvido*), ἁρπάζοντες (v. 23, de ἁρπάζω, *eu roubo, pilho, devasto, puxo com força, arrebato*) e μισοῦντες (v.23, de μισέω, *eu odeio, detesto, tenho horror de*); e um no *perfectum*: ἐσπιλωμένον (v. 23, de σπιλόω, *eu mancho, sujo*):

Examinemos cada um deles:

- προσδεχόμενοι (v. 21)

Como adjetivo, está no nominativo, masculino, plural, concordando com o seu referente ὑμεῖς (*vós*) explicitado no v.20: vós, "que estais recebendo, recebentes...". Como verbo, no *infectum*, marca a ideia de tempo relativo de simultaneidade e progressividade da ação em relação ao verbo principal: τηρήσατε προσδεχομενοι (*guardai, ao mesmo tempo em que/enquanto estais recebendo*); tem complemento objeto direto no acusativo neutro singular: τὸ ἔλεος (*a piedade, a misericórdia*), que é seguido de adjunto adnominal: τοῦ κυρίου ἡμῶν (*do senhor de nós*).

- διακρινομένους (v. 22)

Como adjetivo, está no acusativo, masculino, plural, concordando com o seu referente οὓς (*que*): os "que estão em dúvida, que duvidam, duvidantes". Como verbo, a relação de tempo relativo de simultaneidade e progressividade do aspecto *infectum* se dá com ἐλεᾶτε: (*entrai no ato de tratar com misericórdia os que estão ao mesmo tempo duvidando*), do qual tanto οὓς quanto διακρινομένους são complementos.

- ἁρπάζοντες (v. 23)

Como adjetivo, está no nominativo, masculino, plural, concordando com o seu referente ὑμεῖς (*vós*, v.20): vós "que estais puxando com força, puxantes com força, puxando com força". Como verbo, a relação de tempo relativo de simultaneidade e progressividade do aspecto *infectum* se dá com σῴζετε: (*entrai no ato de estar salvando ao mesmo tempo em que/enquanto estais puxando com força*). O seu complemento no acusativo plural é o pronome relativo οὓς (*que*). O ato de "puxar com força" deve-se dar em razão do lugar em que οὓς se encontram; a ideia é de agir com coragem e sem hesitação para extraí-los ἐκ πυρός: "de dentro para fora do fogo".

- μισοῦντες (v. 23)

Como adjetivo, está no nominativo, masculino, plural, concordando com o seu referente ὑμεῖς (*vós*, v. 20), vós "que estais odiando, odiantes". Como verbo, a relação de tempo relativo de simultaneidade e progressividade do aspecto *infectum* se dá com σῴζετε: (*entrai no ato de estar salvando ao mesmo tempo em que/enquanto estais odiando*). O seu complemento no acusativo é τὸν ἀπὸ τῆς σαρκὸς ἐσπιλωμένον χιτῶνα (*a túnica que está manchada a partir da carne*). Nesse período, destacamos também o sentido de καί em μισοῦντες καὶ τὸν ἀπὸ τῆς σαρκὸς ἐσπιλωμένον χιτῶνα: não está na função de conjunção aditiva "e", que reflete a horizontalidade de dois termos no mesmo plano, mas sim com significado de conectivo forte, de antigo advérbio: "mesmo, até": "odiantes até a túnica".

- ἐσπιλωμένον (v. 23)

No interior do complemento de μισοῦντες, isto é, τὸν ἀπὸ τῆς σαρκὸς ἐσπιλωμένον χιτῶνα, encontramos o particípio *perfectum* ἐσπιλωμένον, que tem a função de adjetivar τὸν χιτῶνα (de χιτών, *a túnica, a veste*), o que justifica a sua morfologia: acusativo, singular, masculino. Como já dissemos, esse aspecto atribui aos modos verbais e às formas nominais (infinitivo e particípio) um tempo interno com significado de acabamento, de estado presente. Nessas condições, ἐσπιλωμένον, como verbo na voz passiva, enfatiza essas características: túnica "que foi e está no estado de manchada". A expressão ἀπὸ τῆς σαρκός indica negativamente a origem da mancha: "a partir da carne/ que vem da carne". Novamente o texto dá destaque às obras da carne que sobressaíam na vida dos infiltrados, sem explicitar o que exatamente faziam.

24

Τῷ δὲ δυναμένῳ φυλάξαι ὑμᾶς ἀπταίστους καὶ στῆσαι
κατενώπιον τῆς δόξης αὐτοῦ ἀμώμους ἐν ἀγαλλιάσει,
Ao que está na condição de poder guardar-vos sem tombos
e de pôr{-vos} *em pé diante da glória dele, não-manchados,*
em excedida alegria;

O particípio δυναμένῳ (de δύναμαι, *eu posso, estou em estado de poder*) está no dativo, masculino, singular, atribuindo a Deus (v.25) a qualidade a que se refere. No *perfectum*[50], indica o estado poderoso de θεός no ato de guardar: "ao que está na condição de poder guardar-vos sem tombos" (τῷ δὲ δυναμένῳ φυλάξαι ὑμᾶς ἀπταίστους). O verbo φυλάξαι (de φυλάσσω, *eu vigio, guardo, monto guarda*) está no infinitivo aoristo e na voz ativa, fazendo, portanto, menção da ação de θεός no ato de "guardar", já que ele "está na condição de poder" fazê-lo. Como complemento de δυναμένῳ, φυλάξαι (por sua natureza nominal) está no acusativo, neutro.

Por sua vez, por sua natureza verbal, tem o seu próprio complemento objeto direto: φυλάξαι ὑμᾶς (*guardar-vos*), que é seguido do predicativo do objeto ἀπταίστους (*sem tombos*), no masculino, acusativo, plural, que qualifica ὑμᾶς.

Deus não só está na condição de poder "guardar", mas também na de "pôr em pé" (στῆσαι, de ἵστημι, *eu ponho em pé*). Nas mesmas condições morfológicas e sintáticas de φυλάξαι, στῆσαι porta a ideia pura do ato verbal, é um enunciado da ação em sua condição absoluta, não delimitada. Sem a necessidade de repetição, o pronome complemento objeto ὑμᾶς (*vos*) fica subentendido: "pôr{-vos} em pé"; o predicativo do objeto direto é ἀμώμους (*não-manchados*), no acusativo, masculino, plural, que qualifica ὑμᾶς. A στῆσαι segue-se ainda as locuções adverbiais de lugar: κατενώπιον τῆς δόξης (*diante da glória dele*) e ἐν ἀγαλλιάσει (*em excedida alegria*).

Assim, temos:

ao que está na condição de poder [τῷ δὲ δυναμένῳ]
→ *guardar-vos sem tombos* [φυλάξαι ὑμᾶς ἀπταίστους]
→ *pôr*{-vos} *em pé, não-manchados* [στῆσαι {ὑμᾶς} ἀμώμους]
→ *diante da glória dele* [κατενώπιον τῆς δόξης]
em excedida alegria [ἐν ἀγαλλιάσει]

25

μόνῳ θεῷ σωτῆρι ἡμῶν διὰ Ἰησοῦ Χριστοῦ τοῦ κυρίου ἡμῶν δόξα μεγαλωσύνη κράτος καὶ ἐξουσία πρὸ παντὸς τοῦ αἰῶνος καὶ νῦν καὶ εἰς πάντας τοὺς αἰῶνας, ἀμήν.

ao Deus único, salvador de nós por meio de Jesus Cristo, o senhor de nós, glória, grandeza, dominação e autoridade, antes de todo tempo-eônico (tempo não-mensurável), e agora, e por todos os tempos-eônicos (os tempos não-mensuráveis), amém.

De fato, os versículos 24 e 25 fecham a epístola com dizeres de glorificação (doxologia) a Deus Pai. No v. 25, isso é mais específico: "glória" (δόξα), "grandeza" (μεγαλωσύνη), "domínio" (κράτος) e "autoridade" (ἐξουσία) são atributos reconhecidos no "Deus único" (μόνῳ θεῷ), "salvador de nós" (σωτῆρι ἡμῶν) "por intermédio de Jesus Cristo, o senhor de nós" (διὰ Ἰησοῦ Χριστοῦ τοῦ κυρίου ἡμῶν), os quais lhe pertencem ainda mesmo "antes" (πρό) "de todo tempo-eônico" (παντὸς τοῦ αἰῶνος), e no "agora" (νῦν) da enunciação do destinador a seus destinatários (e em cada atualização de leitura), e também "por todos os tempos-eônicos" (εἰς πάντας τοὺς αἰῶνας), isto é, no tempo-sempre antes, e no agora (tempo crônico), e no tempo-sempre depois. Juntamo-nos à voz do destinador e, provavelmente, dos destinatários, dizendo: *Amém* (ἀμήν)

Referências

Arens, E.

Ásia Menor nos tempos de Paulo, Lucas e João. Aspectos sociais e econômicos para a compreensão do Novo Testamento. Tradução de João Rezende Costa. São Paulo: Paulus, 1997.

Aslanov, C.

A tradução como manipulação. São Paulo: Perspectiva, 2015. (Debates, 338).

Bechara, E.

Moderna Gramática Portuguesa. 37. ed. Rio de Janeiro: Lucerna, 2004.

Chantraine, P.

Dictionnaire étymologique de la langue grecque. Paris : Klincksieck, 1999.

Crossan, J. D.; Reed, J. L.

Em busca de Paulo: como o apóstolo de Jesus opôs o Reino de Deus ao Império Romano. Tradução de Jaci Maraschin. São Paulo: Paulinas, 2007. (Coleção Bíblia e Arqueologia).

CUNHA, C.; CINTRA, L.
Nova gramática do português contemporâneo. Rio de Janeiro: Nova Fronteira, 2001.

DEWEY, J.
Textuality in an oral culture: a survey of the pauline traditions. *Semeia 65:* Orality and Textuality in Early Christian Literature. Atlanta: Society of Biblical Literature, p. 7-64, 1995.

HORTA, G. N. B. P.
Os gregos e seu idioma. 4. ed. Rio de Janeiro: J. Di Giorgio & Cia., v.1, 1991.

KÜMMEL, W. G.
Introdução ao Novo Testamento. Tradução de Paulo Feine e Johannes Behm. 2. ed. São Paulo: Paulus, 1982.

LAMPE, P.
The Roman Christians of Romans 16. *In*: DONFRIED, K. P. (ed). *The Romans Debate.* MA: Hendrickson, 1991. p. 271-221.

MURACHCO, H. G.
Língua grega. Visão semântica, lógica, orgânica e funcional. 3. ed. São Paulo: Discurso Editorial; Petrópolis: Vozes, 2007. 2v.

NESTLE, E. *et al.*
Novum Testamentum Graece. 27. revidierte Auflage. Deutsche Bibelgesellschaft: Stuttgart, 1993.

PATZIA, A. G.
Efésios, Colossenses, Filemom. Tradução de Oswaldo Ramos. São Paulo: Vida, 1984.

TAYLOR, W. C.
Introdução ao estudo do Novo Testamento Grego. 9. ed. São Paulo: Batista Regular, 1990.

Notas

1 Remeto o leitor ao capítulo "Por uma antropologia da tradução", de Delcides Marques, que discute com propriedade diversas questões importantes que envolvem o ato de traduzir.

2 A respeito da problematização relativa à datação da epístola, remeto o leitor ao capítulo "O contexto histórico e literário de Judas", de Marcelo da Silva Carneiro.

3 Aqui cabem as palavras de Aslanov (2015, p. 16), falando sobre a "difícil liberdade" do tradutor: 'Difícil, porque é quase impossível respeitar o imperativo de transparência que se espera de um tradutor honesto: as restrições e as limitações que se fazem sentir quando se passa de uma língua para outra são fatores que distorcem o caminho e fazem aparecer a tradução como um discurso ontologicamente oblíquo. Liberdade, porque mesmo quando o tradutor fica no limite imposto pela deontologia, existem tantas opções, tantos caminhos (por tortos que sejam) na trajetória que leva de uma língua a outra que amiúde o problema do tradutor é precisamente a indecisão diante de opções demasiadamente variegadas. Até a tradução mais literal possível deixa uma margem de criatividade ao tradutor e, às vezes, o estimula [...]".

4 A esse respeito, remeto ao capítulo "Paleografia de manuscritos gregos dos séculos III-V da Epístola de Judas", de Elcio Valmiro Sales de Mendonça.

5 Mesmo que não seja esse o padrão do texto grego, já que se trata de substantivo comum, traduziremos a palavra θεός como *Deus*, convencionalmente iniciada com letra maiúscula.

6 Arens (1998, p. 76-7, [grifos do autor]) diz: "A estrutura familiar era claramente patriarcal: o *pater famílias* era a autoridade máxima, e todos os membros da casa ocupavam seu lugar em relação a ele. A virtude por excelência no âmbito doméstico era a submissão, a obediência absoluta aos membros superiores da família. [...] Sabemos que as mulheres ocupavam posição secundária e inferior ao homem ou com referência a seu marido (significativamente chamado *kyrios*, senhor), se eram casadas. Numa sociedade patriarcal e machista como aquela, eram os homens que ditavam a conduta que deviam ter as mulheres, assim como os limites de sua expansão pessoal. Subentendia-se que seu raio de ação era a casa e que devia estar ocupada nos afazeres domésticos, a serviço dos varões da família ou da casa, se não fechada em seu tear. [...] Sua maior virtude era a total submissão; esperava-se delas 'modéstia', e que estivessem fechadas em seu próprio mundo e a serviço dos varões". No âmbito do cristianismo primitivo, Arens lembra que a igreja não rompeu os laços do sistema patriarcal e que ela se comportou como uma sociedade estruturada aos moldes de uma casa: "a forma de comportar-se em uma deveria ser igual à forma de comportar-se na outra" (Ibid., p. 76).

7 O uso mais frequente dessa relação é encontrado nas epístolas paulinas.

8 Ver Kümmel, 1982, p. 561.

9 Ver o capítulo "O contexto histórico e literário de Judas", de Marcelo da Silva Carneiro.

10 Segundo Murachco (2007), *aspecto* é o tempo interno (que o termo porta em si mesmo) do processo verbal, o grau de desenvolvimento da ação. O aspecto verbal pode chamar atenção, ou não, para o tempo de duração da ação do sujeito, mas não para o tempo delimitador de fatos, pois este é exterior ao verbo. Desse modo, não importa ao aspecto quando se deu ou se dará a ação; não lhe interessa se o desenrolar da ação se deu no passado, no presente ou no futuro, mas se ela se encontra em desenvolvimento (*infectum*), se é pontual (aoristo – sem tempo interno) ou se o processo de desenvolvimento já se completou, se é uma ação acabada (*perfectum*).

11 Como já anunciamos, usaremos, para auxiliar a leitura de nossa tradução, os seguintes símbolos: 1 – ( ) – opção de tradução, que leva em conta as possibilidades de sentido que o léxico proporciona; 2 – [ ] – texto omitido; 3 -{ } – termo subentendido (real ou possível).

12 Como ensina Murachco (2007, p. 27), o optativo "é o modo da possibilidade ou da afirmação atenuada e que em português nós o traduziremos ou pelo imperfeito do subjuntivo ou pelo condicional simples, que são os modos que exprimem em português a possibilidade e a afirmação atenuada. [...] O optativo é o modo da possibilidade, do possível, da transmissão da afirmação de terceiros, do voto negativo, incerto, da imprecação negativa, incerta, tendente à irrealidade. Esse sentido de possível, de incerteza, aproxima o optativo mais do irreal do que do real ou eventual".

13 De acordo com Horta (1991, p. 260): "se a oração tiver diversos sujeitos, o verbo tanto pode concordar com o mais próximo, estando este no singular, quanto com o conjunto deles".

14 A gramática da Língua Portuguesa assim reza: "se o sujeito composto tem os seus núcleos ligados por série aditiva enfática [...], o verbo concorda com o mais próximo ou vai ao plural [...]." (Bechara, 2004, p. 556). De acordo com Cunha e Cintra (2001, p. 509s), a concordância com o sujeito mais próximo pode ocorrer em certas circunstâncias, dentre as quais destacamos as seguintes: a) quando os sujeitos são sinônimos ou quase sinônimos [...]; b) quando há uma enumeração gradativa; c) quando os sujeitos são interpolados como se em conjunto constituíssem uma qualidade, uma atitude [...]".

15 Ao aoristo designam-se dois usos: 1) O aoristo gnômico, que é empregado para expressar um fato não enquadrado, presente em máximas e provérbios, que remetem a verdades gerais, atemporais. A sua tradução em português pode ser feita pelo *presente do indicativo*. 2) O aoristo pontual, enquadrado na narração. Mesmo quando se refere a fatos isolados dentro da narrativa, continua sem a ideia de duração ou de progresso. Seu uso apenas menciona fatos ocorridos no passado sem, entretanto, indicar-lhes continuidade, anterioridade ou resultados no presente. Em português, é traduzido pelo *pretérito perfeito do indicativo*.

16 Cf. Murachco, 2007, p. 112 e 531. De fato, esse fenômeno é bem comum em grego, como συζήσομεν αὐτῷ = ζήσομεν σὺν αὐτῷ (*viveremos com ele*). Nos verbos compostos é possível até mesmo identificar dois complementos: τόνδε ἐς ταφὰς ἐγὼ θήσω = τόνδε ταφὰς ἐγὼ εἰσθήσω (*este, eu colocarei na sepultura*), isto é, um complemento da preposição-advérbio: εἰς do verbo

com o acusativo de direção ταφάς (*para dentro da sepultura*), e o outro do verbo em si: θήσω com o acusativo τόνδε (*colocarei este*).

17 Nova Versão Transformadora: "[...] defendam a fé [...]"; Nova Almeida Atualizada: "[...] lutar pela fé [...]; Almeida Revista e Corrigida: "[...] batalhar pela fé [...]; Nova Versão Internacional: "[...] batalhassem pela fé [...]; Versão Católica: "[...] pelejar pela fé [...]"; Almeida Corrigida Fiel: "[...] batalhar pela fé [...]".

18 Gálatas 5.13 nos dá um exemplo interessante quanto ao uso de ἐπί + locativo: "ὑμεῖς γὰρ ἐπ᾽ ἐλευθερίᾳ ἐκλήθητε, ἀδελφοί [...]" ("pois vós *sobre a liberdade* [na base da liberdade, apoiados nela por inteiro – absoluta superposição] fostes chamados, irmãos [...]", grifo nosso).

19 Há diversos exemplos possíveis, mas cito apenas Colossenses 1.7: "καθὼς ἐμάθετε ἀπὸ Ἐπαφρᾶ τοῦ ἀγαπητοῦ συνδούλου ἡμῶν, ὅς ἐστιν πιστὸν ὑπὲρ ὑμῶν διάκονος τοῦ Χριστοῦ", "assim aprendestes de Epafras, o nosso amado conservo, que é fiel servo do Cristo *em nosso favor/por nós*." (grifo nosso).

20 "[...] καὶ γάρ ἐσμεν εὐηγγελισμένοι καθάπερ κἀκεῖνοι· ἀλλ᾽ οὐκ ὠφέλησεν ὁ λόγος τῆς ἀκοῆς ἐκείνους μὴ συγκεκερασμένους τῇ πίστει τοῖς ἀκούσασιν", "[...] e, na verdade, estamos no estado de o bom-anúncio (evangelho) ter-nos sido anunciado, assim como também eles {estavam}; contudo, a palavra da audição não foi útil àqueles que não estavam no estado de misturados (associados) com os que {a} ouviram com fé."

21 Para se referir à redenção, muitas palavras são usadas no Novo Testamento em linguagem figurada, tendo por base certos costumes antigos de guerra e escravatura. O verbo λυτρόω, por exemplo, consiste no ato de resgatar, soltar escravos mediante um λύτρον, "resgate". Como substantivo abstrato, temos no versículo de *Judas* o termo λύτρωσις, isto é, a "ação de pagamento do preço de soltura/resgate".

22 Não é objeto deste trabalho verificar se a opção *fé* é a melhor tradução para πίστις em todas as suas ocorrências no Novo Testamento. Entretanto, acredito que a amplitude semântica do termo não pode permanecer reduzida sem uma análise, no mínimo, menos engessada pela generalização apressada.

23 Exceto θεός que, por convenção, traduzimos por Deus, seguiremos o grego, mantendo a grafia minúscula para todos os nomes comuns.

24 Murachco (2007, p. 301-302) diz: "O infinitivo grego é um substantivo verbal neutro singular que pode ser declinado com o artigo. [...] Sendo verbo, ele pode ter sujeito, predicativo, complementos; e pode ser sujeito e predicativo, porque é substantivo. Nesse caso o predicativo é neutro, porque o infinitivo é um substantivo neutro (isto é, não tem gênero)".

25 A conjunção integrante ὅτι é empregada "depois de verbos declarativos ou de sensação, quando o conteúdo da completiva completa objetivamente o significado do verbo da principal." (Murachco, 2007, p. 671).

26 Em algumas gramáticas é chamado de *acusativo de referência geral*. Também é tratado como *acusativo adverbial* "talvez por vir expresso pelo neutro de alguns adjetivos e substantivos" (Murachco, 2007, p. 99) e porque "grande número de advérbios, que em forma são acusativos, tiveram essa origem" (Taylor, 1990, p. 229).

27 A pronúncia do tetragrama יהוה do nome de Deus é incerta; alguns o vocalizaram como יַהְוֶה (*Yahweh*) ou יְהוָֹה (*Yehwah*); mesmo no livro de Gênesis encontramos tanto יְהוָֹה (*Yehwah* – 2.4) quanto יְהוָֹה (*Yehowah* – 9.26). Desse modo, usamos a transcrição YHWH para o tetragrama hebraico, sem vocalização.

28 O adjetivo αἰώνιος, ον é derivado de αἰών, ῶνος, ὁ; é portante de diversos sentidos que, segundo Chantraine (1999, p. 42, tradução nossa), assim evoluíram: "força vital, vida, duração da vida, geração, eternidade". De fato, o termo que tem a ver com a ideia de *tempo-sempre, duração não-mensurável*, faz oposição a χρόνος, ου, ὁ, *o tempo mensurável*. O adjetivo, portanto, mantém esses sentidos oriundos do substantivo primitivo, de modo que a nossa tradução optou por *tempo-eônico (tempo não-mensurável)*, já que a *eternidade* não é dimensão pertencente à existência no espaço-tempo que conhecemos.

29 Trata-se de um neologismo aqui criado na língua portuguesa que se aproximar do termo grego ἐν-ὑπνιαζόμενοι.

30 Idolatria é também, na literatura veterotestamentária, um tipo de prostituição, conforme Jeremias 3.

31 Vale a pena lembrar que Ezequiel 16 apresenta razões distintas para a destruição das cidades mencionadas no versículo 7, e que também Jeremias 23 e Apocalipse 11 chamam Jerusalém de Sodoma por razões muito diferentes.

32 Os judaizantes não eram, como poderíamos esperar, representantes do sistema judaico ortodoxo, mas judeus convertidos ao cristianismo que associavam a nova crença aos conceitos e padrões da lei mosaica.

33 De fato, o reconhecimento do valor dos argumentos de Judas retirados das *Escrituras* só teria sido alcançado se os leitores tivessem bastante conhecimento a respeito da fé tradicional da religião judaica. Os "adoradores" ou "tementes a Deus" citados em Atos dos Apóstolos, por exemplo, referem-se a esse público intermediário (nem judeu, nem pagão), do qual muitos se converteram ao "caminho" e exerceram importante papel nas comunidades cristãs. Essa posição é de Lampe (1991) e de Crossan e Reed (2007), que defendem que a maioria dos cristãos das comunidades gentílicas, a quem as epístolas paulinas, por exemplo, foram enviadas, outrora tinha sido simpatizante do judaísmo e, por isso, teriam previamente tomado conhecimento das *Escrituras*. Opõe-se a essa perspectiva J. Dewey (1995).

34 Paulo denomina οἱ τεμνόμενοι (*os que são cortados em volta/circuncidados* – Gálatas 6.12) de: οἱ ταράσσοντες (*os que perturbam* – Gálatas 1.7), οἱ ἀναστατοῦντες (*os que desestabilizam* – Gálatas 5.12), τοὺς κύνας, τοὺς κακοὺς ἐργάτας (*os cães, os maus trabalhadores* – Filipenses 3.2), τοὺς ἐχθροὺς τοῦ σταυροῦ τοῦ Χριστοῦ (*os inimigos da cruz do Cristo* – Filipenses 3.18), ἀνάθεμα (*maldito* – Gálatas 1.9), entre outras adjetivações.

35 Outras sugestões de destinatários podem ser encontradas no capítulo "O contexto histórico e literário de Judas", de Marcelo Carneiro.

36 Servimo-nos de Chantraine (1999, p. 291 – tradução nossa): "δοκάω, δοκεύω, δοκέω [...] δόξα, empregado sozinho, tomou o sentido de 'boa reputação, glória' etc."

37 Remeto ao capítulo "O contexto histórico e literário de Judas", de Marcelo da Silva Carneiro.

38 O pronome dêitico anafórico "esses", presente em vários versículos (v. 8, 10, 12, 16, 19) faz, na Epístola de Judas, referência a "τινες ἄνθρωποι", *alguns humanos*, do versículo 4.

39 Os gramáticos consideram ἐπήνεγκον e suas conjugações uma forma aorista irregular de ἐπιφέρω, com o que, seguindo Murachco (2007), discordamos, entendendo que ἐνεγκ- é raiz que não tem *infectum*.

40 Οἶδα, *eu estou em estado de saber, sei* (por ter visto), em sentido denotativo ou conotativo.

41 Sigo o entendimento de Murachco (2007, p. 523-524): "Alguns verbos, por razões semânticas, só têm o tema do perfeito, como acontece com outros, que só têm o tema do inacabado (φέρω) ou só o do aoristo (φαγ-). Algumas gramáticas apresentam-nos como 'formas de perfeito com significado de presente'". Entre estes está ἐπίσταμαι – *eu estou em estado de saber, sei* (por experiência, empiricamente).

42 Ver Números 16 e 17.

43 As gramáticas tradicionais designam essas formas construídas com -θη (ἐπορεύθησαν, ἐξεχύθησαν) como voz passiva e justificam o sentido ativo em algumas delas com base na ideia da depoência, isto é, os verbos têm formalmente uma conjugação passiva, mas sentido ativo. Seguimos, porém, o entendimento de Murachco, para quem os verbos depoentes estão, na verdade, na voz média (e, portanto, têm sentido ativo) e a característica -θη, embora seja marca da passividade no aoristo e no futuro, ela já era empregada na voz média antes mesmo do surgimento da voz passiva. Assim, o contexto é que definirá de qual voz verbal o autor se serviu (ver Murachco, 2007, p. 526).

44 Esse modo de compreender a "com-posição" fica evidente quando ocorre a "de-composição", com a presença de um complemento para o verbo e de outro para a preposição-prevérbio separadamente: "[...]τὸν αὐτάδελφον ἐν τάφῳ τιθεῖσα[...]" – "[...]colocando o próprio irmão no túmulo[...]" (Sófocles, *Antígona*, 503). Neste caso, ἐν (*dentro de*) é seguido do locativo τάφῳ, e o acusativo τὸν αὐτάδελφον completa o verbo τιθεῖσα. Por sua vez, na forma "com-posta", temos, por exemplo: "[...] ἐντιθεὶς τῇ ἀνθρώπου φύσει τὴν ἔμφυτον φρόνησιν [...]" – "[...]colocando na natureza do homem o inato pensamento (o juízo) [...]" (Cyrillus Alexandrinus, *Glaphyra in Pentateuchum*, v. 69, p. 232, l.37) Neste caso, o locativo τῇ φύσει é o complemento de ἐν preposto ao verbo, e o acusativo τὴν ἔφφυτον φρόνησις é o complemento de τιθείς. É evidente que o duplo complemento ocorre quando, além da relação espacial, houver também o interesse ou a necessidade de explicitar o complemento verbal: "ἐξέλθετε δόμων" – "saí dos aposentos" (verbo + complemento circunstancial de lugar) ou "ἐξάγετε δόμων τὸν δοῦλον" – "retirai o escravo dos aposentos" (verbo + complemento verbal + complemento circunstancial de lugar). Em ambos os verbos, a preposição-prevérbio ἐκ- marca a ideia espacial "de dentro para fora" associada a verbos semanticamente compatíveis.

45 Murachco (2007, p. 566) esclarece: "Vê-se aí uma fusão de significados, o que leva alguns gramáticos a denominar essas preposições de prevérbios vazios. [...] O que acontece nesse caso, como em muitos outros de verbos ou nomes compostos, é uma ampliação do significado primeiro, original, do advérbio/preposição; mas nunca há um esvaziamento do significado. A linha semântica se mantém; só ela é a segurança do falante".

46 Eram chamadas *ágapes* as refeições conjuntas realizadas pelos cristãos nos primeiros séculos do Cristianismo.

47 A frase citada por Murachco (2007, p. 114) exemplifica a situação de instrumento: Ἀβουλίᾳ τὰ πολλὰ βλάπτονται βροτοί. (Os mortais são prejudicados na maior parte das vezes *pela falta de vontade*) – grifos do autor.

48 A palavra ἐμπαίκτης apenas ocorre em Judas 18 e 2Pedro 3.3 no Novo Testamento, o que reforça ainda mais o diálogo entre os textos.

49 Empregamos o termo *éthica* no sentido de *relativo ao éthos* (ἦθος), isto é, de imagem calcada na credibilidade que o destinador acredita ter junto a seus destinatários, a partir da qual ele processa a sua influência.

50 Sigo a perspectiva de Murachco (2007, p. 523-524), para quem "alguns verbos, por razões semânticas, só têm o tema do perfeito, como acontece com outros, que só têm o tema do inacabado [...] ou só o do aoristo [...]." Entre outros, está δύναμαι.

4. POR UMA ANTROPOLOGIA DA TRADUÇÃO

Delcides Marques

As relações entre a disciplina antropológica e a administração colonial foram particularmente intensas em meados do século XIX. Por isso mesmo, é preciso iniciar esse texto assumindo que a linguagem foi um dos diversos mecanismos utilizados na tentativa de controle dos povos nativos colonizados. Se a tradução funcionou como um dispositivo inicialmente vinculado aos missionários catequistas, cujas práticas cristã-civilizatórias estavam atreladas ao colonialismo como uma arma opressora (Asad, 2016 [1986]), ela também se tornou um instrumento da própria atuação dos antropólogos. Não bastava compreender o outro no sentido efetivo de uma aproximação cultural, era preciso torná-lo refém de uma relação tirana e abundante de interesses escusos. Esse passado e origem da Antropologia é comumente camuflado devido ao constrangimento envolvido e, quando enunciado, aparece nos termos de denúncia e vergonha.

De todo modo, é também preciso dizer que a autocrítica antropológica a essa relação umbilical com o colonialismo ocorreu a partir da reflexão cada vez mais elaborada dos sentidos e finalidades da própria tradução. O reconhecimento de seus limites, vantagens e usos, evidenciaram o próprio funcionamento da Antropologia. Com isso, se tornou marcante que o trabalho de campo fosse tratado como prática de “tradução cultural”. Nesse sentido, a metáfora da “tradução” passou a ser usada para descrever a atividade do antropólogo durante a pesquisa, como se a sua tarefa fundamental fosse tornar compreensível para *nós* uma determinada cultura dos *outros*. Tratou-se, sem mais, de uma proposta de tradução de significados (locais e particulares) em conceitos analíticos (universais), capazes de permitir a comparação entre as culturas, tornando compreensível a diferença, como se o etnocentrismo implicasse má tradução (anacronismo e transposição rápida), e o relativismo tratasse a tradução com indulgência, como mediação (ponte, diálogo). Enfim, a tradução foi tomada como evento cultural comunicativo que evidenciava o modo pelo qual o "antropólogo traduz o que observou" (Lienhardt, 1973 [1964], p. 167).

Foi ficando evidente que traduzir não é um ato que se separa do tradutor e de seus interesses. E, por isso mesmo, como alternativa àquela marca inicial duvidosa, a Antropologia contemporânea vem procurando estabelecer ainda mais mediações entre diferentes formas de entendimento, no sentido de possibilitar uma tradução cultural não-etnocêntrica e não-colonizadora. Discute-se o caráter inegável dessa mediação como uma relação de poder, em que o tradutor comumente tem a primazia sobre a tradução e o traduzível. Essas vantagens ainda vêm sendo problematizadas devido à concepção subjacente de que a tradução produzida pelo antropólogo é fidedigna.

Essa é uma brevíssima descrição do complexo lugar que a metáfora da tradução ocupa no imaginário antropológico desde a fundação da disciplina nos idos do século XIX, mas serve como ponto de partida para pensarmos que os desafios de traduzir um texto ou uma cultura (ou o texto como cultura ou a cultura como texto) são imbricados de dilemas ético-políticos. A posição ocupada pelo tradutor é tornada objeto de crítica e elucidação e, por isso mesmo, é preciso saber quais foram as escolhas feitas por ele.

Tomando essas questões como referência, este texto é justamente uma discussão que articula o desafio antropológico da tradução cultural e a proposta de tradução linear comentada da Epístola de Judas. Para tanto, serão dados alguns passos argumentativos: primeiramente, será feita uma discussão sobre a honestidade do tradutor; a seguir, será o caso de tratar acerca da importância do conhecimento linguístico daquele que traduz; em terceiro lugar, será produzida uma reflexão sobre o aspecto pragmático da linguagem; e, por fim, será abordado o ponto da tradução como traição.

4.1 A honestidade do tradutor

É imperioso que o tradutor generoso deixe transparecer as escolhas feitas, a começar pela edição do texto grego utilizado. Assim, é fundamental indicar, nesta coletânea, Élcio Valmiro Sales de Mendonça em "Paleografia de manuscritos gregos dos séculos III-V da Epístola de Judas", um denso e fundamental capítulo sobre os manuscritos antigos. Importante ainda destacar o lugar capital da abordagem de Marcelo da Silva Carneiro sobre os dados testemunhais acerca da Epístola de Judas, o que inclui sua relação com materiais judaicos, notadamente aqueles que são designados como apocalípticos. Essa questão, associada à reflexão sobre aspectos literários que indicam reflexões centrais debatidas na carta, é discutida em seu capítulo "O contexto histórico e literário de Judas". Ambos os textos são fundamentais para se entender as relações de produção e preservação do texto grego.

Para o que interessa a este capítulo, urge dizer que a tradução comentada da Epístola de Judas nos apresenta um trabalho bastante honesto com o leitor. Ela situa com clareza diversas decisões tomadas diante do texto grego, seguidas tanto de uma justificativa linguística da tradução quanto de uma argumentação bem fundamentada sobre os sentidos implicados. Assim, o tradutor Moisés Olímpio-Ferreira demonstra um admirável zelo com o texto. Fica evidente que lhe cabe dominar o conteúdo e transmitir segurança em suas escolhas e justificativas. Percebe-se a cada passo o enorme trabalho e paciência necessários ao tratamento da Epístola. Trata-se de um esforço para produzir uma análise honesta, na medida em que o processo é explicitado em seus pormenores. Em vez de se impor como tradutor inquestionável, ele se mostra um intérprete aplicado. Ainda que carregado de uma objetividade formal (do ponto de vista gramatical), o comentário é todo construído usando a primeira pessoa do plural, "nós", retirando de cena qualquer centralidade de um sujeito tradutor singular e inflexível. Seu conhecimento expressa uma autoridade que não tem a finalidade de subjugar o leitor, mas de convidá-lo para uma aventura com o texto.

Se é possível dizer que traduzir é um exercício que envolve diversas negociações, sempre há vantagens e desvantagens em cada escolha. Há também ajustes que tornam possível se manter mais atento à língua traduzida ou à língua tradutora. Entre uma maior literalidade ou maior adaptabilidade, o trabalho do tradutor de Judas está repleto de cautelas indicativas das decisões feitas. A incursão que o tradutor faz a cada trecho é acompanhada também por uma preocupação em comentar o texto grego e suas deliberações. Para facilitar ao leitor, é apresentada uma série de símbolos auxiliares que aparecem durante o trabalho: os parênteses, ( ), indicam as opções de tradução de acordo com as possibilidades proporcionadas pelo léxico; os colchetes, [ ], designam o texto omitido; e as chaves, { }, sugerem termos subentendidos no texto grego, sejam eles reais ou possíveis. Esses sinais pontuam justamente a preocupação com a maior ou menor equivalência textual, na medida em que isso se torna acessível ao leitor. Um exemplo do uso desses símbolos secundários é encontrado na tradução ao versículo 3.

3

Ἀγαπητοί, πᾶσαν σπουδὴν ποιούμενος γράφειν ὑμῖν περὶ τῆς κοινῆς ἡμῶν σωτηρίας ἀνάγκην ἔσχον γράψαι ὑμῖν παρακαλῶν ἐπαγωνίζεσθαι τῇ ἅπαξ παραδοθείσῃ τοῖς ἁγίοις πίστει,.

Amados, fazendo toda diligência (pressa, presteza, empenho) {para} entrar no ato de vos escrever a respeito da comum salvação de nós, tive necessidade {de} vos escrever, chamando{-vos} ao lado (exortando{-vos}) {para} estardes lutando com intensidade sobre a que, uma única vez, foi entregue (dada, concedida) aos santos: a prova.

Nesse versículo aparece ainda o desafio de traduzir um termo que rende discussões semânticas importantes. Entre diversas expressões utilizadas, acham-se formulações a respeito do termo πίστις (no texto: πίστει), mormente traduzido como *fé*. O tradutor procura demonstrar que o termo grego não possui um único sentido, como fica equivocadamente suposto nas traduções bíblicas em português. Recuperando a raiz do termo e a necessidade de compreender o seu sentido a partir dos contextos de uso, surgem diversas possibilidades semânticas. E assim aparece uma formulação interessante: "nossa sugestão é o que o termo seja traduzido como *prova*, *evidência*, que também é um de seus possíveis significados". Os termos "sugestão" e "possíveis significados" evidenciam justamente o caráter dialógico e honesto da tradução, como venho sinalizando.

E mesmo que utilize a primeira pessoa do singular numa nota de rodapé (22) para explicitar o dilema com πίστις, o faz para dizer que não irá trabalhar com a recapitulação de todas as ocorrências do termo grego e sua tradução em cada uma delas, mas diz ele: "acredito que a amplitude semântica do termo não pode permanecer reduzida sem uma análise, no mínimo, menos engessada pela generalização apressada". Esse "acredito" é uma forma de se posicionar e simultaneamente deixar aberta a discussão sobre os desdobramentos da questão levantada. Ou seja, diante do recorrente "nós" ou de um uso pontual do "eu", trata-se de trazer o leitor para participar da decisão na tradução.

De fato, a diversidade de sentidos da palavra πίστις pode começar como sinônimo de fé, mas com conotações que vão desde "juramento", "compromisso" e "pacto" à ideia de "confiança" (recebida e oferecida) como sinal de fidelidade, "garantia" e "fiança", ou seja, passa tanto por sentidos subjetivos de confiabilidade e honestidade como comerciais de crédito e credibilidade (cf. Liddell; Scott, 1996 [1843], p. 1408), ou mesmo jurídicos de prova e comprovação (Malhadas, Dezotti; Moura Neves, 2022, p. 857). E, nesse caso, a escolha na tradução de Judas como *prova* e *evidência* é uma opção plenamente possível e atestada pelo autor em comparação com outras ocorrências do termo.

4.2 O conhecimento linguístico

O presente tópico fará, bem como os ulteriores, uma correlação mais direta entre a tradução linear comentada da Epístola de Judas e dois casos etnográficos: um, descrito por Bronislaw Malinowski diante dos oceânicos trobriandeses; e outro, discutido por Evans-Pritchard em sua pesquisa entre os africanos Nuer. Os dois antropólogos enfrentaram especificamente, e com extrema lucidez, a tradução de línguas nativas.

No caso de Malinowski, ao pensar uma teoria etnográfica da linguagem em *Coral Gardens* (1935), debatem-se as dificuldades e possibilidades de apresentação do material linguístico relativo à agricultura entre os trobriandeses. Segundo ele demonstra, seria inviável separar linguística e descrição. E, em vez de glossários que costumam ser postos no final dos trabalhos, ele optou por uma discussão teórica do assunto. Para Malinowski, "a linguagem é a ferramenta mais importante do etnógrafo" (Malinowski, 1935, p. 4). É por meio do conhecimento do vernáculo e da manipulação prática da gramática nativa e de seu vocabulário que o etnógrafo pode "fazer perguntas claras e pode receber respostas pertinentes" (p. 4). Desse modo, é sempre interessante saber se uma "declaração é uma resposta a uma pergunta direta ou se é uma declaração oferecida ou uma declaração tradicional" (p. 5). A linguagem é um instrumento de pesquisa, mas é mais do que isso. Com relação, por exemplo, às fórmulas, Malinowski diz que não há uma única "na qual nós não achamos algum pedaço importante de informação etnográfica que lança luz adicional na cerimônia, em sua função e em seu significado para os nativos" (p. 6).

Com relação ao contexto gramatical, os problemas em Trobriand são parecidos com muitos dos problemas ocidentais; contudo, há suas próprias sintaxe e morfologia a serem analisadas (p. 30-37). Assim, a

> real dificuldade deste idioma não consiste na complexidade do aparato gramatical, mas muito mais em sua extrema simplicidade. Sua estrutura é em geral o que poderia ser descrito como telegráfico; a relação das palavras, como também a re-

> lação das orações, têm que ser derivadas principalmente do contexto (p. 36).

O segundo exemplo a ser indicado aqui se encontra em Evans-Pritchard, numa obra intitulada *Nuer religion* (1956), texto em que o antropólogo faz incursões na teologia e na liturgia Nuer. É a última publicação de sua trilogia sobre esse povo nilota, iniciada em 1930 e concluída em 1956. Se, nas duas publicações anteriores, Evans-Pritchard esteve preocupado com a ecologia ou com a família e sistema de parentesco, agora o seu foco paira sobre como "descrever e interpretar" o que foi tratado nos livros anteriores com relação à religião enquanto "sistema de ideias e práticas em seu próprio direito" (Evans-Pritchard, 1956, p. 320). Em outras palavras, o "estudo de religião Nuer é um estudo do que eles consideram ser a natureza do Espírito e da relação do homem com ele" (p. vi). Nesse ínterim, ele tratará do problema da tradução, com destaque para o termo *kwoth* (entendido como "Espírito"), considerando as ambiguidades e alcances dessa escolha.

De fato, a problemática enfrentada pelos antropólogos guarda suas diferenças em relação ao trabalho do linguista Moisés Olímpio-Ferreira. Dessa vez, a tradução está implicada num texto grego antigo e não na fala cotidiana de povos exóticos contemporâneos. Essa diferença básica indica interesses e procedimentos distintos no processo de tradução. Enquanto a tradução antropológica capta a linguagem em movimento, a tradução de Judas trabalha com um texto estabelecido e, nesse sentido, passível de mais controle. De todo modo, os dois procedimentos de tradução requerem do tradutor um imprescindível conhecimento das línguas envolvidas. Por isso mesmo, o antropólogo deveria conviver com os nativos tempo suficiente para não precisar da mediação de um tradutor, de modo que ele mesmo se constituísse como tal. E, de fato, isso só é possível de ser adquirido por meio da convivência linguística, tanto para saber como lhes fazer as perguntas adequadas e entender as respostas que eles dão às perguntas, quanto para saber quais são as perguntas que eles se fazem e as respostas que apresentam para suas próprias questões.

Os anos de estudo da língua grega, incluindo uma formação acadêmica completa, bem como os tempos de docência, fornecem ao tradutor de Judas as condições privilegiadas de trabalho com esse escrito neotestamentário. Ainda assim, alguns instrumentos de apoio são claramente indicados para orientar e conceder precisão aos seus comentários e escolhas. O texto grego objeto da tradução é a 27a. edição do Novum Testamentum Graece. Recebe destaque ainda o dicionário etimológico da língua grega de Pierre Chantraine (1999 [1968]) e o método de estudo proposto por Henrique Murachco (2007 [2001]). Essas obras de respaldo técnico e argumentativo são citadas diretamente nos comentários e mobilizadas para marcar e especificar algumas funções gramaticais ou possibilidades semânticas. E em relação a Murachco há uma acentuada admiração, como se vê no uso de expressões tais como: "Sigo o entendimento de..."; "seguimos, porém, o entendimento de..."; "... esclarece"; "cabem aqui os comentários de ..."; e "sigo a perspectiva de ...".

4.3 O aspecto pragmático da linguagem

Ao tratar da dimensão pragmática da linguagem, Malinowski menciona uma pertinente relação entre "ideia e fórmula, entre declaração verbal e atitude mental". Palavras e comportamento constituem "documentos extremamente significativos". A função principal da linguagem não seria expressar o pensamento ou "duplicar processos mentais", mas desenvolver um "papel pragmático ativo no comportamento humano" (Malinowski, 1935, p. 7). Com isso, Malinowski mostra a articulação entre fala e atividade corporal, palavras e gestos. Levando tal assertiva às últimas consequências, pode-se dizer que "palavras fazem parte da ação e elas são equivalentes a ações" (p. 7). A abordagem da linguagem proposta é, portanto, reconhecidamente pragmática, pois os significados devem ser obtidos "em termos de experiência e situação" (p. 9). O significado das palavras só pode ser apreendido na dinâmica de seu uso e não como tendo uma "função meramente intelectual". A linguagem é, portanto, moldada pela ação, mas reciprocamente influencia o comportamento humano (p. 52).

Ainda, segundo ele, haveria dois cumes reveladores do poder pragmático das palavras: "um deles será achado em certos usos sagrados que estão em fórmulas mágicas, expressões vocais sacramentais, exorcismos, maldições e bênçãos e na maioria das orações" (nele as "palavras sagradas têm um efeito criativo" e colocam em jogo um "poder sobrenatural" ou "sanções sociais"). O segundo deles é: "clímax do dinamismo da fala será achado obviamente no efeito pragmático direto de palavras" (nele, "uma ordem cedida na batalha, uma instrução emitida pelo mestre de um navio de navegação, um grito para ajuda, é como poderoso modificador do curso de eventos como qualquer outro ato corporal") (p. 52-53). De qualquer modo, as palavras possuem um efeito criador ou gerador de situações e de ações: "O uso incorreto de uma palavra ou a interpretação incorreta de uma palavra pode ser fatal" ou, em outros termos, "a compreensão correta delas e a execução pode ser uma questão de vida ou de morte" (p. 56, 57). Soma-se a isso que, para o nativo, uma fórmula mágica "é um ato verbal" que age sobre o curso da natureza e sobre o comportamento humano, possuindo poderosa força de organização social. Assim, cada cultura possui expressões próprias para descrever suas próprias experiências.

Guardando as ressalvas entre a ação mágica das palavras e as expectativas do destinador da Epístola de Judas diante de seu público, é marcante a dimensão pragmática da linguagem que produz efeitos: alguns mais diretamente e outros por meio de intenções. Nessa direção, cabe destacar aqui alguns verbos no imperativo, tendo em vista os desafios de traduzi-los. No versículo 17, por exemplo, ao abordar o verbo μνήσθητε (de μιμνήσκω, *eu trago à memória, eu lembro*), o destinador não estaria apontando necessariamente para uma ordem, mas propondo um diálogo com os destinatários.

17

ὑμεῖς δέ, ἀγαπητοί, **μνήσθητε** τῶν ῥημάτων τῶν προειρημένων
ὑπὸ τῶν ἀποστόλων τοῦ κυρίου ἡμῶν Ἰησοῦ Χριστοῦ
Vós, amados, lembrai-vos das palavras que foram previamente
{e estão} ditas pelos apóstolos do Senhor de nós Jesus Cristo,

O destinador da carta utiliza ainda outros termos no imperativo que são carregados de finalidade persuasiva e devem ser levados em conta pelos destinatários: v. 3: παρακαλῶν (*chamando ao lado, exortando*); v. 5: βούλομαι (*eu quero, desejo*); v. 21: τηρήσατε (*guardai*); e v. 23: ἐλεᾶτε (*entrai no ato de piedade*) e σῴζετε (*entrai no ato de estar salvando*). Mesmo que não se refiram direta e exclusivamente a uma ordem, os verbos imperativos pretendem estabelecer um diálogo com os destinatários, tendo em vista a sua persuasão. Há efeitos esperados em seu uso que indicam a vontade, a expectativa e a intenção do destinador. Segundo o tradutor, o verbo imperativo sugere "uma maneira pela qual o enunciador imprime a sua vontade, visão e intenção". Implica, portanto, na condução do receptor a certos objetivos e recomendações esperadas. Assim, nessas ocorrências do modo imperativo no texto de Judas, indica-se um diálogo direto com os receptores, marcado pelo desejo de convencimento. Em certo sentido, portanto, o imperativo aponta para o interesse de quem escreve. Ele espera "que os destinatários sejam persuadidos a agir de certa maneira e que permaneçam na ação".

4.4 Tradução como traição

Os desafios ligados à tarefa da tradução enfrentados por Malinowski lhe proporcionaram várias conclusões e sugestões: quanto mais diferentes forem duas culturas, mais difícil será achar termos equivalentes (Malinowski, 1935, p. 11); assim, não se trata de traduzir palavra por palavra de um idioma a outro, mas de traduzir contextos inteiros (p. 12): "todo idioma tem palavras que não são traduzíveis, porque eles se ajustaram apenas em sua cultura" (p. 12); "a definição de uma palavra consiste em parte em colocá-la dentro de seu contexto cultural, em parte em ilustrar seu uso no contexto oposto e de expressões cognatas" (p. 16); uma tradução etnográfica, que considera o caráter linguístico e cultural de uma palavra é possível (p. 17); "às vezes é resolutamente necessário na descrição etnográfica ir além do verbal e até mesmo [...] além do equipamento conceitual dos nativos" – considerando que a "descrição etnográfica não deve reproduzir a perspectiva nativa" –, mas também não "introduzir certas categorias que não são nativas" (p. 18-19, 21); "devem ser mantidos separadamente os vários significados de um homônimo" (p. 21); tudo se resume ao fato de que a linguagem é uma parte essencial de "outras realidades culturais", pois as "palavras não existem em isolamento" (p. 21-22).

Em suma, Malinowski propõe as expressões "contexto de situação", "contexto da realidade cultural" ou "contexto de atividades associadas" para lidar com o significado das palavras (p. 22 e 26). É preciso perceber as ligações entre palavra e situação, entre texto e contexto. Malinowski acaba realizando duas traduções: uma literal (inarticulada) e outra livre (adaptada). Tal procedimento só foi possível, segundo ele, devido ao conhecimento do caráter pragmático das palavras na cultura nativa.

Além disso, e num momento em que ele pretende considerar o seu texto "como um todo", Malinowski antecipa algo que seria em décadas posteriores tomado como inovação na Antropologia: é uma narrativa de segunda mão (p. 45). Ele ainda reconhece a importância da fonética no estudo da linguagem nativa, mas afirma também que o significado "existe na relação do som com o contexto" (p. 72). A mesma palavra pode, desse modo, ter distintos significados em distintas pronúncias ou situações de uso.

Assim como indicado por Malinowski, e guardando as diferenças, o comentário e tradução de Judas também está ancorado em elucidações da ordem do contexto social e semântico de certas palavras que pedem explicação. Por exemplo, o fato do destinador se apresentar como δοῦλος é digno de nota, pois está em questão o que era ser "escravo" no mundo antigo, particularmente na estrutura familiar, social e política romana.

1

Ἰούδας Ἰησοῦ Χριστοῦ **δοῦλος**, ἀδελφὸς δὲ Ἰακώβου, τοῖς ἐν θεῷ πατρὶ ἠγαπημένοις καὶ Ἰησοῦ Χριστῷ τετηρημένοις κλητοῖς·
Judas, escravo de Cristo Jesus, irmão de Tiago, aos chamados (nomeados) que estão no estado de amados em Deus pai e que estão no estado de guardados (velados, cuidados, zelados) em Jesus Cristo.

O termo se refere àquela pessoa submissa ao trabalho obediente a outro que lhe seja superior (senhor, dono, chefe, imperador, déspota etc.). Esse caráter servil era geralmente definido pelo nascimento (Liddell; Scott, 1996 [1843], p. 447), mas algumas pessoas eram tornadas escravizadas por guerras ou dívidas. De todo modo, o escravo é aquele que espera por outro, que cumpre suas ordens. Interessante como essa definição de escravo, como aquele assujeitado que suporta o domínio de outro homem, está na origem da discussão sobre tolerância, que remonta justamente ao sofrimento e à capacidade de padecer. O escravo suportaria devido à ausência da parte deliberativa da alma, o que o condicionaria apenas a obedecer às determinações (Marques, 2020, p. 246). Em sua dimensão política, o cristianismo traz a novidade de que seus seguidores se declarem escravos de Jesus Cristo, o que seria indício de traição a César e crime contra Roma, como vemos no comentário a Judas.

Vamos olhar agora para uma dificuldade de tradução indicada por Evans-Pritchard. Em certa perspectiva, ele pensou em tratar das palavras ocidentais diante das palavras Nuer. Utilizam-se palavras como "animismo, fetichismo, totemismo, mana, tabu e xamanismo"; porém, seus "significados ainda são obscuros" (Evans-Pritchard, 1956, p. vi). São expressões retiradas de algumas línguas nativas e transportadas para a terminologia dos estudos de outros povos que utilizam vocabulários e práticas comumente distintas. Evidentemente que esta dificuldade não é facilmente superada: "não é uma questão de definições, mas também envolve julgamento pessoal" (p. vii).

Assim, em vez de utilizar certas expressões fortemente inseridas no glossário antropológico, que mostram o exotismo delas (totem, tabu, mana, xamã etc.), Evans-Pritchard faz o caminho inverso e utiliza palavras ocidentais (religião, alma, Deus, deuses, sacerdote etc.), mas com os conceitos nativos. Essa é mais ou menos a sua estratégia de tradução que acaba por mostrar certas correlações entre "eles" e "nós". Assim, no lugar de dizer que não há tradução, ele admite que não há tradução neutra.

Evans-Pritchard reconhece que a palavra *kwoth* (traduzida como "Espírito") é plena de ambiguidades em seus múltiplos usos. Em suas palavras:

> Nós não estamos perguntando que Espírito é, mas qual é a concepção Nuer de *kwoth* que nós traduzimos por 'Espírito' [...] nossa investigação é uma exploração de ideias (Evans-Pritchard, 1956, p. 142).

As saídas para a tradução e compreensão de *kwoth* foram: falar de "Deus" sempre que a palavra tivesse um sentido bastante aproximado da "nossa própria concepção de Deus" e quando fosse permitido o uso; falar em "Espírito" sempre que se referisse – para os Nuer ou para sua própria exposição – "para a natureza espiritual em lugar de qualquer forma definida"; falar de "um espírito" ou "o espírito" ou "espíritos" sempre que denotasse especificamente "alguma figura espiritual particular ou figuras outras e menores que Deus" (p. vi).

O primeiro de seus tratamentos é dado à concepção que os Nuer têm de Deus. Até porque, segundo Evans-Pritchard, "as outras concepções espirituais são dependentes desta e só podem ser entendidas em relação a ela" (p. 1). Comumente Deus é relacionado com o céu, o vento, o ar, o sol, a lua, a chuva. Todavia, não é uma relação de "pura metáfora", mas como "modos de Deus e não como a essência dele, que é Espírito" (p. 1). Os corpos celestes, alguns pássaros e os gêmeos são associados a Deus, eles são *gaat kwoth*. Nesse sentido, "qualquer coisa associada com o céu tem alguma virtude que está faltando em coisas terrestres" (p. 2-3).

Deus está no céu, mas pode estar ao mesmo tempo em qualquer lugar. É aí que os Nuer dizem que "Deus está em todos os lugares, que ele é 'como vento' e 'como ar'". Deus não tem uma morada fixa e a presença onipresente dele é simbolizada pelos Nuer com tais metáforas. Ele também é "o criador e movedor de todas as coisas" (p. 4). "Tudo" o que acontece "na natureza, na cultura, na sociedade e nos homens é porque Deus fez ou legou assim". Mesmo a morte é vista como "um instrumento de Deus", pois é "Deus que leva a vida" (p. 6-7). Deus é o pai dos homens, tanto por ser criador (mas, não progenitor) como por ser seu protetor e amigo (p. 7-8). Desse modo, os Nuer fazem orações individuais curtas em momentos informais.

Resumindo o percurso analítico feito pelo antropólogo, não se pode mais dizer que o Espírito é uma "apreensão intuitiva" como algo que se experimenta em certas situações e para os sentidos, mas é diretamente conhecido pela imaginação: "as concepções religiosas dos Nuer não estão falando de conceitos, mas de construções corretamente imaginativas". Mesmo as "palavras e gestos nos transportam a um reino de experiência onde o que o olho vê e a orelha ouve não está igual ao que a mente percebe. São elevadas mãos para o céu em súplica, e não é o céu que é suplicado, mas o que ele representa à imaginação" (p. 321).

Quando a tradução da Epístola de Judas se depara com o versículo 7, reaparece um problema relativo aos sentidos de certo termo grego carregado semanticamente e à dificuldade de transpô-lo para o português, tendo em vista justamente a adequada equivalência contextual:

7

ὡς Σόδομα καὶ Γόμορρα καὶ αἱ περὶ αὐτὰς πόλεις τὸν ὅμοιον τρόπον τούτοις ἐκπορνεύσασαι καὶ ἀπελθοῦσαι ὀπίσω σαρκὸς ἑτέρας, πρόκεινται δεῖγμα πυρὸς **αἰωνίου** δίκην ὑπέχουσαι.

como Sodoma e Gomorra e as cidades em torno delas {que}, de modo semelhante a eles, tendo-se prostituído e tendo ido atrás de outra carne, foram {e estão} colocadas à frente {como} exemplo, estando postas sob pena de fogo de tempo-eônico *(tempo não-mensurável).*

Como o tradutor mostra em nota de rodapé (28), o adjetivo αἰώνιος, ον carrega diversos sentidos que atravessam a própria história do termo. Apoiado em Chantraine, ele mostra que o termo do qual o adjetivo é derivado (αἰών, -ῶνος, ὁ) teve como sentido inicial a ideia de "força vital", "vida", "duração da vida", "tempo de vida", e passou ao sentido de "geração", culminando com a ideia de "eternidade" enquanto tempo longo. Assim, o termo está imbricado com a noção de tempo-sempre e de duração não mensurável, servindo inclusive de oposição a χρόνος, -ου, ὁ, que seria o tempo calculável. Tendo em vista essas questões, a tradução do adjetivo considerou os sentidos do substantivo primitivo: tempo-eônico (tempo não-mensurável).

Para retomar mais uma dificuldade para se transpor um termo de uma língua a outra, Moisés Olímpio-Ferreira destaca a estranheza que presenciamos com o termo βλασφημία, particularmente em seu comentário ao enigmático versículo 9, que está associado à apocalíptica judaica.

9

Ὁ δὲ Μιχαὴλ ὁ ἀρχάγγελος, ὅτε τῷ διαβόλῳ διακρινόμενος διελέγετο περὶ τοῦ Μωϋσέως σώματος, οὐκ ἐτόλμησεν κρίσιν ἐπενεγκεῖν **βλασφημίας** ἀλλὰ εἶπεν· ἐπιτιμήσαι σοι κύριος.
Miguel, o chefe dos mensageiros – quando disputante com o divisor (separador, desuniante, difamador, acusador, diabo), ia discutindo a respeito do corpo de Moisés – não ousou trazer julgamento de blasfêmia *(*difamação, calúnia*), mas disse: {oxalá/ quem dera o} senhor te punisse (castigasse, condenasse).*

De fato, βλασφημία (blasfêmia) tem como sinônimos "maldição", "calúnia", "difamação", "profanação", "irreverência" e "injúria". Esse conjunto semântico evidencia justamente como certos termos carregam sentidos variados, mas que estão conectados do ponto de vista da língua grega e que deixam o desafio também para a língua para a qual se traduz. Esses e outros exemplos abordados na tradução de Judas reforçam as dificuldades de escolha e a necessidade de indicar aos leitores os critérios utilizados para produzir a versão portuguesa do texto.

Considerações finais

Enquanto Malinowski se interessa em traduzir contextos (palavra e situação), Evans-Pritchard se preocupará em transportar concepções e Olímpio-Ferreira mesclará aspectos dos dois procedimentos. Se o primeiro faz uma tradução etnográfica e o segundo faz uma tradução filosófica, o terceiro faz uma tradução linguística. Ainda assim, é possível dizer que um dos problemas enfrentados pelos três tradutores está vinculado à preocupação com a fidelidade e equivalência. E essa preocupação envolve questões de terminologia, considerando a especificidade e especialidade de certas palavras que compõem determinado domínio (repertório terminológico). Por isso mesmo, a tradução funciona como negociação, em que há o que se perde e também o que ganha no processo de variação de sentidos de uma língua/cultura a outra. São muitas questões imperiosas. Um termo, por exemplo, que ocorre mais de uma vez pode ser traduzido pela mesma palavra sempre que aparecer? O tradutor precisará determinar a cada vez se o significado é de fato o mesmo? Se não for, é possível escolher outra palavra? Qual? E com qual critério? De todo modo, e para estabelecer consistência à tradução, essas questões devem ser conscientes e explicitadas.

No que se refere ao esforço de tradução proposto na Epístola de Judas, vê-se que o tradutor procura acompanhar o texto grego em sua formulação gramatical (analisando a morfologia das principais palavras gregas). Nesse sentido, ele faz questão de elucidar os elementos verbais, explicitando com cuidado os pontos gramaticais que carecem de esclarecimento, como o uso dos aspectos verbais, (*infectum*, aoristo e *perfectum*). Ele faz questão de mostrar, ainda, como certas traduções não se justificam gramaticalmente.

Esse cuidado torna perceptível outras possibilidades, o que é muito interessante. Por isso mesmo, esse capítulo procurou elucidar algumas questões que perpassaram a relação entre antropologia e tradução, sinalizando certas dificuldades e vantagens do trabalho antropológico com textos/culturas. Mas também percebendo como algumas destas questões tangenciavam preocupações encontradas na tradução comentada de Judas.

A tradução da Epístola de Judas possui diversas virtudes que evidenciam um cuidadoso e indiscutível trabalho de versão e compreensão do texto. Acompanhada de uma minuciosa análise textual, percebe-se significativos indícios do processo de estudo morfossintático e preocupação mais ampla de um comentarista. Com isso, o texto grego e a tradução resultante são devidamente discutidos na análise linguística. E as escolhas e dificuldades para traduzir certos termos e expressões são explicitadas e discutidas como uma forma de honestidade com o leitor.

Extrapolando um pouco o argumento geral do texto, mas deixando uma provocação final: como muitas vezes o tradutor é traidor, e como essa ideia está comumente atrelada ao fato de que a língua traduzida é que deve (ou que é) necessariamente traída, poderíamos ainda considerar que muitas vezes poderia haver uma deliberada, explícita e explicitada traição da língua para a qual se traduz, e pensar nos efeitos disso, como sugere Eduardo Viveiros de Castro (2002, p. 115).

Diante desses e tantos outros aspectos que precisam ser reconhecidos, este texto pretendeu destacar alguns pontos dessa tradução crítica. Procurei atrelar minha leitura à ressonância que essa versão/comentário estabelece com certas discussões antropológicas sobre linguagem e tradução. Foram vistos temas que aparecem como preocupação de certos autores da antropologia que se fizeram, de alguma forma, também presentes na tradução comentada de Judas. Foi preciso abordar a crítica ao lugar do tradutor, bem como tratar da importância do conhecimento linguístico para a tradução, sem deixar de considerar o aspecto pragmático da linguagem e a relação tradução-traição, contemplando o desafio da ambiguidade semântica. Houve um célere tratamento das temáticas, associado à expectativa de demonstrar a relevância dos aspectos sugeridos na Epístola de Judas.

Referências

ASAD, T.
O conceito de tradução cultural na antropologia social britânica. *In:* Clifford, J.; Marcus, G. [org.]. *A escrita da cultura:* Poética e política da etnografia. Rio de Janeiro: Ed. Uerj e Papéis Selvagens Edições, 2016 [1986]. p. 207-236.

CASTRO, E. V.
O nativo relativo. *Mana*, 8(1), p. 113-148, 2002.

CHANTRAINE, P.
Dictionnaire étymologique de la langue grecque: Histoire des mots. Paris: Éditions Klincksieck, 1999 [1968].

EVANS-PRITCHARD, E. E.
Nuer Religion. London: Oxford/Clarendon Press, 1956.

LIDDELL, H. G. & SCOTT, R.
A Greek-English Lexicon (new supplement added). Oxford: Clarendon Press, 1996 [1843].

LIENHARDT, G.
Antropologia social. 2. ed. Rio de Janeiro: Zahar, 1973 [1964].

MALHADAS, D.; DEZOTTI, M. C.; MOURA NEVES, M. H. (coord.).
Dicionário grego-português. Cotia: Ateliê Editorial; Araçoiaba da Serra: Mnema, 2022.

MARQUES, D.
Para o léxico da tolerância: Contribuição de um verbo grego antigo. *Revista de Antropologia da UFSCar*, 12 (1), jan./jun., 2020, p. 235-255.

MURACHCO, H.
Língua grega: Visão semântica, lógica, orgânica e funcional. São Paulo: Discurso Editorial/Vozes, 2007 [2001].
MALINOWSKI, B.
Coral Gardens and their Magic. New York/Chicago: American Book Company, 1935. (vol. II)

5. A EPÍSTOLA DE JUDAS: UMA LEITURA SOB A CHAVE DO PRAGMATISMO AMERICANO E DA FILOSOFIA ANALÍTICA OU COMO O IMPERATIVO CATEGÓRICO DE KANT NÃO PODE SER ABSOLUTO

Jorge Viana de Moraes

Este capítulo tem por finalidade apresentar uma leitura da Epístola Universal de Judas sob a ótica filosófica do chamado Pragmatismo Americano e da Filosofia Analítica. Fundamentalmente, por um lado, tomar-se-ão como base as principais noções do *idealismo objetivo* de Charles Peirce (Peirce, 2003, 2023), com sua reflexão sobre a possibilidade do conhecimento e da crença a partir do *conhecimento experiencial*, ou, em uma expressão já consagrada: "a realidade de Deus segundo Charles Peirce", nas palavras do Prof. Dr. Rodrigo Vieira de Almeida (Almeida, 2023), como, aliás, ficou conhecida a tese de Peirce acerca da prova da existência de Deus (cf. seção 5.2), bem como as noções de *pensamento, crença, ações* e *condutas*, segundo o mesmo Peirce (s/d [1878]), por outro lado, somar-se-ão a estas duas primeiras, os conceitos de *mente, self e sociedade*, de acordo com as posições defendidas por Georg Herbert Mead (Mead, 1934, *apud* Morris, 2010), em que, a partir de uma perspectiva do behaviorismo social a respeito da psicologia social, o autor entende que o comportamento de uma pessoa, de um indivíduo, só pode ser entendido em sua inserção no processo social (cf. seção 5.3).

O cerne de nossa argumentação encontra-se na síntese do pensamento de dois dos expoentes do Pragmatismo Americano, Charles Peirce e Georg Herbert Mead, que está nisto: o *self* – a experiência e o comportamento individual -, ainda que tenha certa base de mecanismo fisiológico, está em dependência do grupo social ao qual pertence (Mead, 1934, *apud* Morris, 2010, p. 11-12), bem como, seguindo a adesão às teses de Peirce, segundo a qual *pensamento, concepção, crença, atitudes* e *condutas* de um sujeito na sua relação com os demais sujeitos de sua comunidade estão na base da construção de seu *self*. Nesse sentido, a epístola de Judas – sobre a qual far-se-á (cf. seção 5.1) uma breve contextualização do (con)texto de sua organização interna, de sua relação com os livros imediatamente anteriores: as outras epístolas, assim como também no que se refere ao texto imediatamente posterior: o Apocalipse, na organização do cânon bíblico – será o exemplo paradigmático de como o *self* está relacionado diretamente com a construção social do sujeito, dependendo, assim, dos valores éticos e morais adotados e expressos por essa mesma comunidade.

A noção de *self* aqui assumida, e que será melhor desenvolvida adiante, é aquela segundo a qual entende o "self como objeto para si mesmo", isto é, "self" como "uma partícula reflexiva que indica aquilo que tanto pode ser sujeito quanto objeto" (Mead, 1934, *apud* Morris, 2010, p. 153). Conforme entendido por Mead, assumimos que "esse tipo de objeto é essencialmente diferente de outros objetos e, no passado, foi enfatizado como consciente, adjetivo que indica a experiência de si mesmo, ou consigo mesmo". Sendo assim, "presumia-se, de alguma maneira, que a consciência tivesse capacidade de ser um objeto para si própria" (p. 153), mas, claro, não sem a ajuda construtiva da comunidade em que ela estava englobada, inserida, envolvida, tal como defende o autor. Assim, Mead (1934, *apud* Morris, 2010) observa que podemos distinguir com bastante clareza entre *self* e corpo e, a partir dessa distinção, indaga: "Como pode um indivíduo sair (experencialmente) de si mesmo de maneira a se tornar um objeto para si próprio?" (p. 154). Para Mead, o que também aqui assumimos, nisto está o problema psicológico essencial do *self*, isto é, do *si-mesmo* ou *autoconsciência*: "e a solução para ele pode ser encontrada referindo-nos ao processo da conduta ou atividade social em que a pessoa está implicada" (p. 154), isto é, na inserção desse sujeito na comunidade e na interação que ele desenvolve com ela, cujos valores, ideias, atitudes e crenças ele pode vir a assumir integralmente ou em parte[1].

Enfim, a epístola de Judas corrobora com a tese por nós esposada, na medida em que o seu autor conclama as pessoas da comunidade, enquanto corpo social, a quem a carta é dirigida, a combaterem juntas pela *fé*, isto é, pela *prova*, pela *evidência* assumida por eles, desde o princípio das comunidades cristãs, como uma *verdade provada*[2], como uma crença[3] ou verdade irrefutável, cujos preceitos e condutas até então reivindicados tinham razão de *serem* defendidos exatamente como *eram* e não de outra forma. Assim, eles *não poderiam ser* diferentes, ou, se quisermos, distorcidos. De outro modo, a verdade revelada estaria em risco, pondo a perder todo o trabalho desenvolvido até então. Ou seja, essa evidência (ou, conforme a tradução de Olímpio-Ferreira, "*a prova*"[4]) estava sendo questionada e, inclusive, já havia sido deixada de lado por alguns daquela comunidade, porque homens "perigosos" – entende-se, homens contrários ao que vinha sendo ensinado até aquele momento – começavam a propagar, por assim dizer, uma "verdade" diferente, e, por isso, começavam a causar prejuízos à comunidade. Desse modo, caso aquele grupamento social cristão se deixasse levar pela *conduta*, pelos *atos* e pelos *valores*, enfim, numa só palavra, pela *ética* enviesada daqueles homens que não estavam centrados na verdadeira *conduta, atos* e *valores do evangelho*, isto é, na fé (apostólica) revelada, isso poderia trazer sobre si (e não apenas individualmente, mas para a comunidade) enormes prejuízos, principalmente do ponto de vista da conduta moral[5] e, por conseguinte, da salvação. Essa *fé apostólica* seria a própria *prova* ou *evidência* da morte e ressureição de Cristo (*cf.* 1 Coríntios 15: 13-19)[6], uma vez que os fundamentos da fé cristã, no momento, estavam sendo atacados por diversas doutrinas contrárias, que poderiam ser agrupadas, ainda que de forma arbitrária, sob a denominação de *gnosticismo*.[7]

Olímpio-Ferreira, no Capítulo 3 deste livro, ao comentar o versículo 3, entende *pístis* (πίστις / πίστει), no contexto da epístola, não como *fé*, mas como *prova*, ou *a prova*, um substantivo determinado, como podemos observar na tradução: "[...] tive necessidade {de} vos escrever, *chamando*{-vos} *ao lado* (*exortando*{-vos}) {para} *estardes lutando com intensidade sobre a que, uma única vez, foi entregue aos santos: a prova*" (grifos nossos). Assumiremos aqui o mesmo ponto de vista.

Tendo por base essas ponderações, este capítulo se encerra (cf. seção 5.4) com uma reflexão a respeito da impossibilidade do imperativo categórico kantiano, como forma *a priori* incondicionada de toda lei moral e, por assim dizer, *pura*. Apresentamos como alternativa a ela a *teoria ética* proposta por Rawls (2005a [1971], 2021) em *Uma teoria da justiça*, revisitada aqui sob a perspectiva do próprio Rawls em *A Brief Inquiry into the Meaning of Sin and Faith: With 'On My Religion'* (2009), autor profundamente religioso na juventude, cujos textos dessa fase, segundo estudiosos do autor (Cohen e Nagel, 2009), influenciaram intensamente o Rawls da fase já madura de *Uma teoria da justiça*.

Seguem-se de antemão outras importantes considerações: a posição filosófica que assumimos neste ensaio não é aquela que considera a religião senão de um ponto de vista antiquado ou como uma entidade institucional obsoleta. Antes, nossa abordagem destaca o papel fundamental do problema religioso como questão humana central e se distancia das posições para as quais a religião "é ópio para o povo", como entendeu Marx em certa feita. Da mesma forma, neste ensaio, vemos o fenômeno religioso diferentemente da visão de Nietzsche, cujo famoso lema "Deus está morto"[8] resumia suas principais concepções sobre o problema. Nietzsche buscou "desenvolver a ideia de um homem (o Super-homem) [*Übermensch*] absolutamente autônomo, senhor de si mesmo, rei da natureza e da história, liberado dos vínculos e das coerções impostas pela moral, pelo direito e pela religião" (Mondin, 2021, p. 95)[9]. Essas e outras posições similares geraram, sem dúvida, para o bem e para o mal, uma mudança tão radical com a "morte de Deus na cultura" – para usarmos uma expressão emprestada de Eagleton (2018)[10] – que estamos neste exato momento histórico colhendo social e culturalmente os frutos éticos e morais deste Deicídio.

Passemos, assim, ao desenvolvimento do nosso plano de trabalho.

5.1 A epístola de Judas

Apresentar o contexto da epístola de Judas para revelar as circunstâncias de sua produção imediata, bem como a sua posterior organização no cânon bíblico não é apenas uma estratégia para localizarmos a Epístola no seu lugar social de nascimento, mas, sobretudo, uma forma de buscar entender como a argumentação doutrinária e exortativa do texto aponta para aquilo que serve, por assim dizer, de *espinha dorsal* para o desenvolvimento deste capítulo, e a que estaremos empenhados em demonstrar mais adiante neste texto: que a *experiência* e o *comportamento individual*, o que os pragmatistas americanos denominaram de self, ainda que tenham certa base de mecanismo fisiológico, dependem do grupo social ao qual pertencem (Mead, 1934, *apud* Morris, 2010).

Vejamos, então, primeiramente a organização, a estrutura e o conteúdo do texto da carta.

A estrutura da Epístola

Na organização do cânon bíblico, a Epístola de Judas é a última de todas as epístolas apresentadas no Novo Testamento. Ela se encontra após as cartas paulinas, de Tiago, petrinas e joaninas. O texto imediatamente posterior a ela é o Apocalipse (ou Revelação, do apóstolo João), o último livro das Escrituras; originalmente, em si, também uma série de cartas enviadas às sete igrejas da Ásia Menor.

A estrutura textual e argumentativa encontrada na Epístola de Judas será apresentada abaixo de forma resumptiva e esquemática, tal como a apresentou Maurice Carrez, juntamente com outros autores (Carrez *et al.*, 2008 [1987]) em seus estudos teológicos sobre a carta, adaptada aqui aos nossos interesses, mediante trechos extraídos da tradução de Moisés Olímpio-Ferreira[11], elaborada para o presente volume.

Plano da epístola

1-2 Endereço-saudação

3-4 Finalidade da carta: exortar os destinatários

a combaterem pela fé[12]: "... *tive necessidade* {de} *vos escrever, chamando*{-vos} *ao lado* (*exortando*{-vos}) {para} *estardes lutando com intensidade sobre a que, uma única vez, foi entregue aos santos: a prova*",

porque homens perigosos

para a comunidade come-

çaram a causar prejuízos: "...*pois alguns humanos (algumas pessoas) se infiltraram (deslizaram-se) sub-repticiamente – aqueles que há muito tempo estão previamente inscritos para esse juízo –, sacrílegos que estão transportando a graça de nosso Deus para dentro da libertinagem (impudência) e que estão negando o único soberano e senhor de nós, Jesus Cristo*".

5-23 Argumentação:

5-7: Desejo trazer-vos à memória 3 exemplos de castigo

tirados do Antigo Testamento:

o povo durante o êxodo,

os anjos,

Sodoma e Gomora.

8-16: Essas pessoas agem do mesmo modo; logo, são

passíveis dos mesmos castigos.

17-23: Exortação: "*Vós, amados, lembrai-vos das palavras*

que foram previamente {e estão} ditas pelos apóstolos... entrai {e permanecei} no ato de tratar com misericórdia (piedade, compaixão)..."

24-25 Doxologia final.

Fonte: adaptado de Carrez *et al.*, 2008 [1987], p. 306.

Na sua proposta de tradução linear, Olímpio-Ferreira justifica a sua escolha para a tradução de *pístis*, afirmando o seguinte:

> Não nos parece que πίστις esteja sendo empregada como conjunto de convicções, sistema de crenças e valores doutrinários, soma das doutrinas cristãs, sistema de ensino apostólico, ou mesmo estado psicológico subjetivo de convicção, crença, confiança, fidelidade. Ora, a *fé* no bom-anúncio, a seu modo, remonta a eras pré-Jesus, segundo lemos em *Hebreus* (4.2), não estando, portanto, restrita a um ato hápax. Sendo assim, como definir πίστις? Em que momento ela teria sido *entregue aos santos*? Trata-se de questões que, de fato, ainda não foram abordadas com clareza, deixando sempre a critério do leitor as possíveis sugestões interpretativas.
> É importante esclarecer de antemão que o termo πίστις não possui um único sentido (fenômeno comum nas línguas naturais, tendo em vista que o sentido é determinado pelos contextos sócio-históricos), como nos faz supor equivocadamente as traduções da Bíblia em português (Olímpio-Ferreira, Capítulo 3).

Assim, a sugestão "é que o termo seja traduzido como *prova, evidência*", que "também é um de seus possíveis significados" (ibid.). Mas prova ou evidência do quê? Enfim, "que prova (πίστις) teria sido essa e quando ela teria sido *entregue uma única vez aos santos*?", indaga o tradutor e comentarista. Sem retomarmos todo o argumento desenvolvido por ele, que poderá ser visto no capítulo de sua autoria neste livro, apresentamos a conclusão a que chega o autor, a partir de certas evidências, do que poderia ser este *hápax*:

> É facilmente perceptível pelas referências acima a enorme insistência sobre a singularidade do evento morte de Cristo; a ênfase persistente, com nítido objetivo de marcá-lo de modo decisivo – *uma única vez* (ἁπάξ), *uma vez por todas* (ἐφάπάξ) – põe em evidência o seu caráter irrevogavelmente único: não ocorreu antes e jamais ocorrerá novamente, sem implicar ao verbo alguma ideia perfectiva (Olímpio-Ferreira, Capítulo 3).

Após análises linguísticas sobre o aspecto verbal empregado na passagem (o fato de o particípio παραδοθείσῃ (*que foi entregue* - v.3) estar no *aoristo* – ato pontual – e não no *perfectum* – um estado), Olímpio-Ferreira chega à conclusão de que não haveria "outra *prova* maior para os fundamentos da fé cristã do que a morte de Cristo, *entregue aos santos uma única vez*". E essa "ação da morte de Cristo foi pontual, haja vista o sepulcro vazio". Conforme argumenta Olímpio-Ferreira,

> É a partir da constatação dessa crença da igreja primitiva que nos parece possível entender que o evento ocorrido *uma única vez* (ἁπάξ) em Judas pode ser justamente a *prova* (πίστις) sólida entregue aos santos *uma única vez* (ἁπάξ), em cima da qual eles devem permanecer (Olímpio-Ferreira, Capítulo 3).

E é exatamente isso que teria sido transmitido até aquele momento às comunidades de forma irrefutável. Essa *prova* teria contribuído para a formação do próprio caráter das comunidades cristãs do primeiro século.

Para os propósitos de nosso capítulo, podemos afirmar que a escolha justificada de Olímpio-Ferreira para tradução de *pístis* como *a prova*, vem ao encontro da forma como temos aderido às teses de Peirce para aquilo que este filósofo denominou de *pensamento*, *concepção*, *crença*, *atitudes* e *condutas* de um sujeito na sua relação com os demais sujeitos de sua comunidade e na construção de seu *self* (Mead, 1934 *apud* Morris, 2010). Essas questões serão melhor desenvolvidas nas seções 2, 2.1. e 3. Por ora, basta afirmar que, para nós, *a prova* sobre a qual o autor da Epístola se refere está relacionada filosófica e teologicamente com a formulação do pensamento e da crença (empregada aqui no sentido de Peirce, conforme veremos), e porque não dizer: da certeza, verificável na construção do *self*, cuja implicação identitária com a comunidade no seu *em torno* é imprescindível.

Os destinatários, a origem e o conteúdo da epístola

Maurice Carrez e outros autores (Carrez *et al.*, 2008 [1987], p. 304) consideram a Epístola de Judas de difícil identificação. A carta foi enviada "aos chamados que estão no estado de amados em Deus pai e que estão no estado de guardados em Jesus Cristo" (v. 1). Justamente por isso, Carrez *et al.* (2008 [1987]) confessam que este endereço não permite aproximação muito precisa da(s) comunidade(s) destinatária(s). Para esses autores, a tradição que situa a atividade apostólica de Judas na Síria não é nem pior nem melhor do que qualquer outra hipótese. Daí o fato de eles situarem nessa região os primeiros leitores da epístola, acrescentando a isso, porém, que tal ponto não seja de grande importância, uma vez que o texto rapidamente amplia seu alcance para todos os cristãos, tornando-se, assim, uma epístola universal. Essa visão é também defendida por Marcelo da Silva Carneiro, no Capítulo 1.

Outra hipótese aventada pelos mesmos autores é que os destinatários imediatos da carta deviam ter sido os cristãos em sua maioria gentílica. Essa conjectura está assentada no fato de que as condutas imorais temidas pelo autor da carta "não teriam ameaçado tão facilmente judeu-cristãos, cujos hábitos morais eram rigorosos" (Carrez *et al.*, 2008 [1987], p. 304), muitas vezes até excessivamente judaizantes em alguns casos e, em certos lugares, a ponto de serem, na Epístola aos Gálatas, admoestados pelo apóstolo Paulo a deixarem tais práticas.

Outra forma de determinar a comunidade dos leitores de Judas dar-se-ia, teoricamente de forma indireta, mediante a identificação *dos adversários visados*, isto é, contra os quais a epístola quer chamar a atenção (Carrez *et al.*, 2008 [1987]). Ainda segundo entendem Carrez et al. (2008 [1987], p. 304), embora a brevidade e a imprecisão do texto desencorajem conclusões mais assertivas, considerando os critérios rigorosos de investigação de nosso tempo, é possível afirmar, todavia, que condutas imorais, muito comuns no meio helenístico urbanizado, ameaçavam os cristãos que não tinham retido do Evangelho senão a sua mensagem de liberdade mal entendida, de modo que, essa filtragem da mensagem cristã já anunciava alguns aspectos da *gnose*[13], conforme é também possível reconhecer, por exemplo, em 1Coríntios, na pretensão de alguns daquela comunidade à condição de "pneumáticos" ou espirituais.

Embora não seja impossível que o autor da carta seja, de fato, "Judas... irmão de Tiago"[14], conforme esteja explícito na abertura do texto: "*Judas, escravo de Cristo Jesus, irmão de Tiago...*", algumas objeções vêm sendo levantadas a respeito de sua autoria. Para uma discussão mais aprofundada sobre a questão, ver, por exemplo, na presente obra, o já referido texto de Marcelo Carneiro. Ainda que a objeção a respeito da linguagem não tenha peso decisivo por si mesma, o mesmo não se pode afirmar da expressão: "*{para} estardes lutando com intensidade sobre a que, uma única vez, foi entregue aos santos: a prova*"[15]. De acordo com Carrez *et al.* (2008 [1987]), esta fórmula assemelha-se muito ao princípio teológico posterior de que "a Revelação se encerrou com a morte do último apóstolo", de modo que, no versículo 17, a insistência na necessidade de "*...lembrai-vos das palavras que foram previamente {e estão} ditas pelos apóstolos...*", não poderia se explicar bem a não ser depois da morte deles, conforme também podemos entrever no versículo 18: "[apóstolos] que *diziam para vós...*" está no pretérito imperfeito.

Assim, conforme entendem Carrez *et al.* (2008 [1987], p. 306), e nós na esteira deles, "este conjunto de dados convergentes leva a maior parte dos comentadores, inclusive católicos, a verem nesta epístola novo caso de pseudonímia", a mesma posição também é defendida por Carneiro, para quem, "tanto no fato de citar os apóstolos, quanto na expressão "edificar na fé", o texto de Judas remete à posição de abalizador do que foi comunicado pelos apóstolos antes dele, o que também insere o texto no período pós-apostólico, ao menos no fim do século I". Portanto, Carneiro entende

> que a Epístola de Judas é um texto cristão que circulou rapidamente no Ocidente, ao mesmo tempo em que dialogava com o mundo oriental judaico. Por isso, me arrisco a pensar na Ásia Menor e seus espaços de fronteira entre o mundo ocidental e oriental como lugar de origem. Seria um meio termo entre as duas posições e se adequaria a outros escritos do Novo Testamento, como Gálatas, as Epístolas de João e a versão final do Evangelho joanino, além de Lucas e Atos (Carneiro, Capítulo 1).

As precedentes discussões foram necessárias para contextualizar, ainda que de forma breve, a Epístola de Judas quanto ao seu contexto de circulação mais imediato. Podemos agora prosseguir, estudando mais diretamente a posição da Epístola na formação do cânon bíblico e na sua relação com outros livros.

Uma posição canônica estratégica: exemplos de punição para a edificação moral

Podendo ser considerada um sumário ou preâmbulo do Apocalipse, não à toa, segundo entendemos, a Epístola de Judas é a última das cartas (na verdade, um bilhete) e uma espécie de revelação resumida, que, de algum modo, prepara o leitor para o Livro da Revelação, na organização do cânon bíblico.

Resumida e comparativamente ao Apocalipse, a Epístola de Judas: a) apresenta a fé cristã; b) previne a igreja dos possíveis desvios morais, éticos e espirituais que poderão levá-la à separação de Cristo e de Deus (apostasia); c) exemplifica as principais punições para os rebeldes e desviantes da fé revelada e da doutrina estabelecida, com exemplos do Antigo Testamento, como o dos incrédulos depois da saída do Egito, o da queda dos anjos e o da punição de Sodoma e Gomorra; d) conclama a todos a viverem de acordo com a prova, a fé, que uma vez por todas foi dada, revelada, aos santos (escolhidos, separados), afastando-se do pecado; e) apresenta uma doxologia que faz as vezes da imagem da união da Igreja (a noiva) com Cristo, numa espécie de comunhão final e universal.

Além dos três castigos, paralelisticamente, Judas 11 enumera as três maldições que, respectivamente, caíram sobre Caim, Balaão e Coré, devido ao erro do caminho deles, quais sejam: Caim – o caminho da rejeição; Balaão – o caminho do compromisso; Coré – o caminho da rebelião: "*Ai deles! porque foram pelo caminho de Caim, e por amor do lucro se atiraram ao erro de Balaão e pereceram na rebelião de Coré*". Na tradução mais literal de Olímpio-Ferreira, cujas preocupações são de ordem mais semânticas (de sentido e conteúdo) do que estilísticas, encontramos:

> "*Ai para eles, porque pelo caminho de Caim andaram, e pelo erro da remuneração (prêmio) de Balaão deixaram-se cair (derramaram-se, precipitaram-se) completamente, e pela contestação (contradição) de Coré pereceram completamente*".

Uma vez exposto o conteúdo da epístola, juntamente com sua estrutura e seus propósitos morais mais imediatos, passemos, a seguir, à fundamentação teórica sobre a qual nossas teses estarão apoiadas.

5.2 A realidade de Deus segundo Charles Peirce[16]

Charles Sanders Peirce (1839-1914), conhecido como o fundador do Pragmatismo, apresenta uma poderosa reflexão sobre o conhecimento experiencial. Seu pensamento científico-filosófico é, de fato, uma das poucas tentativas modernas bem-sucedidas de revisar a compreensão da filosofia moderna dos conceitos de experiência e razão. Assim, Peirce respeita, sobretudo, o ponto de partida científico moderno, ou "experiência", mas não sem mostrar que a atitude mais consistente perante a vida humana em relação a esse conceito é entendê-la como resultado cognitivo total. Mas na filosofia não existe uma arte especial de observação, nem conhecimentos previamente adquiridos à luz dos quais se possa interpretar a experiência. Conforme ele mesmo afirma: "Em filosofia, a experiência é o resultado cognitivo de tudo que vive" (Peirce, CP[17] 7, 527).

Segundo o *idealismo objetivo* de Peirce, a mente é a substância primordial do universo e não a matéria, como diriam os *materialistas*, ou mesmo as duas em conjunto, mente e matéria, como substâncias primordiais. Absolutamente, não é o que ocorre dentro da filosofia peirceana. Dentro dela, a mente é a substância primordial, e a matéria surge da mente. Daí ser chamado de *idealismo objetivo*, porque a prova disso, segundo Peirce, está no mundo. Então, como explicar a matéria? *Matéria*, para Pierce, é mente quase morta (Almeida, 2023).

De acordo com Almeida (2023), para Peirce a matéria é mente que adquiriu hábitos sucessivos e consecutivos, até chegar a um estado de não poder mais adquiri-los, ou, por assim dizer, a uma espécie de saturação, embora sempre haja certa tendência na continuidade dessa aquisição. Peirce batiza esse processo ou o resultado dele com a seguinte expressão: *matéria é mente quase morta*. Ou seja, a mente sempre está por detrás de tudo. A mente é coisa objetiva, é propriedade cósmica e não meramente propriedade da mente humana, ou de alguém capaz de produzir cognição. A partir desse argumento, qual seria então a principal característica da mente para Peirce? Justamente a ideia de que ela adquire hábitos. De fato, segundo ele, qualquer coisa que possa adquirir hábitos – e a matéria adquire hábitos – é algo de natureza do mental, de modo que podemos procurar por ela, onde ela aparecer. Assim, nós nos voltamos para o mundo para perguntar: qual seria, portanto, o resultado de tudo isso, que é a exata definição de realismo objetivo? É o de que existe uma conaturalidade entre mente e matéria.

Com base nessa compreensão da experiência, Peirce reconhece não apenas a racionalidade, mas também a racionalidade de sua crença em Deus. A natureza vaga da ideia de Deus vem precisamente do fato de que todo conhecimento é baseado na experiência. No entanto, a experiência não pode estar ligada apenas às impressões dos primeiros sentidos. Peirce disse:

> Alguns psicólogos me atrapalham dizendo que, embora admitam que a experiência é mais do que mera sensação, não podem estendê-la a todo o produto mental, porque isso incluiria alucinações, ilusões, imaginações supersticiosas e todos os tipos de erros. Alucinações, ilusões, imaginações supersticiosas e ilusões de todo tipo são experiências, mas experiências equivocadas; atribuir todo o nosso conhecimento apenas à percepção dos sentidos é, por sua vez, não saber nada – nem mesmo erroneamente – sobre coisas superiores, como honra, aspiração e amor (CP 6, 492).

Desse ponto de vista, aceitamos que temos algo como ideia de Deus e "de onde viria tal ideia, senão da experiência direta?" (CP 6, 493). Mas, neste caso, a experiência direta não é a fonte do processo que leva ao raciocínio e produz uma ideia de Deus. Por Deus, "abra seus olhos – e seu coração, que também é um órgão de percepção – e você o verá" (CP 6, 493). É uma experiência instintiva, assim como é a experiência que fundamenta o conhecimento científico. Experimentar Deus é, portanto, possível por meio do que Peirce chama de diversão ou "sonho" — isto é, certo estado de espírito e de coração sem quaisquer regras, que corre livremente através dos níveis de experiência e que é mais rápido ao longo do caminho; deste modo, a ideia de Deus nos atinge com tanta força que se torna uma crença instintiva em nós, ou seja, a base de todo raciocínio posterior. Essa seria a "presença" absoluta de Deus, uma realidade independente dos indivíduos que a veem como "real" (como acontece, aliás, analogamente a um elemento químico que ainda não foi descoberto e, no entanto, não é considerado irreal).

Peirce é profundo conhecedor da tradição filosófica europeia, como é possível deduzir das páginas de suas "Lessons from the History of Philosophy", capítulo 1, livro I, de seus "Collected Papers", e de suas próprias declarações: "Dediquei duas horas por dia ao estudo da "Crítica da Razão Pura" de Kant por mais de três anos, até saber quase todo o livro de cor e examinar criticamente cada seção dele" (CP 1, 4). Nesse sentido, ele mesmo não se afastará da tradição, se não crente, pelo menos cristã, de toda a tradição filosófica europeia, em que, pelo menos desde a Escolástica, a fé em Deus tem sido um dos motores para a reflexão e para a busca filosófica.

Em seu artigo "Um argumento negligenciado para a existência de Deus", Peirce (2003, 2023) apresenta Deus já no primeiro parágrafo de abertura como *Ens Necessarium* (*ente* necessário) porque, segundo ele, "a palavra 'Deus'", escrita com tal letra maiúscula [...] "(como nós americanos dizemos), é o nome próprio definível, significando *Ens necessarium*: segundo minha crença, realmente criador de todos os três Universos de Experiência" (Peirce, 2003, p. 98).

De acordo com Peirce (2023, p. 4-5), dos três Universos de Experiência familiares a todos nós, o primeiro compreende meras Ideias, "esses nadas etéreos aos quais a mente dos poetas, dos puros matemáticos, ou outros, poderia dar habitação local e um nome dentro dessa mente". A própria nadidade etérea delas, segundo Peirce, o fato de seu Ser consistir na mera capacidade de ser pensado e não em ser Atualmente pensado por alguém, preserva a sua Realidade.

Já, o segundo Universo, de acordo a divisão proposta por Peirce (2003/2023), é aquele da Atualidade Bruta das coisas e dos fatos. "Não obstante objeções – até que sejam minuciosa e suficientemente examinadas – formidáveis, estou seguro [diz ele] de que seu Ser consiste em reações contra forças Brutas" (2023, p. 5). O terceiro Universo, por sua vez, "compreende tudo cujo Ser consiste no poder ativo para estabelecer conexões entre diferentes objetos, especialmente entre objetos em Universos diferentes. Assim é tudo aquilo que é essencialmente um Signo" (2023, p. 5). É justamente aqui, neste terceiro Universo, que encontramos o cerne da semiótica peirceana. Conforme explica Peirce, este último aspecto, o do terceiro Universo, "não é o mero corpo do

Signo, que em essência não é assim, mas, por assim dizer, a Alma do Signo, cujo ser está no seu poder de servir como intermediário entre seu Objeto e uma Mente". A nuance semiótica dada por Peirce a este terceiro Universo fica tão mais evidente em seu argumento quanto mais a exemplificação dada sobre as características dele é explorada. Senão, vejamos. De acordo com Peirce:

> a Alma do Signo, cujo ser está no seu poder de servir como intermediário entre seu Objeto e uma Mente. Assim, também, é uma consciência viva, e assim a vida, o poder de crescimento de uma planta. Assim é uma instituição viva – um jornal diário, uma grande fortuna, um 'movimento' social" (Peirce, 2023, p. 5).

Entretanto, em que medida toda essa exposição a respeito da filosofia de Peirce vem se relacionar com o nosso estudo sobre a Epístola de Judas? A resposta é esta: a primeira e mais importante razão para apresentarmos nesta longa seção a posição filosófica de Peirce e, portanto, da filosofia pragmatista americana, é o fato de que essa corrente filosófica, na figura de Peirce, não nega a racionalidade de sua crença em Deus, antes, a confirma e a amplia com sua perspectiva semiótica. A segunda é podermos, deste modo, indicar que a leitura que fazemos da Epístola de Judas, segundo a perspectiva dessa escola filosófica, é, por assim dizer, natural e filosoficamente autorizada. "Natural e filosoficamente" porque a natureza vaga da ideia de Deus na filosofia de Peirce vem precisamente do fato de que todo conhecimento é baseado na experiência. Ou conforme ele claramente afirma:

> Uma "Experiência" é um efeito consciente brutalmente produzido, o qual contribui para um hábito, autocontrolado, conquanto tão satisfatório, sob deliberação, que por nenhum exercício positivo de vigor interno ele é destrutível. Uso a palavra "autocontrolado" para "controlado pelo self do pensador", e não para "descontrolado" exceto em seu próprio autodesenvolvimento, isto é, automático [...] (Peirce, 2023, p. 4).

Pensamento, crença, ações e condutas segundo Peirce

No artigo "Como tornar claras nossas ideias", Peirce (s/d [1878], p. 6) introduz a noção de que "a produção da crença é a única função do pensamento". Para Peirce, "o pensamento é apenas um destes sistemas, pois que o seu motivo, a sua ideia ou a sua função é apenas a de produzir crença" (Peirce, s/d [1878], p. 8). Assim, se o pensamento tem por finalidade única produzir a crença, não podemos nos esquecer de que esta – a crença – é a base dos nossos atos, ações ou conduta. O homem é considerado por Peirce como um ser, um sujeito de hábitos, costumes e crenças. E o que é, então, para ele, a crença? É algo que precisamente possui três propriedades: "primeiro, é algo de que nos damos conta; segundo, sossega a irritação do pensamento; e, terceiro, implica a determinação na nossa natureza de uma regra de acção, ou, numa palavra, de um hábito" (Peirce, s/d [1878, p. 8). Assim, quando sossega a irritação da dúvida, que é o motivo do pensamento, o pensamento acalma-se e descansa o momento em que chega à crença; e é aqui que está um dos elos para o nosso principal argumento neste ensaio. Caso o nosso pensamento, que tem por finalidade única produzir *a crença que está na base de nossos atos*, seja influenciado (na linguagem de Judas, *corrompido*) por modelos morais ou éticos que não estejam de acordo com aqueles de nossos grupos de origem, ou com aqueles que nos servem de modelos para construirmos o nosso *self*, passaremos do estado de homens para o de animais irracionais: "Esses, por um lado, vão blasfemando em relação às coisas quantas eles não concluíram o ato de saber; por outro, em relação às coisas quantas *{eles}*, por natureza, concluíram o ato de saber, como os animais irracionais vão-se corrompendo em tais coisas" (Judas 10, [grifos nossos]).

Como o argumento de Peirce é experimental, a realidade de Deus, ou a realidade segundo Deus, é pragmaticamente indiscutível, não uma inferência. Se, por um lado, *argumento* é qualquer processo de pensamento que racionalmente tende a produzir certa crença, um raciocínio que parte de premissas bem formuladas; *crença*, por outro lado, torna-se uma ideia arraigada, um comportamento enraizado em um processo de pensamento. Em conclusão, para Peirce, ação, sentidos, hábito, comportamento, concepção e crença estão interrelacionados. Vejamos:

> Deste modo, a nossa acção tem referência exclusiva ao que afecta os sentidos, o nosso hábito tem o mesmo comportamento que a nossa acção, a nossa crença o mesmo que o nosso hábito, e a nossa concepção o mesmo que a nossa crença (Peirce, s/d [1878, p. 12).

Partindo desses pressupostos, então, a simples permanência de sujeitos contrários à fé cristã dentro de suas comunidades, propagando ideias contrárias ao que havia sido transmitido inicialmente pelos apóstolos, poderia não ser apenas ideias, já que elas poderiam passar para os sentidos (ou melhor, passar a fazer sentido), criar diferentes concepções; em seguida, criaria diferentes hábitos, que levariam a novos comportamentos e novas atitudes, que, por sua vez, transformar-se-iam em uma nova crença (nos ambos sentidos: no sentido Peirceano e no sentido mais usual, mais comum de *crença*). Assim, o argumento é mais amplo do que a argumentação, mais vago, mais alinhado com um conceito vago de Deus, e *o argumento sobre a realidade de Deus torna-se uma crença que se torna religiosa depois do sonho* (entretenimento). Portanto, este argumento não deve apresentar sua conclusão como proposição teológica metafísica, mas *uma forma que possa ser aplicada diretamente ao comportamento* (Peirce, 2003).

Considerando, portanto, essas ideias de Peirce e de sua realidade quanto a Deus, de seu *idealismo objetivo* e de como a mente é a substância primordial do universo em que ela modela e é modelada, por assim dizer, podemos, agora, avançar nossas ideias acerca da psicologia social de Mead (*apud* Morris, 2010) e a relacionarmos com os objetivos precípuos da Epístola de Judas, que, segundo defendemos, prestava naquele contexto imediato um alerta às comunidades cristãs quanto ao fato de se precaverem contra os inimigos da genuína fé cristã; ou, se formos menos dogmáticos e apologéticos, para que eles pudessem construir o *self de cada um e de todos* os membros daquela sociedade, segundo os valores cristãos vigentes.

5.3 Mead e os conceitos de *mente*, *self* e *sociedade*

Segundo as posições defendidas por Georg Herbert Mead (1863-1931) (Mead, 1934 *apud* Morris, 2010)[18], a partir de uma perspectiva do behaviorismo social a respeito da psicologia social, podemos afirmar que o comportamento de uma pessoa, de um indivíduo, só pode ser entendido em sua inserção no processo social. O cerne de nossa argumentação é o de que, em um só expressão, o *self* – isto é, a *experiência* e o *comportamento individual*, tal como o self é definido – ainda que tenha certa base de mecanismo fisiológico, está em dependência do grupo social ao qual pertence (Mead, 2010 [1934]), bem como, a adesão às teses conceituais de Peirce, tais como o *pensamento*, a *concepção*, a *crença*, as *atitudes* e as *condutas* de um sujeito na sua relação com os demais sujeitos de sua comunidade estão na base da construção de seu *self*.

Mead inicia sua definição do *self* como "comportamento do organismo individual" (2010, p. 12), mas não isoladamente. Para ele, a psicologia social estuda a atividade ou o comportamento do indivíduo em sua inserção no processo social, de modo que o comportamento de uma pessoa só pode ser entendido em termos de comportamento do grupo social inteiro do qual ela faz parte, pois seus atos individuais estão implicados em atos sociais mais amplos que ultrapassam sua esfera particular e implicam os demais membros desse grupo. O autor distingue, com bastante clareza, a diferença entre *self* e *corpo*:

> o corpo pode estar lá e funcionar de maneira inteligente, sem que ali haja um self envolvido na experiência. O self tem a característica de ser um objeto para si mesmo, e esse atributo o distingue dos outros objetos e do corpo [...]. As partes do corpo são perfeitamente discerníveis do self. Podemos perder parte do corpo sem qualquer séria ameaça ao self (Mead, 2010 [1934], p. 152-153)

Mead propõe refletir sobre a característica do *self* como objeto para si mesmo. Essa característica está representada no termo *self*, uma partícula reflexiva que, em inglês, indica aquilo que tanto pode ser sujeito quanto objeto. Esse tipo de objeto "é essencialmente diferente de outros objetos e, no passado, foi enfatizado como consciência, adjetivo que indica a experiência de si mesmo, ou consigo mesmo", conforme afirma Mead (op. cit., p. 153). De certa forma, presumia-se que "a consciência tivesse essa capacidade de ser um objeto para si própria". (idem).

Para Mead, o *self* se forma com o uso da linguagem, ou, de acordo com seus termos: "através do diálogo com gestos significantes" (Mead, 2010 [1934], p. 205). O significado, assim, consiste em a pessoa realizar um gesto para outra, e a resposta subsequente provocada no receptor ser a mesma que evoca no emissor. Destacamos aqui como o autor descrevia a interação social com os termos de que dispunha à época, ou seja, com o paradigma mecanicista de Estímulo-Resposta.[19]

Enfim, em Mead (2010 [1934]), o termo *self* se refere ao processo em que o sujeito se experiencia como alguém próprio, atua como um eu e se percebe reflexiva e conscientemente como objeto de experiência, podendo se referir a si mesmo como *mim*. Natural e propositalmente não estamos reivindicando aqui nenhuma ligação com os estudos contemporâneos da mente que se desenvolveram de forma frutífera em *filosofia da mente*, principalmente durante toda a segunda metade do século XX e nas décadas iniciais do XXI, conforme podemos observar na obra de Gilbert Ryle, "The concept of Mind" (Ryle, 1949) e nas seu discípulo Daniel Dannett, "Brainstorms" (Dannett [1993] 2006) e "Tipos de Mentes" (Dannett, 1997), cujas abordagens são conhecidas como fisicalista, materialista ou naturalista a respeito da mente; na abordagem do realismo natural de Hilary Putnam, "Corda Tripla: mente, corpo e mundo" (Putnam, 2008) e "Razão, verdade e história" (Putnam, 1992); ou ainda nas brilhantes retomadas de Kant, Wittgenstein e Sellars feitas por John McDowell em "Mente e Mundo" (McDowell, 2005). Na mesma esteira, não se pode esquecer aqui do incontornável Wilfrid Sellars com o mito do dado, "Empirismo e Filosofia da Mente" (Sellars, 2008), bem como da não menos brilhante obra de Richard Rorty, "A filosofia e o espelho da natureza" (Rorty, 1994), livro paradoxalmente profundo e, ao mesmo tempo leve, extremamente erudito e a um só tempo introdutório, que só um mestre da envergadura e do estilo meticulosamente descontraído, mas exato, como o de Rorty, poderia tê-lo escrito. A propósito, é justamente nessa obra que o brilhantismo de Rorty estará a serviço do resumo do tão intricado "Empirismo e Filosofia da Mente" de Sellars:

> para Sellars, dizer que um relato sobre um pensamento passageiro é incorrigível é dizer que ninguém ainda sugeriu um bom modo de predizer e controlar o comportamento humano que não tome relatos contemporâneos sinceros de pensamentos na primeira pessoa pelo valor nominal. A segunda alternativa leva as explicações 'ontológicas' das relações entre mentes e significados, mentes e dados imediatos da consciência, universais e particulares, pensamento e linguagem, consciência e cérebro, e assim por diante (Rorty, 1994, p. 180-181).

A lista aqui poderia continuar com a magistral introdução de Paul M. Churchuland em "Matéria e consciência: uma introdução contemporânea à filosofia da mente" (Churchuland, 2004), cujo trabalho de divisão (ou identificação) das principais correntes – o dualismo: da propriedade e da substância, o behaviorismo filosófico, o materialismo reducionista, o funcionalismo e o materialismo eliminacionista – nos estudos da mente já aponta para uma tentativa séria de sistematizar a questão e assinalar caminhos para a sua compreensão e debate. Basta, contudo, afirmar que, embora não viemos a reivindicar tal ou qual posição mais moderna a respeito da mente na sua relação com o que Mead denomina *self*, uma afirmação como a do filósofo-linguista John Searle, que se posiciona radicalmente contra as posições dualistas, monistas e materialistas, mostra que as disposições de Mead não estão nem um pouco ultrapassadas e não é, por assim dizer, uma voz sozinha que clama no deserto, mas que pode ser reivindicada no atual debate, já que, como Searle afirma:

> não há como estudar os fenômenos da mente sem, implícita ou explicitamente, estudar a consciência. A razão básica disso é que realmente não temos noção do mental independentemente de nossa noção de consciência. Sem dúvida, a cada dado instante da vida de uma pessoa, a maioria dos fenômenos mentais na existência dessa mesma pessoa não está presente na consciência. [...] Porque os fenômenos mentais estão essencialmente relacionados à consciência, e porque a consciência é essencialmente subjetiva, segue-se que a ontologia do mental é essencialmente uma ontologia de primeira pessoa. Os estados mentais são sempre estados mentais de alguém. Há sempre uma 'primeira pessoa', um 'eu', que tem esses estados mentais (Searle, 2006, p. 31-34),

Ou como dirá Mead (2010 [1934]) um *self*. Nas suas conclusões – para ser exato, na última frase com a qual fecha seu livro –, Searle não poderia ser mais *meadiano* do que isto: "uma quarta e última diretriz é que precisamos redescobrir o caráter social da mente" (Searle, 2006, p. 355). Podemos afirmar, com absoluta certeza, de que o caminho já traçado por Mead não é o dos piores e pode lançar muitos *insights*.

Dessa forma, diante do que foi exposto até o momento, mais uma vez insistimos na *experiência e no comportamento individual do self como dependentes do grupo social ao qual pertencem, bem como, o pensamento, a concepção, a crença, as atitudes e as condutas de um sujeito na sua relação com os demais sujeitos de sua comunidade estão na base da construção de seu self.* Aplicando essa tese ao caso aqui em exame, é possível entender, na perspectiva de Pierce, segundo as palavras de Rodrigues (2003), que

> nenhum exercício de ceticismo interno pode alterar um hábito já consolidado pela Experiência; no plano da conduta, os hábitos, *signos inscritos pelo mundo dos fatos Brutos na mente*, não são removíveis por meio de mera especulação teórica. É preciso haver uma outra Experiência que mude a minha crença para que o hábito também seja mudado (Rodrigues, 2003, p. 91).

Assim, caso os sujeitos pertencentes às comunidades para as quais a Epístola era direcionada se deixassem levar não apenas pelas novas ideias, nem apenas pelas meras especulações, mas fossem de fato direcionados por novas condutas introduzidas e conduzidas por aqueles que estavam em desacordo com a fé transmitida pelos Apóstolos – como os *gnósticos*, por exemplo –, essas poderiam levá-los a uma outra experiência, e, por consequência desta, a uma mudança de crença, e por fim, a uma mudança de hábito.

Conforme temos buscado demonstrar ao longo deste texto, esta é a razão pela qual a Epístola de Judas é exemplar, neste sentido, isto é, por mostrar justamente de forma ilustrativa como se dá o funcionamento da formação entre self, grupo social, pensamento, concepção, crença, atitudes e condutas.

5.4 O imperativo categórico de Kant não pode ser absoluto

Como é de conhecimento geral, Immanuel Kant (1724-1804) procurou criar um *modelo ético* baseado unicamente na capacidade humana inata de julgamento, independentemente de qualquer justificação religiosa ou moral. Para tanto, Kant criou uma ordem que um indivíduo pode usar como uma espécie de bússola moral, a *ordem categórica*.

Esse dever é um código moral pessoal baseado unicamente na razão humana e nada tem que ver com autoridades sobrenaturais, supersticiosas, governamentais ou religiosas. A ética de Kant é desenvolvida principalmente em seu livro “Fundamentação da Metafísica dos Costumes” (Kant, 2007), publicado originalmente em 1785, e no qual o autor busca os fundamentos metafísicos da moral. Nele, Kant tenta criar uma base razoável para o dever, ou, conforme poderíamos denominar sob uma perspectiva proposicional e linguística, apresenta as bases daquilo que entendemos por *modalidade deôntica* ou *deontológica*[20], isto é, a busca para exprimir julgamentos de permissão, obrigação e proibição, que são condicionadas, no caso dele, não apenas por fatores externos ao indivíduo como algum sistema moral, legal ou qualquer outra fonte de autoridade, mas que estariam fundamentadas unicamente na razão humana.

Amplamente influenciado pelas ideias do Iluminismo, fundamentalmente laico, Kant reforça essa ideia ao afirmar que somente o pensamento autônomo pode levar um indivíduo à iluminação e à idade adulta. A maioridade em Kant não se refere propriamente à idade ou à maioridade burguesa, mas à independência individual baseada em sua capacidade racional de decidir por si mesmo quais são seus deveres. Nesse sentido, a moral kantiana contrasta com a moral cristã, na qual o dever é entendido como *normas heterônomas*[21], de fora para dentro, baseadas em ensinamentos bíblicos e religiosos. Dirá Kant na famosa frase que resume sua noção do *imperativo categórico*: "Duas coisas enchem o ânimo de admiração e veneração sempre crescentes: *o céu estrelado sobre mim e a lei moral em mim*" (Kant, 2016, p. 162/ p. 203).

A ética de Kant é baseada exclusivamente na razão, e as regras são feitas a partir da razão humana e da capacidade de criar regras para o próprio comportamento. Conforme afirma Wood (2009, p. 484), "Kant é enfático ao afirmar que a moralidade não se baseia na religião, mas ao contrário: a fé religiosa funda-se na moralidade". É por isso que ele dirá em "Fundamentação da Metafísica dos Costumes" que

> Toda a gente tem de confessar que uma lei que tenha de valer moralmente, isto é, como fundamento duma obrigação, tem de ter em si uma necessidade absoluta; que o mandamento: 'não deves mentir' não é válido somente para os homens e que outros seres racionais se não teriam que importar com ele, e assim todas as restantes leis propriamente morais; que, por conseguinte, o princípio da obrigação não se há-de buscar aqui na natureza do homem ou nas circunstâncias do mundo em que o homem está posto, mas sim *a priori* exclusivamente nos conceitos da razão pura, e que qualquer outro preceito baseado em princípios da simples experiência, e mesmo um preceito em certa medida universal, se ele se apoiar em princípios empíricos, num mínimo que seja, talvez apenas por um só

> móbil, poderá chamar-se na verdade uma regra prática, mas nunca uma lei moral (Kant, 2007, p. 15-16).

Isso garante a laicidade, a independência religiosa, a autonomia, a independência de normas e leis e a moralidade kantiana. Kant procurou, assim, substituir a autoridade imposta pela igreja pela autoridade da razão.

No entanto, gostaríamos de chamar a atenção para a impossibilidade do imperativo categórico kantiano, como forma *a priori* incondicionada de toda lei moral e, por assim dizer, *pura*, uma vez que, conforme observou Battista Mondin, embora o homem tenha deveres a cumprir, leis a observar, fins por realizar, estes mudam de uma época para outra, de um lugar para outro, de uma circunstância para outra (Mondin, 2021), como ocorre a exemplo da comunidade cristã para a qual a Epístola de Judas havia sido direcionada, que os procura precaver da armadilha para onde estavam sendo levados, assim como ocorre, contemporaneamente, com nossa própria sociedade.

Portanto, a partir do exemplo da Epístola de Judas, cuja mensagem religiosa e moral é a defesa dos valores cristãos, lidas aqui neste ensaio sob a luz do *idealismo objetivo* e das noções de *pensamento, concepção, crença, atitudes e condutas* de Peirce e dos conceitos *de mente, self* e *sociedade* de Mead, é preciso considerar que só podemos elaborar éticas relativistas ou situacionais. Segundo Wood (2009, p. 494), para Kant, "a verdadeira religião aspira ser uma comunidade ética universal que acolha toda a humanidade". E, neste sentido, para Kant, a "fé revelada não pode ser universal porque suas correntes [*tidings*] empíricas são certamente mais acessíveis às pessoas mais próximas de suas fontes do que as que estão mais distantes". Entretanto, como bem observou o mesmo Wood, esse argumento de Kant "não é um bom argumento, já que mesmo a moralidade fundamentada na razão pura [por ser essencialmente abstrata, digo eu] tem que se desenvolver historicamente, sua substância e espírito, também ficando inevitavelmente disponíveis mais a alguns do que a outros" (Wood, 2009, p. 494). E assim, considerando esses argumentos, chegamos ao ponto final de nosso texto com a proposta de uma alternativa para essa visão do imperativo categórico de Kant, que, segundo buscamos demonstrar, é impossível de ser aplicada devido à sua própria natureza apriorística.

Uma alternativa ao imperativo categórico kantiano: uma teoria da justiça de John Rawls

Um autor contemporâneo que se opõe a essa perspectiva moral kantiana, ou melhor, a reavalia e a coloca em melhores condições de aplicabilidade efetiva, é John Rawls. Conforme observou assertivamente Schwartz (2017, p. 280):[22] "o livro de 1971 de Rawls, "Uma teoria da justiça", é o maior, mais influente e profundo trabalho de ética do século xx". Nessa importante obra, Rawls define o seu propósito já nas primeiras páginas do prefácio: oferecer uma alternativa ao utilitarismo clássico de Hume, Adam Smith, Bentham e J.S. Mill, que, como ele acertadamente nota, foi a teoria ética normativa dominante. A alternativa de Rawls é uma versão da teoria do contrato social. E, como o próprio autor afirma, a sua teoria da justiça é uma versão da ética kantiana: "A teoria que resulta [do meu trabalho] tem natureza altamente kantiana" (Rawls, 2005a [1971], pp. vii-viii).

Conforme observaram Joshua Cohen e Thomas Nagel na Introdução à "A brief inquiry..." (Cohen e Nagel, 2009), quando John Rawls morreu em 2002, foi encontrado, entre seus arquivos, uma breve declaração intitulada "Sobre minha religião" [23], o segundo dos dois textos incluídos nesse volume. Aparentemente, ele o havia escrito na década de 1990, não para publicação, mas talvez para o interesse de familiares e amigos – embora não o tenha distribuído. Rawls descreve a história de suas crenças religiosas e atitudes em relação à religião e se refere a um período durante seus dois últimos anos como aluno de graduação em Princeton (1941–42), quando "ficou profundamente preocupado com a teologia e suas doutrinas" e considerou a possibilidade de frequentar um seminário para estudar para o sacerdócio episcopal. Mas ele decidiu se alistar no exército, "como muitos de meus amigos e colegas estavam fazendo". Em junho de 1945, ele havia abandonado suas crenças cristãs ortodoxas; com hesitação característica e negação de autoconhecimento, Rawls especula que suas crenças mudaram por causa de suas experiências na guerra e suas reflexões sobre o significado moral do Holocausto.

Rawls voltou para Princeton em 1946 para obter doutorado em filosofia. Seus amigos sabiam que antes da guerra ele havia considerado o sacerdócio, mas eles não sabiam de nenhum escrito sobrevivente que expressasse suas opiniões religiosas daquele período. De fato, "On My Religion" não menciona nenhuma. Não muito depois da morte de Rawls, no entanto, o professor Eric Gregory, do departamento de religião de Princeton, fez a descoberta surpreendente de que exatamente esse documento, o mais substancial dos dois textos inéditos de Rawls citados aqui neste capítulo, estava depositado na biblioteca de Princeton. "Uma breve investigação sobre o significado do pecado e da fé": uma interpretação baseada no conceito de comunidade é a tese final de Rawls, apresentada ao departamento de filosofia em dezembro de 1942, pouco antes da conclusão acelerada de seu bacharelado. Gregory o encontrou enquanto flanava ociosamente no catálogo de teses de graduados famosos de Princeton, quando, então, encomendou uma cópia e a leu, imediatamente reconhecendo a sua importância e decidindo escrever sobre ela (*cf.* Cohen; Nagel, 2009, p. 1-2).

Profundamente religioso na juventude, mas, por ocasião da sua morte, em 2002, ainda não eram conhecidos esses dois textos que se revelam fundamentais não só em termos biográficos, mas também na perspectiva da reavaliação do papel da religião na formação do projeto rawlsiano: uma defesa do liberalismo político assente em sólidos fundamentos normativos, remontando nomeadamente a Locke e a Kant.

E é assim que, não sendo um pensador comunitarista, Rawls sustenta um entendimento do liberalismo político como incluindo obrigatoriamente o reconhecimento das concepções abrangentes (*comprehensive*), razoáveis da vida e da sociedade, como acredita que são, em geral, as religiões. Na tese de 1942, tal como acontecerá na obra de maturidade, ele sublinhará que toda a autêntica comunidade supõe a existência de pessoas separadas, isto é, dotadas de autonomia e capazes de autodeterminação: "onde não há personalidade, não há comunidade" (Rawls, 2009, p. 69). Em contrapartida, se uma comunidade moral é uma relação entre pessoas distintas, a sociedade não é, por esse fato, um mero agregado de indivíduos. Na verdade, na teologia do jovem Rawls, pecado é "o repúdio do outro, a negação da comunidade", que é também repúdio de Deus, da comunidade com Deus.

Conforme afirmam Cohen e Nagel (2009), aqueles que estudaram a obra de Rawls e aqueles que o conheceram pessoalmente, estão cientes de um temperamento profundamente religioso que influenciou a sua vida e os seus escritos, quaisquer que tenham sido as suas crenças. Ele diz, por exemplo, que a filosofia política visa à defesa da fé razoável, em particular à fé razoável na possibilidade de uma democracia constitucional justa. Rawls afirma também que o reconhecimento dessa possibilidade molda nossa atitude "em relação ao mundo como um todo". Ele sugere que se uma sociedade razoavelmente justa não é possível, pode-se questionar apropriadamente se "vale a pena para os seres humanos viverem na terra"; não à toa, ele conclui "A Theory of Justice" com comentários profundamente comoventes sobre como a posição original nos permite ver o mundo social e nosso lugar nele *sub specie aeternitatis*. Essas e outras reflexões semelhantes expressam uma aspiração a uma visão abrangente do mundo, que é um elemento do que entendemos por temperamento religioso, segundo observam Cohen e Nagel (2009, p. 5).

Religião e convicção religiosa também são temas importantes na filosofia política de Rawls. Por exemplo, seu caso para o primeiro princípio de justiça – o da igualdade de liberdades básicas – *visa a generalizar o princípio da tolerância religiosa*. Mais amplamente, sua teoria da justiça é, em parte, uma resposta ao problema de como a legitimidade política pode ser alcançada apesar do conflito religioso e como, entre cidadãos de diferentes confissões religiosas, a justificação política pode ocorrer sem referência à convicção religiosa. Enfim, essas preocupações estão no cerne do relato de Rawls sobre o liberalismo político, cuja questão fundamental ele afirma da seguinte forma: "Como é possível, para aqueles que afirmam uma doutrina religiosa baseada na autoridade religiosa, por exemplo, a Igreja ou a Bíblia, também ter uma concepção política razoável que sustente um regime democrático justo?" (Cohen; Nagel, 2009, p. 5-6).

Por essas razões, as próprias atitudes de Rawls em relação à religião e seu desenvolvimento ao longo do tempo são de extraordinário interesse, tanto pessoalmente quanto para a compreensão de seu pensamento. E embora ela possa parecer distante das proposições e da finalidade da Carta de Judas, por esta última pertencer a lugar, época, cultura e a propósitos distintos dos daqueles de Rawls, o fato é que a obra de Rawls, de algum modo, diferentemente da de Kant – e ainda que, como se viu, Rawls declaradamente parta de Kant –, se conecta às intenções da Carta de Judas pelo simples fato de Rawls, ao contrário de Kant, negar a autonomia preconizada por este; isto é, para Rawls não há emancipação de valores exteriores, que produziu, na perspectiva de Kant, uma avaliação muito elevada da capacidade humana, sobretudo da razão humana como autoridade final e como crivo para a verdade. A razão, e somente a razão, poderia julgar o mundo do fenômeno e o mundo do númeno. Para Kant, essa autonomia representava a substituição do conceito de revelação do cristão – que tem sua expressão máxima em Cristo e na Bíblia – pela razão autônoma do homem.

Kant e sua ideia de autonomia fizeram dessa privação da graça mais que uma simples moldura teológica, pois, conforme entendem alguns autores, pela primeira vez na história da civilização ocidental, a natureza foi separada da graça de forma elaborada, consequente e consciente. No pensamento do homem moderno, a graça foi suplantada pela ideia de emancipação: o homem tinha que nascer de novo como pessoa completamente livre e autônoma, emancipada de qualquer pensamento preconizado. Pelo menos, conforme procuramos demonstrar até aqui, na perspectiva de Rawls, ao contrário da de Kant, não se pode ir muito além dessa suposta liberdade, autonomia e emancipação sem uma verdadeira irmanação social.

Considerações finais

Embora o homem tenha deveres a cumprir, leis a observar, fins por realizar, entendemos que estes mudam de uma época para outra, de um lugar para outro, de uma circunstância para outra (Mondin, 2021), como ocorre a exemplo da comunidade cristã para a qual a Epístola de Judas havia sido direcionada, procurando, assim, os precaver da armadilha para onde estavam sendo levados.

Portanto, com o exemplo da Epístola de Judas, cuja mensagem religiosa e moral é a defesa dos valores cristãos, e à luz do *idealismo objetivo* de Charles Peirce e dos conceitos de *mente, self e sociedade*, conforme defendidos por Georg H. Mead, segundo o qual o comportamento de um indivíduo só pode ser entendido em sua inserção no processo social, é preciso considerar que só podemos elaborar éticas relativistas ou situacionais; pois, de acordo com Wood (2009, p. 494), para Kant, "a verdadeira religião aspira ser uma comunidade ética universal que acolha toda a humanidade". Neste sentido, para Kant, a "fé revelada não pode ser universal porque suas correntes [*tidings*] empíricas são certamente mais acessíveis às pessoas mais próximas de suas fontes do que as que estão mais distantes". Entretanto, como bem observou o mesmo Wood, esse argumento de Kant "não é um bom argumento, já que mesmo a moralidade fundamentada na razão pura [por ser essencialmente abstrata, digo eu] tem que se desenvolver historicamente, sua substância e espírito também ficando inevitavelmente disponíveis mais a alguns do que a outros" (Wood, 2009, p. 494).

Por isso, segundo entendo, um autor que estará mais apropriado para substituir, ou melhor, aperfeiçoar a noção do *imperativo categórico kantiano*, é Rawls (2009), na medida em que, embora não sendo um pensador comunitarista, Rawls sustenta um entendimento do liberalismo político como incluindo obrigatoriamente o reconhecimento das concepções abrangentes (*comprehensive*) razoáveis da vida e da sociedade, como acredita que são, em geral, as religiões. Em contrapartida, se uma comunidade moral é uma relação entre pessoas distintas, a sociedade não é, por esse fato, um mero agregado de indivíduos. Na verdade, na teologia do jovem Rawls, conforme aqui já se demonstrou, pecado é "o repúdio do outro, a negação da comunidade", que é também repúdio de Deus, da comunidade com Deus. É por isso que a *Epístola Universal de Judas* se apresenta como um exemplo que há de melhor nesse apelo comunitário, na medida em que seu autor conclama para as pessoas da comunidade, enquanto corpo social, a quem a carta é dirigida, a combaterem juntas pela fé, pela prova, enfim, pela evidência, que de uma vez por todas foi dada aos santos.

Referências

Adams, R. M.

The Theological Ethics of the Young Rawls and Its Background. *In*: Rawls, J. *A Brief Inquiry into the Meaning of Sin and Faith*: With 'On My Religion'. Editado por Thomas Nagel. Cambridge, Massachusetts, and London, England Harvard University Press: 2009., p. 24-101.

Almeida, R. V.

A realidade de Deus segundo Charles Peirce. Conferência proferida na Faculdade de São Bento de São Paulo, realizada em 3 de abril de 2023. [notas pessoais]. Disponível em: https://www.youtube.com/watch?v=r-qBkkg8Wg4. Acesso em: 30 maio 2025.

Bíblia

Bíblia de Jerusalém. Tradução do texto em língua portuguesa diretamente dos originais. Tradução das introduções e notas de La Sainte Bible, edição de 1973, publicada sob a direção da École Biblique de Jerusalém. São Paulo: Paulinas, 1981.

Bíblia Sagrada. Traduzida em português por João Ferreira de Almeida. Edição revista e corrigida na grafia simplifica. 7a. impr. 2. edição. São Paulo: Geográfica, 2014.

Bíblia Sagrada: Nova Versão Internacional. Niterói: Instituto Nacional da Propriedade Industrial by Bíblica/ BV Films/ BV Books, 2014.

Broek, R. van den.

Studies in Gnosticism and Alexandrian Christianity. Leiden, New York, Köln: Brill, 1996.

CARREZ, M. *et al.*

As cartas de Paulo, Tiago, Pedro e Judas. 3. ed. Tradução de Benôni Lemos. São Paulo: Paulus, 2008 [1ª ed. 1987].

COHEN, J.; NAGEL, T.

Introduction. *In*: Rawls, J. *A Brief Inquiry into the Meaning of Sin and Faith: With 'On My Religion'*. Editado por Thomas Nagel. Cambridge, Massachusetts, and London, England Harvard University Press: 2009, p. 1-23.

CHARLESWORTH, J. H.

Jesus dentro do Judaísmo: novas revelações a partir de estimulantes descobertas arqueológicas. Tradução de Henrique de Mauro Mesquita. Rio de Janeiro: Imago, 1992.

CHURCHLAND, P.. H.

Matéria e consciência: uma introdução contemporânea à Filosofia da Mente. São Paulo: Unesp, 2004.

DANNETT, D. C.

Tipos de Mente: rumo a uma compreensão da consciência. Trad. Alexandre Tort. Rio de Janeiro: Rocco, 1997. [Col. Ciência Atual].

DANNETT, D. C.

Brainstorms. Ensaios filosóficos sobre a mente e a psicologia. Trad. Luiz Henrique de Araújo Dutra. São Paulo: Unesp, 2006.

EAGLETON. T.

A morte de Deus na cultura. 2. ed. Tradução de Clóvis Marques. Rio de Janeiro/ São Paulo: Record, 2018.

GUYNTER, P. (ORG.).

Kant. Tradução de Cassiano Terra Rodrigues. Aparecida-SP: Ideias e Letras, 2009. (Coleção Companions & Companions da Cambridge University Press).

JANKÉLÉVITCH. V.

Curso de Filosofia Moral. Trad. Eduardo Brandão. São Paulo: WMF Martins Fontes, 2008.

KANT. I.

Crítica da razão prática. 6. reimpr. Tradução de Monique Hulshof. Petrópolis: Vozes, 2022.

Fundamentação da Metafísica dos Costumes. Tradução de Paulo Quintela. Lisboa: Edições 70, 2007.

KENEDY, E.; GUESSER, S.

"O jovem Chomsky, sua resenha de 1959 e a derrocada do behaviorismo". *In*: OTHERO, G. A.; KENEDY, E. (org.). *Chomsky*: a reinvenção da linguística. São Paulo: Contexto, 2019 p. 47-64.

MCDOWWELL, J.

Mente e mundo. Trad. João Vergílio Gallerani Cuter. Ensaio Introdutório Hilan Bensusan Aparecida, SP: Ideias e Letras, 2005.

MONDIN, B.

Introdução à Filosofia. Problemas, Sistemas, Autores, Obras. Tradução de J. Renard. São Paulo: Paulus, 2021.

PEARSON, B. A.

Gnosticism and Christianity in Roman and Coptic Egypt. New York: T & T Clark International, 2004.

PEIRCE, C. S.

The Collected Papers of Charles Sanders Peirce. Ed.: C. Hartshorne & P. Weiss - v. I-VI- & A. Burks - v. VII-VIII; Cambridge, Massachusetts: Harvard University Press, 1931-35; 1958.

Um argumento negligenciado para a existência de Deus. Introdução e Tradução de Cassiano Terra Rodrigues. *Cognitio*, Revista de Filosofia, São Paulo: Educ, v. 4, nº 1, p. 98-133, jan.-jun. 2003.

Um argumento negligenciado em favor da realidade de Deus. Tradução de Cassiano Terra Rodrigues. *Cognitio*, Revista de Filosofia Centro de Estudos de Pragmatismo, São Paulo: Educ, v. 24, n. 1, p. 1-25, jan.-dez. 2023.

Como tornar as nossas ideias claras (How to make our ideas clear, *In:* Collected Papers V, 388-410). Tradução de António Fidalgo, Universidade da Beira Interior. Biblioteca On-line de Ciências da Comunicação, s/d. [1878]. Disponível em: https://www.bocc.ubi.pt/pag/fidalgo-peirce-how-to-make.pdf. Acesso em: 12 set. 2023.

PUTNAM, H.

Razão, verdade e história. Trad. Antonio Duarte. Lisboa: Dom Quixote, 1992.

Corda tripla: mente, corpo e mundo. Trad. Adail Sobral. Aparecida-SP: Ideias e Letras, 2008.

QUISPEL, G.

Gnosis. *Vox Theologica* 39, p. 27-35, 1969.

RAWLS, J.

A theory of justice. Original edition. Cambridge (MA); London (Eng): The Kelknap of Harvard University Press, 2005a.

História da filosofia moral. (Organização de Barbara Herman). São Paulo: Martins Fontes, 2005b.

A Brief Inquiry into the Meaning of Sin and Faith: With 'On My Religion'. Editado por Thomas Nagel. Cambridge, Massachusetts, and London, England Harvard University Press: 2009.

Uma teoria da justiça. 4. ed. São Paulo: Martins Fontes, 2021.

RODRIGUES, C. T.

"Apresentação", p. 87-97. In. PEIRCE, C. S. Um argumento negligenciado para a existência de Deus. Introdução e Tradução de Cassiano Terra Rodrigues. *Cognitio*, Revista de Filosofia, São Paulo: Educ, v. 4, n. 1, p. 98-133, jan.-jun. 2003.

SEARLE, J. R.

A Redescoberta da mente. 2 ed. Trad. Eduardo Pereira e Ferreira. São Paulo: Martins Fontes, 2006.

SELLARS, W.

Empirismo e filosofia da mente. Trad. Sofia Inês Albornoz Stein. Petrópolis: Vozes, 2008.

SCHWARTZ, S. P.

Uma breve história da Filosofia Analítica: de Russell a Rawls. São Paulo: Loyola, 2017.

VAZ, H. C. L.

Problemas de fronteira. Escritos de filosofia I. São Paulo: Loyola, 2002.

WOOD, A. W.

Teologia racional, fé moral e religião. *In*: Guynter, P. (org.). *Kant*. Tradução de Cassiano Terra Rodrigues. Aparecida-SP: Ideias e Letras, 2009. (Coleção Companions & Companions da Cambridge University Press), p. 471-498.

Notas

1 É importante observar que não assumiremos a posição radical da noção de *self* de Mead, mas uma posição, por assim dizer, moderada. Para Mead (1934, *apud* Morris, 2010, p. 153, n.1), "o comportamento do homem em seu grupo social é tal que ele é capaz de tornar-se um objetivo para si mesmo, fato que o torna um produto mais avançado do desenvolvimento evolutivo do que os animais inferiores. Fundamentalmente, é esse fato social – e não a alma ou mente de que, como indivíduo, é *supostamente dotado* de modo misterioso e sobrenatural e de que os animais inferiores não foram – que o diferencia destes" (grifos nossos). Veja que, para Mead, com sua abordagem psicológica behaviorista, "mente" é apenas uma *suposição*. Para nós, não. Ela de fato existe. E neste caso, é o *locus* não apenas privilegiado, mas inicial da manifestação do *self*, que uma vez refletido, pensado, passa a ser manifesto também pelas *atitudes* e *crenças* do sujeito *a partir da* e *na* comunidade na qual vive e com a qual interage, sendo também essa sociedade a origem, total ou em parte, de seus valores, crenças, ideias e atitudes.

2 Uma vez que ela seria a própria fé revelada na morte e ressureição de Cristo, conforme demonstraremos mais adiante, apoiados nos argumentos de Moisés Olímpio-Ferreira, no Capítulo 3.

3 Desenvolveremos, mais adiante, de forma mais apropriada os conceitos de *pensamento, crença, ações, condutas* e *verdade,* assumidas aqui neste capítulo, especificamente na seção 2.1.

4 Nunca será demais ressaltar que, com o uso do determinante, essa não será qualquer prova, mas "a" prova.

5 Por óbvio, nossa abordagem sobre a relação entre moral e religião será apenas marginal, no sentido de que ela não faz parte de nosso escopo no presente ensaio e nem há espaço físico suficiente para tal. Todavia, para uma abordagem filosófica mais verticalizada e histórica sobre moral e religião, indicamos aos leitores a obra de Vladimir Jankélévitch, *Curso de Filosofia Moral*, sobretudo as páginas relativas à *Primeira parte do curso* (ver Jankélévitch, 2008, p. 5-127). Para uma história da filosofia moral, ver *História da Filosofia Moral*, de John Rawls (Rawls, 2005b).

6 "E, se não há ressurreição de mortos, então, Cristo não ressuscitou. E, se Cristo não ressuscitou, é vã a nossa pregação, e vã, a vossa fé".

7 Há muitas contradições sobre os termos *gnose*, *gnóstico* e *gnosticismo*. Sabemos que não existe um sistema gnóstico único e uniforme. Conforme Charlesworth (1992, p. 110, n. 20) afirma: "o gnosticismo não dever ser confundido com o encratismo (uma ênfase siríaca ascética que é anti-sexual) ou o docetismo (a negação da humanidade de Jesus)". Além disso, como defendem alguns autores, o próprio termo *gnosticismo* não consta em fontes antigas, tendo sido cunhado por Henri More. Já a expressão *gnostick-heresi*, utilizada por Henry Hammond, contemporâneo a More, vem da literatura patrística e herisiológica do início do cristianismo, dentre as quais, a do Bispo Ireneu de Lião e a de Clemente de Alexandria (ver a respeito: Quispel, 1969; Broek, 1996 e Pearson, 2004).

8 Como bem observou Mondin (2021), este lema não só representa o *leitmotiv* da

predicação de Zaratustra, como foi o motivo dominante da reflexão filosófica de Nietzsche.

9 Para outras posições filosóficas contra e favor da religião e mesmo sobre a colocação ou não do problema religioso como algo de interesse genuinamente filosófico, ver Mondin, 2021, p. 92ss.

10 Para uma maior abordagem deste tema, ver Terry Eagleton (2018), que investiga as contradições, as dificuldades e os significados do desaparecimento de Deus na era moderna.

11 A esse respeito, remeto ao Capítulo 3, de Moisés Olímpio-Ferreira. Todas as referências ao texto de Judas serão feitas a partir dessa tradução. Indicações a outras traduções e edições serão convenientemente apontadas ao longo do texto.

12 Embora apresentemos inicialmente a tradução de pístis como *fé*, como as traduções mais comuns costumam fazê-lo, o fazemos apenas, para mais adiante, estabelecermos um importante contraste com a tradução de Moisés Olímpio-Ferreira, no capítulo "Epístola de Judas: Proposta de tradução linear comentada", que é a que seguimos neste trabalho.

13 Sobre *gnose*, *gnosticismo* ver nota 7.

14 Considerando que este Judas seja o mesmo "*Judas, um dos Doze*", filho de Tiago, citado nos escritos de Lucas (Lucas 6.16; Atos 1.13), e que seria o mesmo que o *Tadeu* de Marcos 3.18 ("*Lebeu*, apelidado Tadeu" em Mateus 10.3) e o *Judas* de João 14.22, é possível afirmar que o autor desta Epístola seja um dos quatro irmãos de Jesus e, ainda que tenha havido malabarismos cronológicos, os Evangelhos conhecem, além do Judas Iscariotes – o traidor –, um outro *Judas*, este sim "irmão de Tiago", o mesmo *Judas* Tadeu.

15 Ou "*...pela fé que uma vez foi dada aos santos*", na tradução de João Ferreira de Almeida (Almeida, 2014 p. 344); "*... pela fé, uma vez por todas, confiada aos santos*", na Bíblia de Jerusalém (Jerusalém, 2013, s/p), cuja nota é completada com a seguinte expressão: "*Na tradição da fé apostólica*". Já a Nova Versão Internacional traz a seguinte tradução: "*... pela fé de uma vez por todas confiada aos santos*" (NVI, 2014 p. 1386). Conforme já apontado, a tradução de Olímpio-Ferreira, que serve de referência para este capítulo, se afasta dessas propostas mais tradicionais ao eleger *prova*, *evidência*, em detrimento do termo *fé*. Entretanto, podemos perceber, a partir de importante e fundamentada escolha justificada pelo tradutor, que a opção de sua tradução esclarece ainda mais o texto sob vários pontos de vista – hermenêutico, doutrinário, apostólico e apologético –, fazendo com que a expressão utilizada nas demais traduções já tradicionais (*pístis = fé*) faça mais sentido, a partir deste prisma, isto é, a partir da escolha de Olímpio-Ferreira. Enfim, a tradução por "prova" ou "evidência" acaba por lançar mais luzes à tradução tradicional "fé", alargando ou, neste caso, deixando ainda mais preciso, neste contexto, a que campo semântico "prova" ou "evidência" e "fé" pertencem. Isto é, que "fé" é esta? Que confiança é esta? É a fé ou a confiança na "prova", na "evidência" da ressurreição de Cristo, que fora deixada pelos Apóstolos! Para maiores esclarecimentos e para uma argumentação mais desenvolvida, remeto ao Capítulo 3, de Moisés Olímpio-Ferreira.

16 Essa expressão é cara ao Prof. Dr. Rodrigo Vieira de Almeida (PUC-SP), que, em

sua conferência proferida no Curso de Filosofia da Faculdade São Bento de São Paulo, em março de 2023, afirma que "para surpresa e até mesmo contragosto de muitos, o filósofo norte-americano Charles Sanders Peirce, conhecido como o fundador do pragmatismo e da semiótica moderna, reserva um lugar especial para o tema "Deus" no interior de sua metafísica científica. Esse lugar, devidamente assentado e nomeado pelo próprio autor como metafísica psíquica ou religiosa, já foi e ainda é objeto de muita contenda entre os *scholars* peirceanos. A despeito disso, Peirce dedica vários textos e passagens de sua vasta obra ao desenvolvimento de uma concepção de Deus coerente com a totalidade do seu pensamento filosófico; numa dessas ocasiões, no texto intitulado 'Um argumento negligenciado para a realidade de Deus' (EP 2.434-450), ele apresenta limites puramente científicos. Na referida conferência, o professor Almeida propôs-se, dentro dos limites temporais disponíveis, introduzir o expectador à *sui generis* concepção peirceana de Deus, seguindo a via aberta pelo texto supracitado, muito conhecido pelos estudiosos do autor, mas dificilmente lido à luz da sua arquitetura filosófica (cf. Almeida, *Ementa da Conferência*, 2023).

17 CP refere-se a *Collected Papers*, seguido de volume e número do parágrafo.

18 A partir de agora, todas as citações a Mead devem subentender *por meio de* ou *apud* Morris (2010), que foi o autor que organizou os escritos de Mead aqui utilizados e que serão apresentadas de modo direto: Mead (2010 [1934]). A data entre colchetes refere-se ao ano de publicação original da obra, já a entre parênteses representa a edição por mim utilizada na tradução para o português.

19 Em termos linguísticos ou da estrutura da arquitetura da linguagem, essa posição behaviorista de Mead será, anos depois, aprofundada e desenvolvida por Skinner (1957) em *Verbal Behavior*. Cambridge, MA: B. F. Skinner Foundation. Todavia, no início dos anos de 1960, haverá uma radical mudança de paradigma. Dentre as críticas mais relevantes ao *Verbal Behavior* está uma resenha (*Review*) publicada na revista *Language* por N. Chomsky (1959), um dos mais importantes linguistas do século XX. Embora a abordagem de Chomsky seja linguística, seu impacto na Psicologia Cognitiva foi tanto que muitos a tomaram como sinal do fim da abordagem behaviorista do comportamento verbal. Para esse importante debate, ver Chomsky (1959), embora a reação dos próprios behavioristas tenha sido a de um silêncio emudecedor. Em português, há o excelente texto de Kenedy e Guesser (2019), O Jovem Chomsky, sua resenha de 1959 e a derrocada do behaviorismo em: Othero, G. de A.; Kenedy, E. (org.).

20 A *modalização discursiva*, conceito advindo da ciência linguística para definir os mecanismos discursivos que apresentam a função de manifestar o posicionamento do enunciador em relação àquilo que é dito, opera em partes com a modalidade deôntica ou deontológica.

21 *Normas heterônomas* são aquelas produzidas por terceiros alheios à relação jurídica; dessa forma, enquadram-se aqui normas de origem estatal (Constituição, leis, atos administrativos), sentenças normativas e sentenças arbitrais.

22 John Rawls nunca publicou nada sobre suas próprias crenças religiosas, mas, segundo o editor de duas obras póstumas do autor, Thomas Nagel (Nagel, 2009), depois de sua morte foram descobertos dois textos que lançaram luz extraordinária sobre o assunto: "A Brief Inquiry into the Meaning of Sin and Faith" e "On my Religion" (respectivamente, "Uma breve investigação sobre o significado do

pecado e da fé" e "Sobre minha religião"]. Ambos ainda sem tradução para o português. Toda tradução que aparecer de textos dessas duas obras são minhas. O primeiro é a tese de graduação de Rawls, apresentada em dezembro de 1942, pouco antes de ele entrar no exército. Nesse tempo, Rawls era profundamente religioso; a tese é um trabalho significativo de ética teológica, de interesse tanto em si quanto por causa de sua relação com seus escritos maduros (Nagel, 2009). "Sobre minha religião", por sua vez, é uma breve declaração redigida em 1997. O texto descreve a história das crenças religiosas e atitudes de Rawls em relação à religião, incluindo seu abandono da ortodoxia durante a Segunda Guerra Mundial. Conforme é possível notar e como bem observam Cohen e Nagel (Introduction, 2009), os textos mostram o profundo envolvimento com a religião que forma o pano de fundo das visões posteriores de Rawls sobre a importância de separar religião e política. Além disso, as convicções morais e sociais que a tese expressa em forma religiosa estão relacionadas de maneira esclarecedora com as ideias centrais dos últimos escritos de Rawls. Suas noções de pecado, fé e comunidade são simultaneamente morais e teológicas, e prefiguram a perspectiva moral encontrada em "A Theory of Justice". Para mais informações, ver "A Brief Inquiry into the Meaning of Sin and Faith: With 'On My Religion'", obra póstuma de John Rawls, editada por Thomas Nagel. Introdução de Joshua Cohen e Thomas Nagel (2009). Para uma leitura bem estabelecida sob as perspectivas contextuais, acadêmicas e do clima intelectual sob os quais Rawls escreveu a primeira das obras aqui citada ("A Brief Inquiry..."), ver o artigo "The Theological Ethics of the Young Rawls and Its Background", de Robert Merrihew Adams (Adams, 2009, p. 24-101), que antecede os dois textos de Rawls.

23 As traduções de trechos dessas obras citadas são de minha responsabilidade.

SOBRE OS AUTORES

DELCIDES MARQUES

Doutor e mestre em Antropologia Social pela Universidade Estadual de Campinas (Unicamp) e graduado em Sociologia e Política pela Fundação Escola de Sociologia e Política de São Paulo (FESPSP). É professor de Antropologia no curso de graduação em Ciências Sociais e no mestrado em Política, Cultura e Ambiente, na Universidade Federal do Vale do São Francisco (Univasp). É um dos coordenadores do Krisis – Laboratório de Antropologia, Filosofia e Política. Estuda as seguintes interseções: política, tolerância e liberdade; exegese, tradução e filologia; moralidade, pregação e missão. As pesquisas atuais tratam da articulação entre estudos clássicos e antropologia, tendo em vista mútuas descobertas e confrontos.

ELCIO VALMIRO SALES DE MENDONÇA

Doutor em Ciências da Religião pela Umesp. É pesquisador de pós-doutorado em Estudos da Tradução na UFSC e docente de Arqueologia na Unimes.

JORGE VIANA DE MORAES

Doutor em Letras pela Universidade de São Paulo, com estágio pós-doutoral em História das Ideias Linguísticas. Atualmente, desenvolve o bacharelado e a licenciatura em Filosofia pela Faculdade de São Bento de São Paulo. Professor doutor da área de Filologia e Língua Portuguesa do Departamento de Letras Clássicas e Vernáculas, da Faculdade de Filosofia, Letras e Ciências Humanas da Universidade de São Paulo (DLCV-FFLCH-USP).

MARCELO DA SILVA CARNEIRO

Doutor em Ciências da Religião, com estágio pós-doutoral na área, ambos pela Umesp. Mestre em Teologia pela PUC-RJ, Bacharel em Teologia pelo Centro Universitário Metodista Bennett. Docente do Programa de Pós-Graduação em Ciências da Religião da Umesp. Membro da Associação Brasileira de Pesquisa Bíblica (Abib) e da Society of Biblical Literature (SBL), líder do Grupo de Pesquisa Rastros – Estudos de Memórias e Tradições Cristãs e Judaicas – registrado no CNPq.

MOISÉS OLÍMPIO-FERREIRA

Doutor em Filologia e Língua Portuguesa pela Universidade de São Paulo (USP), com estágio de doutorado-sanduíche na Université Lumière Lyon 2 e na Université Catholique de Lyon, na França, com bolsa Capes. Possui mestrado em Letras Clássicas pela USP e é graduado em Letras, com habilitações em Língua Portuguesa e em Grego Clássico pela mesma universidade. Com trajetória acadêmica marcada pelas pesquisas interdisciplinares, é atualmente professor do Instituto Federal de Educação, Ciência e Tecnologia de São Paulo (IFSP), atuando em diversos cursos de licenciatura, com ministração de disciplinas ligadas à comunicação e expressão, língua portuguesa, análise do discurso, história da língua portuguesa, retórica e línguas clássicas (Grego e Latim).

Este livro foi composto em Capitolina e impresso
em papel Pólen Natural 80 g/m², pela Meta
Gráfica, para o grupo editorial Alta Books.